LA
PSICOLOGÍA
DEL
AUTOENGAÑO

LA PSICOLOGÍA DEL AUTOENGAÑO

Traducción:
Dorotea Pläcking de Salcedo

Daniel Goleman

EDITORIAL ATLÁNTIDA
BUENOS AIRES • MÉXICO • SANTIAGO DE CHILE

Adaptación de tapa: Silvina Rodríguez Pícaro.

Nota del Editor: Los conceptos y expresiones contenidos en este libro son de la exclusiva responsabilidad del autor, y por lo tanto sus opiniones no necesariamente reflejan el punto de vista del
editor.

Título original: VITAL LIES, SIMPLE TRUTHS
Copyright © 1985 by Daniel Goleman
Copyright © Editorial Atlántida, 1997
Derechos reservados. Cuarta edición publicada por
EDITORIAL ATLÁNTIDA S.A., Azopardo 579, Buenos Aires, Argentina.
Hecho el depósito que marca la ley 11.723.
Libro de edición argentina.
Impreso en Argentina. Printed in Argentina. Esta edición se terminó de imprimir
en el mes de noviembre de 1998 en los talleres gráficos de Indugraf S.A. Buenos Aires, Argentina.

I.S.B.N. 950-08-1827-2

Parece muy simple y evidente, sin embargo es necesario reafirmarlo: el conocimiento aislado, obtenido por un grupo de especialistas en su estrecho campo de acción, no tiene ningún valor por sí mismo. Sólo cobra valor a través de su síntesis con todo el resto del conocimiento y sólo en la medida en que realmente contribuya, en esa síntesis, a dar respuesta a la pregunta: "¿Quiénes somos?".

—Erwin Schrodinger

PARA TARA
"OM, TĀRE, TUTTĀRE, TURĒ, SWAHA!"

Agradecimientos

En la primavera de 1978 tuve el placer de visitar a Gregory Bateson. A pesar de que ya respiraba con suma dificultad, a causa del cáncer de pulmón que, algunos meses más tarde, pondría fin a su vida, ese día se encontraba de excelente ánimo y su mente estaba tan lúcida como siempre.

Bateson estaba haciendo una revisión de su odisea intelectual. Su gran oportunidad se le presentó inmediatamente después de la Segunda Guerra Mundial, en las conferencias de la Macy Foundation, en las cuales el grupo de Norbert Wiener había desarrollado sus ideas sobre el concepto de la cibernética. "Fue entonces —dice Bateson— cuando encontré mi camino: me fue posible ver, con mucha mayor claridad, las propiedades de sistemas enteros, de esquemas interrelacionados que conectaban una cosa con la otra."

Abandonó otros puntos de vista y actitudes que estaban de moda en aquel tiempo: "Aquellas teorías del hombre que partían de su psicología más animal, mal adaptada y lunática, resultaban premisas primitivas muy improbables para abordar, a partir de ellas, la pregunta del salmista: 'Señor, ¿qué es el hombre?'. Fue esta limitación la que nos condujo a la imposibilidad de entender el modelo de conexión".

—¿Qué es el modelo de conexión —le pregunté yo.

—Ese modelo —me replicó— es un metamodelo, un modelo de modelos. Por lo general, no logramos verlo. Salvo en el caso de la música, hemos sido entrenados para pensar en modelos como asuntos esquemáticos, fijos. La verdad es que la forma correcta de imaginar el modelo de conexión es pensar en una danza de elementos que interactúan, definidos secundariamente por diversos tipos de límites físicos y por los hábitos, y por la definición de los estados y las entidades componentes.

Una danza de partes que interactúan. El modelo de conexión.

11

Estas ideas quedaron fijas en mi mente y, a través de los años siguientes, dieron sentido a mis propias búsquedas.

Hacía tiempo que me intrigaban una serie de hechos y revelaciones que parecían apuntar todas al mismo esquema, pero desde ángulos muy divergentes. Mi formación en psicología clínica, realizada en Harvard, me había permitido frecuentar a pacientes cuyos trastornos parecían protegerlos de alguna amenaza más profunda. Un seminario dirigido por el sociólogo Erving Goffman me permitió entender de qué manera las reglas básicas de la interacción personal nos mantienen dentro de un nivel de confort, a través de la anulación de ciertas zonas de la conciencia. Investigaciones en psicobiología del consciente me demostraron de qué manera la cognición —y, por lo tanto, nuestra experiencia misma— es el producto de un delicado equilibrio entre vigilancia y desatención.

Estos retazos de evidencia, tan dispares, me parecieron claves para desarrollar un modelo que se podía aplicar en forma complementaria a cada uno de los principales niveles de comportamiento: el biológico, el psicológico y el social. Al reflexionar acerca de todo esto y reunir más pruebas, el modelo se fue haciendo cada vez más nítido.

El modelo es una danza, interpretada por la angustia y la atención en pareja. En ese minué, una atención falseada o parcializada desplaza la angustia y permite lograr un sentimiento de seguridad.

El presente libro pretende describir este esquema lo mejor posible.

En el camino hacia su concreción, muchas personas han desempeñado un rol importante al ofrecerme piezas de este rompecabezas, que se constituyen en parte del modelo. Las conversaciones con las siguientes personas, todas ellas especialistas en sus respectivas áreas en las que se incursiona en este libro, han sido de especial ayuda: Dennis Kelly, Solomon Snyder, Monte Buchsbaum, Floyd Bloom, Richard Lazarus, R. D. Laing, Donald Norman, Emmanuel Donchin, George Mandler, Howard Shevrin, Ernest Hilgard, Carl Whitaker, Karl Pribram, Robert Rosenthal, Irving Janis, Freed Bales, Anthony Marcel y Robert Zajonc. Aaron Beck, Matthew Erdelyi y Ulric Neisser me brindaron un valioso asesoramiento en la corrección del manuscrito.

Si bien cada uno de ellos me ayudó a elaborar una pieza de este esquema, la síntesis es mía, como también cualquier distorsión o punto débil en la estructuración de estos pensamientos.

Tengo una enorme deuda con Richard Davidson, Shoshona Zuboff, Kathleen Speeth y Gwyn Cravens por su cuidadosa lectura, sus observaciones sinceras y su estrecha amistad. Varios maestros y colegas también me han servido de fuente de inspiración, en particular David McClelland y George Goethals.

A. C. Qwerty puso de manifiesto una extraordinaria paciencia, diligencia y habilidad en la preparación del manuscrito.

Y Alice Mayhew me ayudó a seguir el hilo de mi pensamiento sin perder de vista el objetivo final de este libro.

Índice

Prólogo
A la edición de Touchstone

Vivimos en un momento particularmente peligroso, un momento en el que el autoengaño es un tema cada vez más actual. El planeta mismo enfrenta una amenaza, desconocida en otros tiempos: su destrucción total.

Ya se trate de una muerte rápida, causada por una guerra nuclear y sus catastróficas consecuencias, o de una muerte ecológica lenta a raíz de la destrucción inexorable de los bosques, la tierra fértil y el agua potable, la tendencia del hombre a engañarse a sí mismo desempeñará un rol importante en esa aniquilación.

Consideremos el déficit ecológico, que aumenta en forma acelerada, con efectos como la erosión del suelo, la reducción de los bosques, tierras fértiles que se convierten en desiertos, reducción de la capa de ozono que protege nuestra atmósfera y la contaminación y reducción de los espejos de agua.

Nuestros hábitos de consumo, a escala mundial, están destruyendo los recursos de la Tierra a una velocidad nunca vista en la historia. No cabe duda de que estamos destruyendo el planeta de nuestros nietos, simplemente por no considerar la relación que existe entre nuestra forma de vida y los efectos que la misma tiene sobre el medio ambiente.

La selva virgen del Amazonas, por ejemplo, está siendo destruida a un ritmo increíble, a fin de ceder el espacio a zonas de pastoreo para el ganado. Este ganado se cría, básicamente, para satisfacer la pasión del mundo por el consumo de carne.

¿Cuántas hamburguesas se obtienen gracias a la destrucción de una hectárea de selva virgen amazónica? No lo sabemos. La pregunta tendría respuesta, pero nadie se ha tomado el trabajo de hacer ese cálculo.

Y ése es el quid de la cuestión: vivimos sin pensar en las consecuencias que nuestro estilo de vida tiene para el medio ambiente y para nuestra propia descendencia. No conocemos la relación que existe entre las decisiones que tomamos a diario —por ejemplo, adquirir este producto en lugar de aquel otro— y el efecto que esas decisiones tienen sobre el planeta.

Es perfectamente factible calcular, en forma más o menos precisa, el daño ecológico específico que puede provocar la fabricación de un producto determinado. Hacer este cálculo permitiría generar una medida estándar que indique cuánto daño ecológico ha costado la fabricación de un automóvil o de un rollo de papel de aluminio.

Si lo supiéramos, podríamos asumir una mayor responsabilidad por el impacto que tiene sobre el planeta la forma en que elegimos vivir en él. Pero esta información no existe, y ni siquiera las personas con mayor conciencia ecológica saben, en concreto, cuál es el efecto final que su forma de vida tiene sobre nuestra Tierra. Y, a la mayoría de nosotros, el no tomar conciencia de esa relación nos permite vivir en el gran autoengaño de que las grandes y pequeñas decisiones que tomamos en nuestra vida material no tienen mayores consecuencias en ese aspecto.

La pregunta es, entonces: ¿Qué podemos hacer para salir de éste y otros autoengaños que nos tienen envueltos en su red?

La respuesta que este libro propone es comprender, en primer lugar, cómo es que hemos caído presos de este autoengaño, ya que el mismo es, por naturaleza, uno de los hechos mentales más elusivos. No vemos qué es lo que no vemos.

El autoengaño funciona tanto a nivel de la mente individual como en la conciencia colectiva de un grupo. El precio de pertenecer a cualquier tipo de grupo es aceptar no percibir las propias dudas y recelos y no cuestionar nada que pueda contraponerse a la modalidad grupal de hacer las cosas.

El precio que paga el grupo es que cualquier tipo de disenso, hasta el más constructivo, es suprimido. Tomemos el caso de la explosión del transbordador espacial Challenger. La noche antes del lanzamiento, dos ingenieros pusieron serios reparos en cuanto a algunos aspectos técnicos del mismo, diciendo que las selladuras en el cohete de propulsión no estaban diseñadas para soportar fríos extremos. Sus objeciones nunca fueron transmitidas a los niveles superiores, donde muchos ya sabían de ese peligro pero habían decidido ignorar su importancia. Ya había habido varias demoras y la gente estaba cuestionando la capacidad de la NASA para llevar adelante el proyecto.

En la investigación realizada después del desastre, cuando los mismos dos ingenieros declararon lo que había sucedido fueron desafectados de sus puestos. Y sin embargo, habían actuado honestamente y su anuncio era en beneficio del proyecto. Si se los habría escuchado, la tragedia no hubiera ocurrido. Sólo después de grandes protestas públicas, los dos ingenieros fueron restituidos a sus cargos.

Este hecho es una lección para quienes no quieren romper la crisálida de silencio que impide que verdades vitales lleguen a la conciencia colectiva. El coraje de buscar la verdad y de manifestarla públicamente es lo que nos puede salvar de la anestesia del autoengaño. Y cada uno de nosotros tiene acceso a un poco de esa verdad que necesita ser proclamada.

Es una paradoja de nuestro tiempo que quienes detentan el poder se sienten demasiado cómodos como para tomar nota del dolor de quienes sufren, y quienes sufren no tienen poder.

Para salir de esa trampa, es necesario, como dijo Elie Wiesel, tener el coraje de decirle la verdad al poder.

Introducción

Mi tema es difícil de explicar, a pesar de que se trata de algo con lo que todos estamos íntimamente familiarizados. La dificultad radica en que no tenemos palabras exactas para definirlo. En parte es por eso que el tema me intriga tanto: al parecer, existen partes vitales de nuestra vida que, en cierto sentido, han desaparecido; lagunas de experiencia disimuladas por huecos en el vocabulario. Sólo en forma muy vaga tomamos conciencia de que no las percibimos. O lo ignoramos por completo.

De estas lagunas en nuestra experiencia quiero hablar aquí.

Parecería que no experimentamos este aspecto de nuestra vida, debido a causas que se encuentran en lo más profundo de nuestra conciencia. El resultado es la incapacidad de prestar atención a determinados aspectos cruciales de nuestra realidad, dejando un hueco en el haz de conciencia que define nuestro mundo momento a momento.

Mi tema es, entonces, cómo percibimos y como "no" percibimos.

En otras palabras, es una pieza que falta en nuestra conciencia. Un hueco en nuestra atención. Una laguna.

El punto ciego es una buena metáfora fisiológica de nuestra incapacidad de ver las cosas tal como son. En fisiología, el punto ciego es una brecha en nuestro campo de visión, consecuencia de la forma en que está construido el ojo.

En la parte posterior del globo ocular hay un punto en el cual el nervio óptico, que va hacia el cerebro, se une a la retina. Este punto carece de las células que revisten al resto de la retina, cuya función es registrar la luz que llega a través del cristalino. En consecuencia, en ese punto existe una brecha en la información transmitida al cerebro. El punto ciego no registra nada.

Por lo general, lo que no ve un ojo es compensado por la visión superpuesta del otro. En consecuencia, habitualmente no nos damos cuenta de la existencia del punto ciego. Pero cuando uno de los ojos está cerrado, el punto ciego aparece. Para percibir su punto ciego, cierre su ojo izquierdo y sostenga este libro con la mano derecha, extendiendo el brazo y fijando la vista en la cruz. Acerque muy lentamente el libro hacia usted y luego vuélvalo a la posición original. Más o menos entre los veinticinco y treinta y cinco centímetros de distancia de su vista, el círculo, en apariencia, habrá desaparecido.

Lo instructivo de este fenómeno es que ofrece un ejemplo concreto de un proceso psicológico mucho más sutil.

Quiero citar algunos casos ilustrativos tomados de diferentes ámbitos de nuestra realidad. Todos ellos sugieren el modelo al cual me quiero referir.

Tomemos el ejemplo de una mujer que, bajo tratamiento psicoanalítico, recuerda haber oído llorar a su madre, por la noche, cuando ella era una niña de cinco años. Ese recuerdo toma a la mujer por sorpresa; no encaja de ninguna manera con sus recuerdos conscientes de ese período de su vida, poco tiempo después de que su padre había abandonado el hogar. Si bien la madre solía hablar largo y tendido con su esposo por teléfono, rogándole que volviera a su lado, en presencia de su hija manifestaba sus sentimientos de manera muy diferente: negaba por completo extrañar a su marido y trataba de mostrar una actitud alegre y despreocupada. Después de todo ¿no estaban muy bien sin él?

La hija internalizó que la tristeza de la madre era algo de lo que no se hablaba. Como la madre necesitaba ocultar esos sentimientos, también la hija los tenía que negar. La niña oyó, una y otra vez, una versión del divorcio que coincidía con la imagen que la madre quería transmitir; esa historia se imprimió como una verdad indiscutible en la memoria de la hija. El recuerdo del llanto de su madre por las noches —más inquietante— se borró de su memoria y fue recuperado muchos años más tarde, a través del psicoanálisis.

El tema del impacto devastador que esos secretos ocultos pueden tener es presentado con harta frecuecia en la literatura, lo que confirma la universalidad de la experiencia. La historia de Edipo se desarrolla en torno del mismo tema, como también *The Good Soldier,* de Ford Madox Ford, y varios de los dramas de Ibsen. Fue Ibsen precisamente quien dio el nombre de mentira vital a este tipo de secreto, al mito familiar que sustituye a una verdad mucho menos cómoda.

Esas mentiras vitales no son en absoluto infrecuentes. Por ejemplo, un psiquiatra señala haber oído a una mujer que, durante una cena, comentó:[1]

> Estoy muy unida a mi familia. Todos han sido siempre muy cariñosos y demostrativos conmigo. Cuando yo no coincidía con las opiniones de mi madre, me tiraba con lo que tenía más a mano. Una vez dio la casualidad que lo que encontró más a mano fue un cuchillo, y tuvieron que darme diez puntadas en la pierna. Algunos años después, mi padre trató de ahorcarme cuando se enteró de que salía con un muchacho que a él no le gustaba. Realmente, siempre se preocuparon mucho por mí.

La negación que evidencian estos recuerdos es un exponente genuino de una mentira vital. Si la fuerza de los hechos es demasiado brutal como para poder ser ignorada, siempre es posible alterar su significado. La mentira vital, escondida y protegida por el silencio de la familia, las coartadas y la negación, no se revela. La connivencia se sostiene desviando la atención del hecho aterrador, o reformulando su significado a fin de que resulte aceptable. Un psiquiatra que trata a familias con problemas tales como incesto y alcoholismo habla de cómo operan las mentiras vitales:[2]

> Los indicios son minimizados, ridiculizados o explicados de una u otra manera, o bien se los llama por otro nombre. La semántica desempeña un rol importante en la minimización de lo que realmente ocurre; se emplean eufemismos para ocultar la realidad. Un "buen" bebedor, una "disputa" matrimonial o un "amante de la disciplina", son expresiones que pueden significar alcoholismo, violencia en la pareja o abuso infantil. Las explicaciones referidas a "accidentes menores" son prontamente aceptadas para explicar las magulladuras o las fracturas resultantes de la violencia familiar contra un niño o contra la pareja. Una "gripe" suele ser usada como justificativo de un comportamiento alcohólico.

O, como dijo el hijo, ahora ya adulto, de un alcohólico: "En nuestra familia había dos reglas muy claras: la primera era que no existía problema alguno; la segunda, que de eso no se debía hablar con nadie".

Pasemos a otro tipo de ejemplo. Jesse Jackson, el líder político negro de los Estados Unidos, al recordar su infancia en Carolina del Sur cuenta la siguiente historia sobre su encuentro con un hombre, llamado Jack, que era el dueño —blanco— de una tienda de comestibles del lugar:[3]

> Ese día yo tenía mucha prisa, porque mi abuelo me esperaba en la puerta de la tienda. Me había dado una moneda para comprar golosinas o algo dulce. Había ocho o diez personas negras esperando, y yo le dije: "Jack, ¿me puede dar una galletita?". Jack estaba cortando salame o algo así. Silbé para llamar su atención, y de pronto se me echó encima, apuntándome con un revólver a la cabeza y diciendo: "¡Nunca me vuelvas a silbar!". Lo que más me impactó fue que todas las otras personas de color que estaban en el negocio hicieron como si no hubieran visto nada. Siguieron pensando en sus propias cosas. La verdad era que sentían un profundo temor. Recuerdo que no tuve tanto miedo del arma con que me apuntaba como de lo que podía llegar a hacer mi padre. Hacía poco que había regresado de la Segunda Guerra Mundial y yo sabía que no sólo tenía un carácter fuerte sino que su mentalidad había cambiado al estar en Europa, durante la contienda. Tenía un marcado resentimiento contra el sistema imperante en los Estados Unidos. Yo sabía que si mi padre se enteraba de este incidente mataría a Jack, o bien terminaría muerto él mismo. Así que suprimí el episodio de mi recuerdo y reapareció sólo muchos años después. Pero así era la vida en la zona ocupada.

El reverso de esta historia es, en cierto sentido, la que cuenta Barney Simon, un dramaturgo sudafricano, cuando reflexiona en torno a la verdad, no siempre mencionada, acerca del *apartheid*. Mientras que los negros de los Estados Unidos reprimen su odio contra los blancos, en Sudáfrica los blancos reprimen su afecto por los negros:[4]

> Todos los sudafricanos blancos son criados, durante su primera infancia, por mujeres negras. Recuerdo la que trabajaba en nuestra casa, Rose... Uno pasa los primeros años de su vida cargado sobre las espaldas de la mujer negra, con el rostro apoyado sobre su nuca. Oye sus canciones y sus historias. Es ella quien lo lleva a uno al parque de juegos, donde se está entre otras mujeres negras como ella. Uno entra en su habitación y, por ahí, se encuentra con su amante. Uno desarrolla una relación con ella, un profundo conocimiento mutuo. Y luego, en un momento dado, Sudáfrica le dice a uno que ese conocimiento es obsceno, que es un delito o, peor que un delito, un pecado. Que tiene que olvidar lo que ya se ha internalizado.

La historia militar ofrece numerosos ejemplos de lo que quiero explicar, como, por ejemplo, casos de una negativa total a creer en la verdad:[5]

• Durante la Primera Guerra Mundial, una semana antes de que los nazis lanzaran su primer ataque con gas tóxico, un desertor alemán advirtió a las fuerzas aliadas que se produciría dicho ataque. Incluso presentó, como prueba, una de las máscaras antigás que habían sido distribuidas entre las tropas alemanas para protegerse de las emanaciones. El comandante francés que recibió ese mensaje lo rechazó como absurdo y reprochó a su mensajero por no haber transmitido el mismo a través de los canales formales correspondientes.

• Durante la Segunda Guerra Mundial, se informó a Hermann Göring de que habían derribado un avión de caza aliado sobre una ciudad alemana, el primero avistado pasando la línea del eje. Eso significaba que los aliados habían desarrollado un avión de caza que podía escoltar a los bombarderos sobre Alemania. Göring, quien también era piloto, sabía que ese desarrollo era imposible. Su contestación fue: "Afirmo oficialmente que ningún avión americano llegó hasta Aquisgrán… Puedo afirmar, en forma oficial, que nunca estuvieron allí".

• Durante la misma guerra, el día en que los alemanes iniciaron su ofensiva contra Rusia, una unidad estacionada en el frente soviético envió el siguiente mensaje al comando general: "Nos están disparando. ¿Qué hacemos?" A lo cual el comando general contestó: "Ustedes deben de estar locos".

Otro ejemplo, internándonos en un campo más amplio, lo constituyen las reacciones frente al futuro de la humanidad. "Las armas nucleares —dice un artículo publicado en *The Wall Street Journal*— se están acumulando en los depósitos, se gasta en ellos U$S 1 millón por minuto en todo el mundo, y se cuenta con un stock que excede las 50.000 piezas". Al mismo tiempo, de acuerdo con la Organización Mundial de la Salud, cincuenta millones de niños mueren por día de diarrea, la principal causa de muerte en el mundo, lo cual podría prevenirse si se aplicaran las más elementales medidas sanitarias y de nutrición.

Los psiquiatras denominan aturdimiento nuclear a la tan difundida incapacidad de la gente de permitirse sentir el terror, la ira y la rebeldía interior que les ocasionaría comprender, en toda su magnitud, la dramática situación que enfrenta la humanidad debido a la carrera armamentista. La gente parecería anestesiarse, como si el peligro fuera demasiado vasto o trascendente como para generar preocupación.

El psiquiatra Lester Grinspoon ha señalado de qué manera, en el estado de aturdimiento nuclear, la gente evita conocer información que pudiera convertir sus temores vagos en algo lo suficientemente específico como para exigir que se tomen medidas decisivas, y cómo "logran ignorar las implicancias de la información que dejan llegar a su conciencia". Es decir que tratan este problema —un problema de todos— como si les fuera totalmente ajeno.

Todos estos ejemplos ilustran la fuerza que tiene una atención desviada para ocultar una verdad dolorosa. Lo que todos ellos tienen en común es que, en cada caso, de alguna manera, la angustia que amenaza con dominar al individuo es amortiguada gracias a un desvío o a un cambio en la atención.

La atención es la recopilación de información crucial para la existencia. La ansiedad, o angustia, es la respuesta que se produce cuando esa información es registrada como una amenaza potencial. Lo más interesante de esta relación es que podemos utilizar nuestra atención para negar una amenaza y, de esa manera, protegernos de la ansiedad.

En ciertas ocasiones, este proceder constituye un autoengaño de gran utilidad. Pero en otras no.

En la antigua Unión Soviética, cada publicación tenía su propio censor. Pero los periodistas y los editores que allí trabajaban rara vez sufrían la censura en concreto; realizaban su tarea adecuándose, automáticamente, a los estándares fijados por la misma.[6] Lev Poliakov, un emigrante ruso que trabajaba como fotógrafo independiente en Rusia, contaba acerca de su viaje a una ciudad cercana al mar Caspio, con objeto de realizar un trabajo para una revista infantil. Los dos grandes puntos de "atracción" de la ciudad eran el centro científico y un campo de trabajos forzados. Fue recibido por el secretario local del partido, quien le dijo: "Mire, usted tiene su trabajo y yo tengo el mío. Facilitemos las cosas para los dos. Cada vez que vea un alambre de púa, déle la espalda y después, sólo después, oprima el disparador de la cámara".

Otro fotógrafo emigrado, Lev Nisenvich, sacó una foto de los miembros del sindicato de escritores, mientras votaban la aprobación de una resolución. En la toma quedó incluido el hombre de la KGB que vigilaba de cerca el acto. Cuando la foto fue publicada en la *Literaturnaya Gazeta,* de amplia difusión, el hombre de la KGB había sido borrado y sólo quedaban los miembros del sindicato mostrando sus boletas. La impresión visual que transmitía la imagen era de espontánea unanimidad, sin que nada sugiriera que hubiera habido alguna forma de presión sobre los votantes.

Este tipo de censura es sumamente obvia. Pero es mucho más difícil ver supresiones similares en nuestra propia conciencia. El episodio de la foto trucada es un ejemplo particularmente apto para ilustrar lo que sucede en nuestra mente. Lo que es percibido por nuestra atención se encuentra dentro del marco de la conciencia; lo que recortamos, desaparece.

El marco que rodea a un cuadro es una directiva visual que conduce nuestra mirada hacia el contenido del mismo y evita que se distraiga con lo que hay alrededor. El arte del enmarcador es crear marcos que se fusionen con la imagen de modo tal que notemos qué es lo que hay dentro del marco pero no el marco mismo.

Lo mismo sucede con la atención. Define qué cosa es lo que percibimos, pero de modo tan sutil que raras veces notamos cómo lo percibimos. La atención es el marco que rodea nuestras experiencias.

Salvo casos muy especiales —por ejemplo, alguna monstruosidad barroca en dorado— no prestamos atención al marco. Pero así como un marco inadecuado interfiere y arruina a un cuadro, la atención distorsionada falsea la experiencia e inhibe la acción.

Una conciencia deformada puede tener consecuencias desastrosas. Uno de los temas de la tragedia griega es la desgraciada sucesión de hechos que comienzan a partir de una leve falla en la percepción. La filósofa social Hanna Arend describió de qué manera una mezcla de autoengaño y libre voluntad nos permite hacer el mal, creyendo que se trata de hacer un bien.

La supresión del dolor a través de la tergiversación de la conciencia puede ser un mal, al que la sensibilidad moderna es particularmente vulnerable. Bien lo dice John Updike, en un comentario sobre la obra de Kafka:[7] "El siglo transcurrido desde el nacimiento de Franz Kafka ha sido marcado por la idea del modernismo, una autoconciencia nueva en esos siglos, una conciencia de ser nuevo. Sesenta años después de su muerte, Kafka sintetiza un aspecto de la mentalidad moderna: una sensación de temor y de vergüenza cuyo núcleo es imposible de localizar y que, por lo tanto, no puede ser aplacada; una sensación de dificultad infinita, inherente a todo, que traba cada paso; una sensibilidad aguda, más allá de toda utilidad, como si el sistema nervioso, despojado de la cubierta protectora formada por las convenciones sociales y las convicciones religiosas, no pudiera sino registrar cada contacto como dolor".

Los puntos ciegos son especialmente tentadores para una mentalidad hipersensible al dolor. Ofrecen una distracción de fácil acceso para protegerse del flujo de hechos que estimulan ese dolor, ya sea que el origen sea profundamente personal e íntimo, como el recuerdo de un dolor de la infancia o el rechazo de la pareja sufrido esta mañana;

o público, como torturas y asesinatos llevados a cabo por regímenes dictatoriales, o el ya mencionado riesgo nuclear.

Algunos filtros de la conciencia son esenciales a causa del torrente de datos que se ofrece permanentemente a nuestros sentidos. La corteza cerebral utiliza gran parte de su energía en elegir y selecionar en medio de todo este torrente. El neurocientífico Monte Buchsbaum sugiere: "De hecho, filtrar o manejar la tremenda sobrecarga de información con que el ojo, el oído y los demás órganos de los sentidos abarrotan el sistema nervioso central es, probablemente, una de las principales funciones de la corteza cerebral".

La percepción es selección. Filtrar la información es, básicamente, algo positivo. Pero la capacidad que tiene el cerebro humano de cumplir con esta función también lo expone al peligro de discriminar qué es lo que se permite ingresar en la conciencia y qué es lo rechazado. Buchsbaum señala que la diferencia entre lo que la gente excluye de su conciencia "parecería producir una conciencia diferente del entorno, dado que cada individuo parcializa su admisión o su rechazo de las señales sensoriales".

La forma en que nuestra atención es desviada o parcializada ejerce un efecto profundo. Como dice William James: "Mi experiencia es aquello a lo que yo elijo prestar atención. Sólo aquellas cosas de las que tomo nota conscientemente forman mi mente". Pero agrega: "Sin el interés selectivo, la experiencia es un caos total". Para James, la atención era un acto de voluntad, y su elección de qué admitir en la mente constituye una acción consciente. Para Freud, era influida en forma crucial por fuerzas del inconsciente, un área fuera del alcance de la elección consciente.

Tanto James como Freud tenían algo de razón. La atención es gobernada tanto por fuerzas conscientes como inconscientes. Algunas de éstas son inocuas, como los límites a la capacidad fijados por el mecanismo de la mente. Algunas son cruciales, como la parcialización provocada por aquello que es preeminente, donde lo que importa en el momento aparece en el primer plano de la conciencia. Algunas, como demostraré en este libro, pueden ser negativas. La principal, entre estas fuerzas negativas, es el autoengaño inducido por el trueque entre angustia y conciencia.

EL TRUEQUE

Creo que ese mecanismo por el cual se acepta una distorsión de la conciencia a cambio de obtener una sensación de seguridad es un principio organizador que opera en muchos niveles y en muchos ámbitos de la vida humana. Mi intención es describir esta relación entre atención y angustia, que veo como parte de una compleja red establecida en el mecanismo del cerebro, la estructura de la mente y la trama de la vida social.

Aquí quiero centrar mi atención en cómo fluye la información y cómo ese flujo es desviado por la interacción entre el dolor y la atención. La noción de la relación entre dolor y atención no es nada nuevo. Freud la desarrolló de manera brillante. Pero las recientes teorías e investigaciones, sobre todo en el campo del procesamiento de la información, ofrecen una visión más articulada de la dinámica interna de la mente, una dinámica que puede ser extendida a la estructura de la vida grupal y a la construcción social de la realidad.

Ni Freud ni ningún otro estudioso de la mente habría podido dar este salto antes de la década del '70. En los tiempos más recientes, los psicólogos cognoscitivos han desarrollado un modelo del funcionamiento de la mente con una base mucho más detallada y sólida que cualquier modelo anterior. Ese modelo nos permite comprender de una manera totalmente nueva cómo está conformada nuestra conciencia, y percibir las fuerzas ocultas que modelan nuestra realidad personal y social.

Este campo —que se extiende desde el mecanismo cerebral hasta la vida social— es el que vamos a explorar aquí. Nuestro viaje comienza, sin embargo, en un nivel aún más básico: el mecanismo cerebral para la percepción del dolor. En el nivel neuronal encontramos el modelo básico para el trueque entre dolor y conciencia. Como veremos, el cerebro tiene la capacidad de soportar el dolor enmascarando su impacto, pero al precio de una conciencia reducida.

Este mismo principio organizador se repite en cada nivel sucesivo de comportamiento: en los mecanismos de la mente, en la formación del carácter, en la vida grupal y en la sociedad. En cada una de esas áreas, el tipo de dolor que se aísla de la conciencia es cada vez más refinado, desde el estrés y la angustia a los secretos dolorosos y a los hechos amenazantes o vergonzosos de la vida social.

En suma, mi tesis gira alrededor de las siguientes premisas:

• La mente se puede proteger contra la angustia reduciendo su nivel de conciencia.

• Este mecanismo genera un punto ciego: una zona de atención bloqueada y el autoengaño.

• Estos puntos ciegos se producen en cada uno de los principales niveles de comportamiento, desde el psicológico al social.

El presente libro consta de seis partes. En la primera se establece el concepto del trueque entre dolor y la atención, mostrando cómo funciona esta interacción en el cerebro y cómo maneja la mente la angustia y el estrés. El mecanismo neuronal de este trueque involucra a los opioides, la morfina del cerebro, que mitigan las sensaciones de dolor y diluyen la atención. Este trueque neuronal tiene un paralelo psicológico: aplacar la angustia desviando la atención.

En la segunda parte se elabora un modelo del funcionamiento de la mente, a fin de mostrar el mecanismo que permite que se produzca el trueque atención-angustia. Aquí, los dos conceptos clave son el rol crucial que desempeña el inconsciente en la vida mental y la noción de que la mente envuelve la información en esquemas, que constituyen una suerte de código mental para representar la experiencia. Los esquemas operan en el inconsciente, es decir, al margen de la percepción consciente. Dirigen la atención hacia lo que es preeminente e ignoran el resto de la experiencia, o sea que cumplen una misión esencial. Pero cuando los esquemas son impulsados por el miedo a la información dolorosa, pueden crear un punto ciego en la atención.

En la tercera parte, este modelo mental nos conduce a una nueva comprensión de las defensas psicológicas, es decir, las distintas formas de autoengaño. En esta sección se revé la psicodinámica a la luz de los lazos que existen entre atención y esquemas, mostrando de qué manera, en el diseño de la mente, el desvío de la atención de las verdades dolorosas nos protege de la angustia.

Cuando esta desatención sedante se convierte en hábito, incide en la formación del carácter. En la cuarta parte, se observa de qué manera estos hábitos, destinados a evitar la angustia a través de la ausencia de atención, son transmitidos de padres a hijos. A medida que se va formando la personalidad llega a predominar una serie determinada de esquemas de protección y, con ellos, los puntos ciegos y los autoengaños a que conducen.

En la quinta parte se describe la vida grupal —utilizando como prototipo a la familia—, mostrando de qué manera los esquemas compartidos guían las dinámicas grupales. Aquí se opera el mismo trueque entre angustia y atención, marcando los puntos ciegos en la conciencia colectiva de un grupo.

La sexta parte utiliza el mismo modelo para explorar la construcción social de la realidad. También en el campo social encontramos esquemas compartidos que crean una realidad consensuada. Esta realidad social tiene zonas en las que, tácitamente, se niega información. La facilidad con que se producen esos puntos ciegos sociales se debe a la estructura de la mente del individuo. El costo social son las ilusiones compartidas.

Ésta es una primera expedición, un rápido reconocimiento del terreno en diversas áreas de la experiencia. Marca un territorio al que espero poder retornar en otra oportunidad, para elaborar un mapa más detallado del mismo. Tengo que pedir tolerancia al lector lego en la materia cuando planteo mis teorías e investigaciones. Por momentos quizá resulten algo pesadas. Espero que el lector se vea recompensado con una nueva comprensión de sus propias vivencias.

También tengo que pedir a los profesionales que lean este libro —mis colegas psicólogos, científicos de la cognición, psicoanalistas, neurocientíficos, sociólogos y otros en cuyo territorio estoy incursionando— que me perdonen el tratamiento un tanto apresurado de esos temas tan profundos. Es mucho lo que quiero abarcar y, por lo tanto, sólo puedo tocar cada una de esas áreas en forma un tanto superficial. Por ejemplo, no analizo explícitamente el trabajo de Ruben Gur y Harold Sackheim, dos psicólogos que han focalizado sus estudios en el tema de cómo el autoengaño entra en juego en ciertos trastornos mentales, por ejemplo, la depresión. Mi enfoque general es compatible con el de ellos, aunque desde una perspectiva diferente.

La extrapolación que intento realizar desde el modelo mental del procesamiento de la información hacia el campo de la personalidad, la dinámica grupal y la realidad social, no ha sido, que yo sepa, realizada con anterioridad. Aquí lo hago en función de una hipótesis específica: que nuestra experiencia es configurada y limitada por el trueque de dolor por atención. Este modelo unificado del comportamiento a todos los niveles facilita mi tarea. Pero debo reconocer también que encaro esta síntesis con preocupación y dudas.

Éste no es un libro de respuestas fáciles (supongo que las mismas no existen), ni un perfil contra el cual medirse y compararse. Simplemente ofrece un nuevo panorama de experiencias, con énfasis especial en algunos de los aspectos humanos más ocultos entre las sombras. El tema es cómo funcionan estos aspectos y no qué hacer al respecto. Confío en que la nueva comprensión de la mente a la que la ciencia ha arribado pueda ofrecernos nuevos conocimientos sobre nuestra vida mental, personal y colectiva.

Mi intención es ofrecer al lector una mirada más lúcida al analizar uno o dos de los velos que cubren el área marginal de la conciencia. Estos velos suelen aparecer en los campos de mayor importancia para nosotros: en nuestros pensamientos más íntimos, en nuestras relaciones vitales, en grupos estrechamente unidos, en la construcción de una realidad consensuada. Lo que pretendo es explicar cómo se originan esos velos. Pero no pretendo saber cómo ni cuándo descorrerlos... si es que deben serlo.

Existe una peculiar paradoja cuando se trata de confrontar las distintas formas de no ver que utilizamos. Para decirlo al estilo de uno de los nudos de R. D. Laing:

> El espectro de lo que pensamos y hacemos
> está limitado por lo que no percibimos.
> Y, dado que no percibimos
> lo que no percibimos,
> poco podemos hacer
> para cambiar
> hasta tanto percibamos
> cómo el no percibir
> modela nuestros pensamientos y nuestros actos.

Gregory Bateson acuñó un término muy aplicable aquí: usó la palabra dormitivo para denotar una ofuscación, el no ver las cosas tal como son. Dormitivo deriva del latín *dormire*. "Le robé esa palabra a Molière —me explicó Bateson en cierta oportunidad—. Al final de su obra *El burgués gentilhombre*, hay una escena en la cual un grupo de médicos medievales dan a resolver una adivinanza a un candidato que quiere ingresar en la profesión. Le preguntan: '¿Por qué, señor candidato, duerme el opio a la gente?' Y el candidato, triunfante, responde: 'Porque, mis sabios doctores, contiene un principio dormitivo'. Es decir, hace dormir a la gente porque hace dormir a la gente.[8]

El término dormitivo también es aplicable aquí. Robándole la palabra a Bateson, se puede decir que los marcos dormitivos son las fuerzas que inducen a un sueño debilitante al margen de la conciencia.

En el catálogo de factores que conforman nuestra conciencia, pongo énfasis especial en el marco dormitivo, los meandros que se insinúan en la atención debido a la necesidad de sentir seguridad. Si podemos percibir los límites que enmarcan nuestra experiencia, nos sentiremos un tanto más libres para ampliar nuestros márgenes. Deberíamos procurar tener más incidencia sobre ellos y considerar si realmente queremos esos límites que se nos imponen a nuestros pensamientos y nuestras acciones.

Mi objetivo es reflexionar sobre nuestro problema colectivo: ¿Si somos inducidos con tanta facilidad a ese sueño sutil, cómo podemos hacer para despertar de él? Me parece que el primer paso en esa dirección es comprender por qué estamos dormidos.

PRIMERA PARTE

Atención y dolor

Pensamientos al ser atacado por un león

David Livingstone, el misionero escocés (famoso por su *Dr. Livingstone, supongo*), fue atacado en cierta oportunidad por un león. El recuerdo del episodio lo persiguió durante años; las heridas sufridas casi le causaron la muerte. Al recordarlo unos veinte años más tarde, descubrió algo que le llamó la atención: en un momento en que debería haber experimentado el terror más absoluto, sintió sólo una extraña indiferencia:[1]

> Oí un grito. Sobresaltado, me di media vuelta y vi al león en el preciso instante en que saltaba sobre mí... Clavó sus garras en mi hombro y los dos caímos juntos al suelo. Lanzando gruñidos, terriblemente cerca de mi oído, comenzó a sacudirme tal como un terrier lo hace con una rata. El shock me produjo un estupor similar al que debe sentir un ratón tras el primer zarpazo del gato. Me produjo una especie de somnolencia, en la cual no sentía dolor ni terror a pesar de que [yo estaba] totalmente consciente de todo lo que me sucedía. Era como lo que suelen describir los pacientes bajo anestesia con cloroformo, que ven la operación pero no sienten el cuchillo.

¿A qué se debe nuestra capacidad de reaccionar al dolor, con una sensación de insensibilidad? El encuentro del Dr. Livingstone con el león ofrece un excelente ejemplo para analizar esta pregunta y un punto de partida primordial para explorar la naturaleza de nuestra reacción al dolor y qué puede significar esta dinámica para el resto de nuestra vida mental.[2]

Mi premisa es que el diseño básico del cerebro ofrece un prototipo de cómo manejamos todo tipo de dolor, inclusive las angustias psicológicas y las ansiedades sociales. Estos mecanismos del dolor neuronal encarnan los esquemas que también operan en nuestra vida psicológica y social o, al menos, eso es lo que plantearé aquí.

Considérese el dolor. A pesar de que, por lo general, no se lo considera como tal, el dolor es un sentido, como la vista o el oído; tiene su propio sistema de inervación y su circuito neuronal (en este aspecto, el equilibrio también es un sentido). Al igual que con otros sentidos, la experiencia psicológica del dolor depende de mucho más que la intensidad de las señales nerviosas: tanto el temor al torno del dentista como la alegría de dar a luz a un niño alteran el dolor, aunque en direcciones totalmente opuestas.

El cerebro elige cómo percibir el dolor. Nuestra visión de la plasticidad neuronal del dolor se basa en la evidencia surgida a la luz en los últimos años, en especial a partir de investigaciones llevadas a cabo en animales. Durante décadas, los investigadores dudaron de la relevancia que podían tener las comprobaciones basadas en las reacciones de animales de laboratorio al ser aplicadas al ser humano. Se suponía que los animales tenían un sistema de registro del dolor muy simple, mientras que el del ser humano era más complejo y se interconectaba con centros cerebrales más elevados. Sin embargo, los veterinarios saben, desde hace mucho tiempo, que acariciar la cabeza de un animal facilita el examen de una herida, lo que demostró que los animales también tienen una psicología del dolor.

Un análisis más detallado de los sistemas del dolor en el hombre y en los animales reveló que el sistema se había formado en una etapa muy temprana de la evolución, ya que animales tan primitivos como los caracoles y otros moluscos presentaban el mismo dieseño básico cerebral que el ser humano. Este descubrimiento llevó a pensar que los experimentos con animales podían brindarnos un esclarecimiento con respecto a la respuesta del ser humano al dolor; el resultado de este descubrimiento fue que se comenzó a realizar, a partir de la década del '70, una gran cantidad de investigaciones en torno a la neurología del dolor.

Mientras que la estimulación directa de los nervios en diversos puntos del sistema del dolor provoca dolor, la estimulación de otros puntos de ese sistema produce exactamente lo opuesto: alivio del dolor. Este efecto es tan intenso, que la estimulación de un determinado punto en el cerebro de la rata permite que la misma se mantenga tranquila, incluso sin anestesia, durante una cirugía gástrica. La analgesia, es decir, la sedación del dolor, constituye una propiedad tan inherente a este sistema como lo es la percepción del dolor.

Desde hace mucho tiempo, los farmacólogos sospechaban de la existencia de un neurotransmisor que tiene la capacidad de sedar el dolor. Pero sólo a fines de la década del '70, Solomon Snyder, del

Johns Hopkins (y otros investigadores independientes) demostró que los sistemas cerebrales sobre los que actuaba la morfina tenían células con receptores específicamente adecuados a la forma de las moléculas de los opiatos, como una cerradura para una llave.

¿Para qué servían esos puntos de acción? Como observó uno de los investigadores, "parecía muy poco probable que receptores tan altamente específicos se hubieran desarrollado en la naturaleza de manera accidental, sólo para interactuar con los alcaloides provenientes de la amapola opiácea".

El siguiente descubrimiento de las endorfinas, es decir, un grupo de neurotransmisores que actúan en el cerebro de la misma manera en que lo hacen los opiatos, resolvió la incógnita. Las vías en las que la morfina producía analgesia eran, exactamente, los puntos sobre los que actuaban las endorfinas. Las endorfinas, que han sido denominadas la morfina generada por el cerebro, es un analgésico natural.

Las endorfinas integran un grupo más amplio de sustancias químicas generadas por el cerebro, conocidas como opioides.* Los opiatos, como la morfina y la heroína, producen su efecto gracias a que su estructura molecular imita a los opioides generados por el cerebro. La endorfina, como las drogas que la imitan, también produce euforia, esa sensación de excitación y bienestar que tanto atrae a quienes consumen opiáceos.

El descubrimiento de la endorfina condujo a una serie de investigaciones dirigidas a descubrir cuáles son las condiciones que provocan la liberación de esas sustancias químicas sedantes, y así se produjo un

---

* Desde el descubrimiento de las endorfinas, han aparecido otros opioides con un efecto analgésico mas potente aún. Uno de ellos, denominado dinorfina, tiene una acción química que es cien veces más intensa que la de la morfina. A partir de una fuente totalmente insospechada, se detectó otra hormona analgésica: la B-lipotropina, aislada por primera vez de la glándula pituitaria del camello. En un principio se creyó que su principal función consistía en el desdoblamiento de los lípidos (una función común de las hormonas), pero el posterior descubrimiento de las endorfinas condujo a un análisis más detallado de la B-lipotropina y se comprobó que contenía una secuencia de aminoácidos idéntica a la de una de las endorfinas. Mientras que la molécula, en su totalidad, no presentaba ninguna propiedad analgésica, no menos que tres de sus componentes resultaron ser analgésicos activos. Desde entonces se han descubierto muchas otras sustancias que también parecen suprimir la respuesta al dolor. Y, sin duda, hay muchas más: Snyder, que descubrió el sistema de las endorfinas, supone que existen en el cerebro cerca de doscientos sistemas diferentes de neurotransmisores. De éstos, por ahora, sólo conocemos unas dos o tres docenas

nuevo descubrimiento: el estrés mental, por sí solo, era capaz de liberar endorfinas. Más concretamente, se comprobó que la aprensión que sentían los voluntarios que esperaban recibir un shock eléctrico durante un estudio del dolor provocaba la liberación de endorfinas. Lo mismo vale para otros tipos de estrés psicológico. Por ejemplo, se comprobó que los estudiantes que estaban dando un examen final tenían elevados niveles de endorfina.

Resulta lógico pensar que el estrés puramente psicológico pueda desencadenar la misma respuesta cerebral que el dolor biológico. En la naturaleza, el dolor siempre va acompañado de estrés. La amenaza del dolor es la esencia del estrés: un animal que huye de su depredador es consciente del peligro mucho antes de llegar a sentir dolor, si es que llega a sentirlo. Parecería que, a lo largo de la evolución, la reacción del dolor es parte de un paquete de reacciones típicas frente al peligro.

Este paquete, en su totalidad, es lo que Hans Selye, el pionero de la investigación del estrés, apodó la respuesta al estrés o síndrome general adaptativo. El término estrés, a pesar de que ha sido incluido en el habla general con diversas connotaciones generales, tiene, tal como lo utiliza Selye, un significado muy preciso.[3] Describe una serie de cambios neurofisiológicos que sufre el organismo en respuesta a heridas, a la amenaza de daños físicos o a los sufrimientos menores propios de la vida. Selye sostiene que el estrés es una reacción universal del cuerpo frente a todo tipo de amenazas y peligros, desde quemaduras y bacterias a osos salvajes y malas noticias.

En síntesis, cuando una persona percibe un evento como estresante, el cerebro emite señales al hipotálamo para que segregue una sustancia denominada CRF o factor córtico-liberador (*cortic-releasing factor*). El CRF llega a través de un canal especial a la glándula pituitaria o hipófisis, donde desencadena la liberación de ACTH —hormona adreno-corticotrófica (*adrenocorticotrophic hormone*)— y de opioides, particularmente endorfinas.*[4] Es de suponer que, en los principios evolutivos, esta alarma cerebral entraba en funcionamiento cuando el individuo avistaba a un tigre dientes de sable. En los tiempos modernos, una reunión con los contadores de la empresa es suficiente para provocar la misma reacción.

---

* No todo estrés genera endorfinas, a pesar de que la respuesta al estrés implica invariablemente la liberación de ACTH, considerada por Selye, en un principio, como la sustancia química cerebral primaria generada como respuesta al estrés. Hay otras, pero en el momento en que él formuló su teoría se habían identificado sólo unos pocos neurotransmisores. Las endorfinas, por ejemplo, eran totalmente desconocidas.

En síntesis, el dolor, ya sea de origen físico o mental, es registrado en el cerebro a través de un sistema que puede mitigar sus señales. En el diseño cerebral, la sedación del dolor está incorporada a su percepción. Esto explica la ausencia de dolor y de miedo de Livingstone cuando se encontraba frente a las fauces del león, explicación a la que volveré más adelante. Pero hay algo más en todo esto: veamos el rol que desempeña la atención en este proceso.

La relación entre
dolor y atención

Comer ahora si uno no puede, el otro puede —y si no podemos las capacidades girseau Q. C. Washpots Prizebloom —resultantes— reemplazaron mis propias capacidades por los esquemas cerebrales—. No fui muy bondadoso con ellos. Q. C. Washpots subesquemó contra —pan y esquemas—. Capacidad de secuestración animal y capacidades animales secuestradas bajo control —y secreciones animales...

Este pasaje tiene un carácter casi joyceano. Hay connotaciones atractivas en eso de comer ahora si uno no puede, el otro puede; no estaría fuera de lugar en el *Ulises*. Pero fue escrito por un paciente con diagnóstico de esquizofrenia, en el pabellón de un hospital psiquiátrico. Los textos sobre psicopatología citan muchos ejemplos similares; los médicos clínicos utilizan esquemas de lenguaje como éste como un indicador del diagnóstico de la esquizofrenia.[5]

Estos esquemas de lenguaje tan particular no son intencionales ni constituyen un esfuerzo poético. El lenguaje esquizofrénico es síntoma de un problema subyacente: la perturbación de la atención. Los esquizofrénicos se distraen con mucha facilidad, ya sea por ruidos, movimientos o ideas. Lo más significativo de estos esquemas de lenguaje es que los pacientes son distraídos por sus propios pensamientos y sus asociaciones mentales.

La atención concentrada implica que el individuo puede excluir o ignorar las distracciones o, por lo menos, mitigarlas. En el caso del esquizofrénico, en cambio, las distracciones irrumpen en la zona de focalización de la conciencia con la misma fuerza que el hilo primario de los pensamientos. Este hecho sabotea el esfuerzo requerido para construir una frase.

Construir una frase es una tarea compleja de la atención, que parece simple sólo porque se ha vuelto automática. A medida que los pensamientos son transformados en una emisión sonora o escrita, una serie de palabras y asociaciones acuden a la mente. La palabra acción, por ejemplo, podría asociarse con bonos, valores, dividendos, cotización bursátil; o con tiros, persecuciones y explosiones, en cine y en televisión; y así sucesivamente.

Por lo general, la mente sortea todas estas asociaciones y elige sólo aquellas que completan el pensamiento que se quiere expresar. En el esquizofrénico, en cambio, una capacidad defectuosa de la inhibición de lo irrelevante hace que las asociaciones se reflejen en la frase que el individuo está elaborando. Estos lapsos significan un disolución en la capacidad de atender.

El colapso de la atención en la esquizofrenia es un síntoma que se ha venido observando desde hace por lo menos un siglo. Pero sólo en fecha reciente se ha relacionado este déficit con otra característica singular de los esquizofrénicos: su tolerancia al dolor es superior a la normal.

Una cantidad de experimentos realizados por el psiquiatra Monte Buchsbaum y un grupo de colaboradores en el National Institute of Mental Health demuestran que tanto la deficiencia esquizofrénica de la atención como el incremento de la tolerancia al dolor se deben a una anormalidad en el sistema de secreción de las endorfinas.[6]

Varias evidencias apuntan en este sentido. Un estudio, por ejemplo, compara un grupo de diecisiete esquizofrénicos, hospitalizados, con un grupo de individuos normales de igual edad y sexo. Ambos grupos fueron sometidos a procedimientos idénticos para medir su reacción al dolor. Durante el estudio, los investigadores administraron una serie de shocks eléctricos suaves, cuidadosamente regulados, en un punto del antebrazo de cada individuo. Los shocks variaban en intensidad desde un cosquilleo apenas perceptible a niveles que la mayoría de la gente registraría como dolor agudo.

Los esquizofrénicos eran menos sensibles al dolor que los individuos normales que integraban los grupos de control. De por sí, este hecho sugiere que los esquizofrénicos podrían, en el momento del test, tener un aumento en su nivel de endorfinas.

Pero el equipo de Buchsbaum avanzó todavía un paso más. Administraron a los esquizofrénicos dosis de naltrexona, que bloquea la actividad de las endorfinas en el cerebro. Se consideraba que, si las dosis de naltrexona revertían algún comportamiento en particular, era una señal de que muy probablemente dicho comportamiento se debía a la acción de las endorfinas sobre el cerebro. Cuando los esquizofrénicos —todos ellos calificados como insensibles al dolor—

recibieron la dosis de naltrexona, su sensibilidad al dolor se triplicó. Este resultado señala en forma evidente que el incremento de los niveles de endorfina constituye, en los esquizofrénicos, la causa de la insensibilidad al dolor.

Pero la naltrexona tuvo otro sorprendente efecto en los pacientes esquizofrénicos: mejoró su capacidad de atención hasta niveles prácticamente normales. El grupo de Buchsbaum siguió esta pista a través de otro camino. Compararon la capacidad de atención de un grupo de esquizofrénicos con la de otro integrado por individuos normales. Los esquizofrénicos tuvieron un muy mal desempeño... hasta que se les administró naltrexona. Pero la gran sorpresa se produjo cuando los investigadores administraron naltrexona al grupo de individuos normales; también en éstos la droga bloqueadora de endorfinas mejoró en forma significativa la capacidad de atención. De estos hechos se deduce que, al parecer, las endorfinas inhiben la atención.*

La interrelación entre dolor y atención involucra a otro neurotransmisor, el ATCH. Existe una curiosa acción complementaria entre endorfinas y ACTH, sustancias ambas liberadas como respuesta al estrés. Las endorfinas mitigan el dolor y, en esa forma, permiten que el dolor pueda ser ignorado transitoriamente. También reducen la atención, un efecto que facilita la negación de la urgencia del dolor. El ACTH, en cambio, produce el efecto opuesto.

---

* La interrelación sería más convincente si en el cerebro hubiera centros en los que estas dos funciones mentales —la atención selectiva y la sensibilidad al dolor— se unieran. Buchsbaum encontró algunos, utilizando un promedio computarizado de las señales del cerebro para determinar en qué lugar del mismo se realiza una tarea mental determinada. Este método brinda una imagen topográfica del cerebro con distintas gradaciones que reflejan el grado de actividad. El resultado es una visión del cerebro que asemeja un mapa topográfico, con código de colores que a primera vista revela dónde se encuentran los valles y las montañas.
Utilizando estos mapas cerebrales, Buchsbaum comprobó que había una importante superposición entre las áreas cerebrales más activas durante la atención selectiva y las que se activaban con la percepción del dolor. Si bien los datos obtenidos a través de esta técnica aún son incompletos, señalan a la parte frontal de la corteza cerebral y a un sector en la parte posterior de la corteza sensorial como los puntos clave tanto para la atención como para el dolor. La mayoría de los efectos estudiados —como la propiedad de la naltrexona de afectar los niveles de atención y de dolor comunes en el esquizofrénico— demostraron cambios en esas áreas.
Existen por lo menos otros dos sitios en el cerebro donde la acción de las endorfinas podría suprimir, en forma directa, la atención.[7] Uno es el *locus coreleus* y el otro el sistema *raphe*. Cada uno de ellos es un importante nexo del conjunto de células esencial para la atención. Las endorfinas inhiben su actividad.

El grupo de Buchsbaum administró ACTH a pacientes que participaban en un estudio con respecto a su atención a sonidos y luces. El ACTH incrementó esa atención, tal como lo habían hecho los bloqueadores de endorfinas en un estudio previo. Buchsbaum observa que otros investigadores comprobaron que, en ensayos con ratas, la administración de ACTH incrementaba la sensibilidad al dolor.

Por lo tanto, el ACTH estaría relacionado de alguna manera con la atenuación del efecto de las endorfinas. Parecería que el ACTH y las endorfinas tienen acciones opuestas. El ACTH eleva la atención y sensibiliza el sistema nervioso al dolor, mientras que las endorfinas actúan en forma totalmente inversa.

Las endorfinas y el ACTH provienen de una misma molécula madre; son, literalmente, parte del mismo paquete neuroquímico necesario para enfrentar el peligro. La interacción entre ACTH y endorfinas es manejada, en parte, por la selección del momento oportuno. Durante la respuesta al estrés, la liberación de ambas sustancias químicas es desencadenada por la pituitaria. Pero el ACTH ingresa en el organismo con mayor rapidez; sus efectos se pueden percibir en el término de los primeros treinta segundos de alarma de estrés. Las endorfinas se liberan a un ritmo más lento y sus efectos sólo se manifiestan al cabo de unos dos minutos. La primera respuesta a una alarma nos alerta sobre el peligro; la segunda nos permite olvidar el dolor.

Tanto el ACTH como las endorfinas fluyen a través del cerebro durante la respuesta al estrés. Pero la tasa relativa de cada una determinará, en gran medida, cuán atento y cuán sensible al dolor es el individuo. Estos dos elementos de percepción —la sedación del dolor y la reducción de la atención— tienen un objetivo común: la reducción de la atención es una forma de embotar el dolor. La unión de estos dos sistemas neuroquímicos demuestra la sabiduría con que está diseñado el cerebro.

Es probable que la división conceptual entre percepción del dolor y atención sea más artificial de lo que creemos. No necesariamente el cerebro analiza las funciones mentales como lo hacemos nosotros en los estudios. Buchsbaum hace hincapié en que el estudio científico del dolor y de la atención han sido separados en virtud de las diferentes disciplinas que estudian estos dos fenómenos. Según él, los hallazgos recientes sobre la relación estrecha que existe entre atención y dolor "indican que esta separación es artificial, dado que los mismos neurotransmisores, las mismas estructuras anatómicas y los mismos sistemas de procesamiento de la información" modularían tanto el dolor como la atención.

Por lo tanto, el sistema de las endorfinas está armado para reducir la atención a medida que seda el dolor. La analgesia y la atención selectiva tienen una vía común a través del cerebro, aunque su relación es de mutua exclusión: a medida que se activan las endorfinas, el dolor disminuye y la atención se embota. El incremento de la atención que acompaña al ACTH incrementa la sensibilidad al dolor.

Esta interacción está fijada en el cerebro en forma permanente. Las redes neuronales que producen esta relación entre dolor y atención han aparecido luego de procesos de evolución de millones de años. Considérese, una vez más, el estado de ensoñación que sintió Livingstone entre las garras del león. ¿Podrá ofrecernos una clave para entender la base evolutiva de la extraña relación entre dolor y atención?

Por qué la atención disminuida alivia el dolor

En su carácter de misionero, Livingstone se preguntó si su indiferencia ante las fauces del león no tendría algo que ver con un plan divino. Pensó que podía existir un fin superior para lo que él denominó "ese estado peculiar". Esta condición, conjeturó Livingstone, "probablemente se da en todo animal atacado por un carnívoro; de esa manera, nuestro benévolo creador previó una reducción del dolor de la muerte".

Mientras que el planteo de Livingstone tiene ciertas connotaciones religioso-sentimentales, la realidad científica impone una interpretación diferente. La evolución favorece las respuestas que permiten al animal sobrevivir y procrear. Un gen que predisponga a una muerte resignada y serena no tendría muchas probabilidades de ser transmitido a la descendencia de los ejemplares portadores del mismo, ya que lo más probable es que murieran antes de poder reproducirse.

El dolor, por lo general, desata respuestas que ayudan a la recuperación y a la sanación: aislamiento, descanso, y una reducción en la frecuencia del metabolismo y de la actividad general del organismo. Este ciclo de recuperación, sin embargo, tiene poco valor para la supervivencia cuando, por ejemplo, un animal está por ser devorado por un depredador, necesita defender las crías o debe salir corriendo. En estos casos, sería esencial disponer de un mecanismo para pasar por alto el impulso de atender a una herida dolorosa. Eso es, precisamente, lo que permiten las endorfinas.

La respuesta a situaciones de emergencia que logra enmascarar el dolor —el ataque de un depredador sería un ejemplo básico— es más útil para la supervivencia que la muerte serena y resignada. El terror absoluto paraliza. Pero la amenaza de un depredador exige acción, una respuesta que incite al desafío del peligro. ¿Qué mejor que reducir el dolor y el terror del momento e inducir la calma? Esto permite una respuesta que sirva para salvar la vida, basada en una evaluación de la situación, sin los condicionamientos que supone el miedo o el pánico. Éste es, exactamente, el estado descrito por Livingstone.

El estímulo de ciertas partes del sistema de las endorfinas también provoca agresión y acciones defensivas, al menos en los animales de laboratorio. Por ejemplo, después de luchar por el dominio territorial, las ratas se muestran como anestesiadas, lo que indica elevados niveles de endorfina. Esto sugiere que el sistema de reducción del dolor está estrechamente ligado a los destinados al manejo del peligro y la amenaza. Parecería razonable —aunque admito que sólo es una suposición— imaginar que el sistema de reducción del dolor ha evolucionado como parte de una serie de mecanismos que permiten al cerebro ponerse a la altura del desafío que representa un peligro físico.

Ésta es, entonces, la alternativa a la teoría de Livingstone: la capacidad de supervivencia la tienen aquellos miembros de una especie que, cuando los hechos lo justifican, son capaces de ignorar su dolor y, al mismo tiempo, manejar adecuadamente el peligro que enfrentan. El alto valor que tiene la analgesia para la supervivencia podría explicar la razón por la cual se la ha encontrado en las áreas cerebrales más primitivas, que el ser humano comparte con las especies más antiguas. En la práctica, se han encontrado receptores de opiatos en todas las especies examinadas, incluso aquéllas con sistemas nerviosos tan primitivos como las sanguijuelas.

Otra línea de investigación apoya el concepto de que la respuesta de las endorfinas está diseñada para el control de una emergencia, pero no para la recuperación posterior. Un equipo de investigación de la UCLA llegó a la conclusión de que los shocks eléctricos ineludibles, recibidos en los pies —pero no los que se podían evitar— incrementaban los niveles de endorfina en ratas.[8] Se comprobó que los shocks de los cuales era posible evadirse generaban una liberación no-opioide; es decir, que los shocks evitables parecerían ser menos amenazadores que los ineludibles.

Se observó que esta diferencia de reacción ante los tipos de estrés también se encuentra en crecimientos tumorales. Cuando una rata de laboratorio con tumores cancerosos recibe un shock inevitable, la tasa de crecimiento del tumor se acelera. Cuando pueden escapar del shock, la tasa de crecimiento no se modifica. La causa puede radicar en las endorfinas. Cuando se administra antagonistas de opioides a una rata de laboratorio con un tumor, como la naltrexona, la tasa de crecimiento del tumor se reduce y vive más tiempo. Este esquema sugiere que los opioides, si bien mitigan el dolor, interfieren en la curación.* La implicancia más amplia es que el sistema de depresión del dolor que poseen las endorfinas, si bien resulta de valor vital para la supervivencia y el manejo de emergencias, no es la respuesta adecuada cuando lo que se requiere es la recuperación.

El sistema de reducción del dolor necesita discriminar, de alguna manera, entre los momentos en que vale la pena sedar el dolor y aquellos otros en que eso no es requerido. Algunos soldados heridos, por ejemplo, dijeron haber experimentado un estado como el descrito por Livingstone. Pero para muchos otros, el dolor sigue siendo una agonía. El sistema de sedación del dolor se conecta en forma selectiva.

A pesar de que existen normas racionales acerca de cuándo es lógico ignorar el dolor y cuándo no, el sistema de las endorfinas parecería obedecer a sus propios imperativos. Cuáles son esos imperativos sigue siendo un misterio: no sabemos cómo un mecanismo tan filogenéticamente primitivo como éste distingue entre el león y el vencimiento del pago de la hipoteca.

Pero hay pocas dudas de que, a la larga, a las especies les resulta útil tener la capacidad de superar el dolor, en determinadas circunstancias. Hay un valor de supervivencia tanto en la percepción del dolor como en su sedación. Pero, ¿por qué la sedación del dolor habría de disminuir la atención? A primera vista parecería que este tipo de respuesta a una emergencia tiene poco valor para la supervivencia. ¿Qué rol positivo podría desempeñar la reducción de la atención en la evolución? Por supuesto que sólo podemos basarnos en suposiciones. Pero el león de Livingstone sugiere una solución.

Una herida seria es una cuestión de vida o muerte. Debería ser atendida de inmediato, convertirse en el foco de la atención y asegurarse su cuidado. La supervivencia podría dictar una atención refleja e involuntaria al dolor. En efecto, el sistema del dolor está conformado de tal modo, que permite dirigir la atención a la fuente del dolor, al menos en la mayoría de los casos.

* Para determinar la razón de este hecho, el grupo de la UCLA estudió los efectos de estos diferentes esquemas de shock sobre el sistema inmunológico de la rata. Las que eran sometidas al esquema de shock que desencadena la liberación de opioides presentaban una reducción de sus funciones inmunológicas en dos parámetros: la respuesta antitumor, tanto en los linfocitos T como en los glóbulos blancos, se vio reducida. Pero esa deficiencia en el sistema inmunológica no se registró en el grupo de ratas tratado con naltrexona (un opioide antagonista) y sujetos a los mismos shocks inevitables, estimuladores de la secreción de opioides. Cuando la respuesta de las endorfinas era suprimida, el sistema inmunológico se veía reducido. Ante esta comprobación, la conclusión es la siguiente: "los péptidos opioides están involucrados, de manera significativa, en el efecto del estrés sobre el cáncer y el sistema inmunológico".

Pero en los momentos en que existe la amenaza de un peligro muy grande, el animal cuya atención se ve dirigida en forma compulsiva a su herida y no al león es, prácticamente, animal muerto. La atención tiene que abarcar un espectro más amplio: para superar la atención refleja al dolor, la conciencia tiene que ser violentamente desviada. Las endorfinas constituyen el agente químico capaz de aflojar la atención de este modo. Si bien con ello la atención se reduce, el objetivo evolutivo —la supervivencia— demuestra que el resultado bien vale la pena. El dolor es una característica típica en nuestra herencia neurológica. Su antigüedad atestigua su éxito como recurso de supervivencia.

Mi premisa es que el trueque entre dolor y atención marca un modelo que ha encontrado un puesto tanto en el campo psicológico como en el social. Para el hombre moderno, el dolor físico es un hecho relativamente raro. Mucho más común es el dolor psicológico: una afrenta a la autoestima, aprensiones o pérdidas. Hacemos frente a ese tipo de dolor mediante un sistema de alarma afinado por millones de años de amenazas más primitivas.

La táctica del cerebro para el manejo del dolor físico a través del reposicionamiento de la conciencia se ofrece como un diseño apto para manejar también las heridas psicológicas y sociales. Si estos mecanismos cerebrales son la causa real del embotamiento que se produce cuando nos encontramos con un dolor mental, o si son simplemente reacciones análogas, sigue siendo una pregunta abierta. Mi objetivo aquí es más modesto: señalar el esquema conector. La percepción del dolor incluye la capacidad de sedar el dolor desplazándolo de la conciencia. Este esquema, como veremos, se repite una y otra vez en las principales áreas del comportamiento humano.

El dolor mental paraliza la cognición

Una sola vez en mi vida estuve paralizado de miedo. Fue en ocasión de un examen de cálculo matemático, durante mi primer año en la universidad, para el cual, por algún motivo, no había estudiado. Visto en retrospectiva, se trata de un hecho menor, pero ese día fue un verdadero drama.

Todavía recuerdo el aula hacia la cual me dirigí aquella mañana de primavera, dominado por malos presagios. En aquella aula yo había cursado muchas materias de la carrera: historia, humanidades, física. Era un gran anfiteatro con asientos tarugados, de respaldo rígido, cada uno con un apoyabrazos rebatible para usarlo como apoyo. Grandes ventanales daban sobre las colinas y el bosque. A través de esos vidrios había mirado el paisaje durante muchas horas, enfrascado en mis pensamientos, mientras uno u otro profesor disertaba sobre los cartagenos, Henry James o la constante de Planck.

Esa mañana, sin embargo, no vi el paisaje a través de las ventanas y ni siquiera vi el aula. Mi vista se concentró en el sector del piso que estaba directamente ante mí y me encaminé hacia un asiento ubicado cerca de la puerta. No recuerdo haber levantado la mirada cuando se distribuyeron las pruebas, cuando bajé el apoyabrazos o cuando abrí la tapa azul de mi cuadernillo de exámenes.

Había un olor a barniz viejo, proveniente del piso de madera, sentí el latido de mi corazón retumbándome en los oídos y tenía un sabor a angustia en la boca del estómago. Frente a mí estaba la hoja en blanco y el libro.

Miré las preguntas del examen una sola vez. No había nada que hacer. Durante una hora miré esa página en blanco, las líneas verdes que marcaban los renglones sobre la superficie blanca. Mi mente volvió a las circunstancias por las cuales no me había preparado y pensé en las consecuencias que tendría mi fracaso. Los mismos pensamientos se repetían una y otra vez, en forma recurrente.

Permanecí sentado, inmóvil, como un animal paralizado en sus movimientos por una flecha con curare. Mi mano sostenía el lápiz, pero sin moverlo. Mis ojos estudiaban el papel en blanco, sin apartarse de él.

Lo que recuerdo con más nitidez de ese momento espantoso fue la paralización total de mi mente. No pasé la hora haciendo esfuerzos desesperados por pergeñar algo que se pareciera a una respuesta a las preguntas del examen. No dejé volar mis pensamientos. Simplemente permanecí ahí sentado, congelado en mi terror, esperando que la tortura llegara a su término.

Cuando la hora finalmente concluyó, me levanté como un sonámbulo, dejando mi hoja en blanco y mi libro de pruebas abierto sobre el apoyabrazos rebatible.

La ansiedad paraliza la cognición. La esencia de la angustia es la intrusión de la misma en los canales físicos y mentales que deberían estar despejados. Una persistente preocupación invade el sueño, manteniéndonos desvelados la mitad de la noche. Un miedo que perdura se apodera de nuestros pensamientos, distrayéndonos de la tarea que tenemos entre manos. Cuando la angustia crece hasta alcanzar el nivel del pánico, como me ocurrió a mí durante el examen de cálculo matemático, su intensidad captura por completo tanto los pensamientos como la acción.

La angustia es una singular mezcla de emociones y cognición. Fusiona el esquema excitante de la respuesta a la emergencia con el conocimiento de la amenaza. Las formas que toma la angustia son múltiples, dado que expresa una compleja mezcla de eventos cognitivos y biológicos, cualquiera de los cuales puede ponerse de manifiesto en forma prominente, y aparecer como síntomas clave. Una preocupación mental es, en esencia, el equivalente funcional de la taquicardia. Ambos indican la misma dinámica subyacente, una respuesta al estrés que se ha salido de cauce.

A menudo, no es el peligro sino la amenaza del peligro lo que desencadena esa respuesta al estrés. La principal característica de la información que marca el estrés es la incertidumbre. La incertidumbre envía una primera advertencia, un alerta para verificar las posibilidades de que acecha una amenaza. Un ruido entre los arbustos podrá haber sido producido por un depredador o no. Pero los pequeños primates que se lanzaron a la acción ante el mínimo ruido, fueron aquellos cuyos descendientes han sobrevivido para escribir libros sobre el tema.

En un aspecto más general, cualquier cosa nueva o distinta, cualquier cosa extraña o fuera de lo familiar es analizada, aunque sólo sea al pasar. Lo nuevo, por definición, es lo desconocido. Lo novedoso constituye la esencia de la incertidumbre, la cual, a su vez, es el mensaje que conlleva una posible amenaza.

El cerebro enfrenta lo novedoso aprestándose a una respuesta al estrés (pero no un compromiso total), por las dudas. La respuesta al estrés tiene una relación dual con la atención: en primer lugar, es la atención la que desencadena esa respuesta y los centros de atención, a su vez, son activados por el alerta al estrés. Si se confirma la posibilidad de una amenaza, la respuesta al estrés se potencia.[9] La exaltación o el entusiasmo que nos produce todo lo novedoso tiene su origen en ese ciclo neuronal: lo novedoso prepara al cuerpo para actuar, a través de una excitación de menor grado.

En el reino animal, la respuesta universal a lo novedoso es la respuesta de orientación, una combinación del incremento de la actividad cerebral, el aguzamiento de los sentidos y el aumento de la atención. La combinación de inmovilidad y alerta que pone de manifiesto un gato al observar a un pájaro indica orientación. Lo mismo hace una persona que se esfuerza por determinar si ese extraño ruido en la ventana es un ladrón o el gato.

Si el suceso que desencadena la respuesta de orientación registra el estímulo como familiar y no-amenazante (sólo es el gato), el cerebro y el cuerpo pasan de inmediato a un estado de excitación inferior. Pero si la información registrada delata una amenaza (¡un ladrón!), la orientación conduce de la respuesta al estrés.

El grado de excitación del cerebro depende de la magnitud de la discrepancia entre lo que se espera y lo que se encuentra. Cuando los hechos son rutinarios, el hipocampo —un centro en el cerebro medio— mantiene bajo el nivel de excitación; los hechos se registran y se tienen en cuenta, pero con serenidad. El hipocampo registra estímulos familiares sin que el resto del cerebro necesite orientarse hacia ellos. Realiza la monótona tarea de manejar las rutinas prosaicas de la vida.

Un texto sobre neurología de la atención describe el rol del hipocampo en los siguientes términos:[10]

> Cuando recibimos a alguien en la puerta de nuestra casa, no necesitamos procesar conscientemente las paredes, el marco de la puerta, etc., a

pesar de que toda esa información, enviada a nuestros sentidos, dirige nuestro comportamiento. Si se llegara a producir un terremoto, de inmediato prestaríamos atención a esos estímulos, previamente ignorados.

La importancia del hipocampo en estos casos puede comprobarse cuando el mismo ha sido extirpado quirúrgicamente. En ese caso todos los cambios del entorno toman las proporciones de un terremoto... La información invade, distrae e interrumpe el proceso de codificación activo de manera tal (...) que maneja el comportamiento. El hipocampo es, pues, lo que evita que el cerebro convierta cada suceso en una emergencia y también que la rutina invada nuestra conciencia.

Durante la respuesta al estrés, una parte del circuito cerebral que desencadena la liberación de ACTH lo hace a través de vías que ascienden desde el tronco cerebral, a través del hipocampo.[11] Estas vías también impulsan la atención. El efecto básico es que la atención y el desencadenamiento del estrés están interconectados: cada vez que la atención cerebral aumenta por encima de un cierto umbral, se produce la liberación de esteroides del estrés.

Las sustancias químicas que inundan el cerebro durante la respuesta al estrés preparan elegantemente al individuo para manejar el peligro. En la evolución primitiva, esto equivalía a pelear o huir. Una vez pasado el peligro, el cuerpo podía distenderse. Pero con el advenimiento de la civilización, por lo general no se necesita ni huir ni pelear. La mayoría de las veces no es necesario ningún tipo de lucha y el individuo se "cocina en su propia salsa".

A medida que el dolor ingresa en el campo psicológico, sus fuentes se tornan más abstractas y difusas. El ataque de un león es algo específico, frente a lo cual se puede actuar en forma específica: huir o, en caso de estar atrapado, inundar el cerebro con endorfinas. Pero el dolor mental es muy esquivo. Las preocupaciones financieras, una pareja poco comunicativa, miedos existenciales... Ninguno de esos generadores de estrés ceden ante una solución simple. Ni huir ni pelear resulta satisfactorio; una pelea podría empeorar las cosas y una huida las agravaría mas aún.

Mientras que el desencadenamiento del estrés es un estado adecuado para hacer frente a una emergencia, se transforma en algo desastroso cuando se convierte en un estado continuo. El desencadenamiento continuo del estrés conduce a la patología, a estados de angustia o trastornos psicosomáticos como la hipertensión. Estas afecciones son el producto final de la respuesta de estrés, el costo de una constante disposición para enfrentar emergencias.

Esa respuesta es una reacción a la percepción de una amenaza. Desconectarse de esa amenaza es una forma de hacer entrar en cortocircuito el estímulo del estrés. De hecho, para los peligros y dolores que son mentales, la atención selectiva ofrece un alivio. La negación es el equivalente psicológico de la acción desactivadora de la atención de las endorfinas. Esta negación, en sus diversas formas, también constituye una analgesia.

La angustia es estrés
fuera de lugar

La angustia es un continuo de estímulos comunes, llevado a su extremo. Tanto trabajar sobre un problema mental difícil o devolver un saque en el tenis, activa un estímulo adecuado y necesario, ya que este tipo de tareas exigen un aporte adicional de nuestras reservas mentales y físicas.

Pero cuando el estímulo no es adecuado a la tarea que se está encarando —en particular, cuando dicho estímulo es demasiado intenso— se convierte en ansiedad. En un estado de ansiedad, un tipo de estímulo que podría ser adecuado para enfrentar una determinada amenaza invade otra situación o se verifica a un nivel tan alto que sabotea la posibilidad de dar una respuesta adecuada.

Durante un estado de ansiedad, es posible que la atención se aferre a la fuente de la amenaza, reduciendo el espectro de conciencia disponible para otras cosas. La reducción de la atención bajo estrés es un fenómeno ampliamente documentado. Por ejemplo, en un estudio ya clásico en este campo se sometió a voluntarios a un simulacro de buceo en aguas profundas, en una cabina presurizada.[12] El ejercicio, realizado bajo agua, fue dramático, con modificaciones reales en la presión y el nivel de oxígeno. Debido a la modificación del oxígeno, existían algunos riesgos reales, pero menores, y los voluntarios aprendieron algunas técnicas para utilizar en caso de emergencia. Durante el simulacro, los voluntarios debían llevar a cabo una tarea de rastreo y, al mismo tiempo, controlar los destellos emitidos por una fuente luminosa. A medida que desarrollaban esta tarea y los voluntarios comenzaban a experimentar cada vez mayor ansiedad, eran capaces de continuar con la tarea central, pero perdían el control de los destellos de luz.

La noción de que la ansiedad y la angustia estrechan el espectro de la atención no es nada nuevo. Samuel Johnson lo expresó en forma muy concisa: "De una cosa puede estar seguro, señor: cuando un hombre sabe que morirá en la horca dentro de quince días, su capacidad de concentración aumenta que es una maravilla".

Cuando el estrés estimula la atención, la concentra en la amenaza que se está enfrentando. Esto es muy útil cuando la atención y el estímulo físico están dirigidos a enfrentar la amenaza y hacer algo al respecto. Pero las situaciones de estrés en la vida moderna rara vez dan lugar a una opción. La mayoría de las veces tenemos que seguir con la rutina normal y, al mismo tiempo, manejar alguna situación amenazante y continua en el tiempo, como por ejemplo, proseguir normalmente con nuestro trabajo durante una prolongada disputa marital, hacer nuestra liquidación impositiva a pesar de la preocupante enfermedad de un hijo.

La atención, programada para concentrarse en primer lugar en una amenaza que se está enfrentando, hace que esta focalización sea la predominante, aun cuando haya otras cosas que deberían ser más urgentes de atender. Los pensamientos referidos a la situación de conflicto invaden la conciencia en los momentos menos oportunos. La definición funcional de la ansiedad es, concretamente, esa intrusión.

El psiquiatra Mardi Horowitz[13] describe en detalle el rol que desempeña la intrusión en la ansiedad. Dice que la intrusión consiste en "pensamientos involuntarios y la aparición repentina de sentimientos difíciles de desplazar y en la repetición, real o simbólica, a través del comportamiento, del hecho originario del estrés". Esto coincide con la definición que relaciona a la ansiedad con la atención: pensamientos involuntarios y sentimientos que golpean la conciencia.

A través de un experimento muy simple, Horowitz demostró de qué manera la ansiedad golpea la conciencia. Pidió a un grupo de voluntarios que miraran una de dos películas estresantes: una sobre el ritual de la circuncisión entre aborígenes adolescentes y la otra mostrando sangrientos accidentes en un aserradero (ambos filmes levemente sangrientos). Además, se proyectó una tercera película, que mostraba a un hombre practicando aerobismo.

Después de haber visto esas películas, los voluntarios se abocaron a una tarea que consistía en determinar si un tono musical era más alto, más bajo o igual al precedente. Esta tarea, aunque aburrida, exigía concentración y atención sostenidas. Entre una y otra serie de tonos, los voluntarios debían escribir un breve informe sobre lo que había pasado por su mente durante la tarea.

No resulta sorprendente que los voluntarios informaran sobre una mayor invasión de recuerdos referidos a la película, después de haber visto los filmes sobre la circuncisión o los accidentes, que después del que mostraba la práctica aeróbica. Cuanto mayor el impacto del contenido de las películas, tanto más frecuentes fueron las intrusiones.

En base a una investigación detallada, realizada en docenas de pacientes con síntomas de estrés, Horowitz logró enumerar muchas de las formas, explícitas o enmascaradas, que adopta la intrusión en la ansiedad. La lista es sumamente amplia e instructiva: cada una de las variedades de intrusión es un aspecto del estrés llevado a su extremo. La lista de Horowitz incluye:[14]

- *Aparición repentina de emociones,* oleadas de sentimientos que aparecen con fuerza y vuelven a serenarse, sin constituirse en un estado de ánimo permanente.
- *Preocupación y rumiación,* una conciencia continua del hecho estresante, que vuelve en forma recurrente e incontrolable, más allá de los límites del análisis normal de un problema y la reflexión sobre el mismo.
- *Pensamientos invasores* y repentinos, que no tienen nada que ver con la tarea que la persona está realizando en ese momento.
- *Pensamientos, sentimientos e ideas persistentes* que, una vez desencadenados, son imposibles de detener.
- *Hipervigilancia,* alerta excesiva, investigación y análisis con una tensa expectancia.
- *Insomnio,* ideas e imágenes invasoras que perturban el sueño.
- *Pesadillas* y sueños perturbadores y un despertar con sensación de angustia o ansiedad. El contenido de la pesadilla no siempre tiene una relación directa con algún hecho real.
- *Sensaciones espontáneas* que irrumpen, en la conciencia, extraordinariamente intensas o sin ninguna relación con la situación del momento.
- *Reacciones de sobresalto,* arrebatarse o palidecer como respuesta a estímulos que, normalmente, no justifican una reacción de este tipo.

Tal como lo demuestra este listado, la ansiedad puede irrumpir en muchas formas, más allá de las manifestaciones más obvias. Sea cual fuere su disfraz, cuando la ansiedad invade la atención, el desempeño general del individuo decae. El antídoto que tenemos más a mano es, como veremos, la capacidad de atención misma, o, más precisamente, la des-atención o negación. Para ver de qué manera la negación puede borrar la ansiedad, es necesario comprender, en primer lugar, el rol clave que desempeña la cognición en el estrés, sobre todo la cognición de una amenaza, de un peligro.

El peligro está donde usted lo ve

Una pequeña cabina del funicular asciende, en forma rápida y bamboleante, por la empinada ladera que conduce a uno de los picos de los montes Tatra, en Polonia. En su interior viajan, apiñadas, unas doce personas, inclusive un viajero que describe las diversas reacciones de los pasajeros:[15]

> Para las viejas abuelas polacas, con sus bultos sobre la cabeza, es sólo un mal necesario en su rutina del fin de semana. Para tres o cuatro niños, ese viaje constituye toda una aventura. Para mi mujer, que se estremece ante la sola idea de tener que viajar en el tranvía elevado a Roosevelt Island en Nueva York, es algo que la lleva al borde del desfallecimiento. Y para el conductor, por supuesto, es un hecho demasiado familiar como para prestarle atención. Está sentado junto a una ventana, peligrosamente abierta, leyendo su diario.

Todo acto se define a través de la forma en que lo interpretamos. Lo que constituye la delicia de los niños, aburre al conductor; lo que es una rutina habitual para las viejas campesinas, llena de terror a un habitante de Manhattan. La manera en que uno interpreta un suceso determina si provoca o no provoca estrés. Éste es el principio fundamental de una visión sumamente instructiva del estrés y de cómo los individuos lo manejan, desarrollada por Richard Lazarus, un psicólogo de Berkeley.

En su opinión, el estrés se produce cuando un individuo siente que las exigencias del entorno exceden sus recursos para satisfacerlas. La parte clave de esta frase es: "un individuo siente". No es que un hecho sea intrínsecamente abrumador; si lo es o no lo es depende de cómo la persona lo interpreta. Un hecho determinado —un divorcio, la pérdida del trabajo, el nacimiento de un hijo— puede ser percibido como una amenaza, un desafío o un alivio, según las circunstancias, actitudes y los recursos del individuo.

La naturaleza del peligro es algo altamente subjetivo. Lo que importa no es el suceso en sí sino su significado. Cuando un hecho es visto como una amenaza, se desencadena el estrés. El estrés, por lo tanto, es el producto de un acto cognitivo: la evaluación.

En el momento en que una persona ha definido una situación como una amenaza potencial, su estrés fluctuará de acuerdo con su evaluación de la misma. Por ejemplo, en el laboratorio de Lazarus, los estudiantes que participaban de un experimento estuvieron esperando un shock eléctrico durante períodos de tiempo que variaban entre 30 segundos y 20 minutos.[16] El estrés variaba de acuerdo con lo riesgosa que el estudiante percibía la situación:[17]

> Por ejemplo, un minuto era tiempo suficiente como para que el individuo asimilara la amenazante idea de que iba a sentir dolor cuando recibiera el shock, pero no lo era como para generar dudas con respecto a esa amenaza. Sin embargo, si el individuo tenía cinco minutos para pensar en el tema, comenzaba a reflexionar sobre la situación o a evaluarla, diciéndose, por ejemplo: "No cabe duda de que un profesor universitario nunca me expondría a un dolor severo" o "En otra oportunidad recibí un shock eléctrico en el laboratorio y no fue nada grave; no vale la pena preocuparse". A los 20 minutos, las dimensiones (...) cambiaban. Por lo general, los individuos comenzaban a sentir cierta ansiedad, pensando quizá que esa larga espera podía ser el preludio a algo más grave.

Todos conocemos ese tipo de elucubraciones, en las que alterna la tranquilidad con la preocupación. Independientemente de los temas específicos, la esencia de esos monólogos interiores se reduce a: ¿qué gravedad reviste esta amenaza? La búsqueda de una respuesta genera la reacción de orientación. Según las respuestas recibidas en un momento dado, el mecanismo de orientación elevará o reducirá el estrés en proporción.

Tal como muestra la figura 1, un suceso conduce al estrés sólo si es evaluado como una amenaza. Esta evaluación da comienzo a una espiral, en la cual hechos que, de otra manera, habrían podido ser considerados como neutrales, adquieren la connotación negativa que le otorga la ansiedad, lo cual parcializa su evaluación. Este mecanismo puede verse en acción en un ataque de ansiedad como el que el psiquiatra Aaron Beck describe en uno de sus pacientes, un hombre de cuarenta años de edad, que fue internado en la guardia de urgencias

FIGURA 1: Preludio a una reacción de estrés: un suceso novedoso genera una respuesta de orientación, la cual interpreta al hecho como amenazante. Esta evaluación desata el estrés.

de un hospital de Denver, con un estado agudo de angustia y que continuó con un estado de severa ansiedad después del regreso a su casa, en Filadelfia:[18]

> ...Recordaba que, cuando había llegado a la cumbre con el medio de elevación utilizado por los esquiadores, notó que le faltaba el aire (probablemente a causa de la atmósfera enrarecida). En ese momento, pensó que esa falta de aire podía ser síntoma de un problema cardíaco. Recordó a su hermano que, pocos meses atrás, después de haber sufrido un ataque de disnea, murió como resultado de una oclusión coronaria. Al pensar con mayor detenimiento en la posibilidad de sufrir también él de una oclusión coronaria, se incrementó su estado de ansiedad. Comenzó a transpirar, a sentir que le flaqueaban las piernas y que estaba al borde del desmayo. Interpretó todos estos síntomas como evidencia adicional de que estaba sufriendo un ataque cardíaco y que se encontraba al borde de la muerte. Ni siquiera se tranquilizó cuando, en la sala de guardia, su electrocardiograma resultó perfectamente normal, porque pensó que "el problema quizá todavía no se puede detectar con ese estudio".

Si no se hubiera encontrado en un estado de estrés, preocupado por su alarma ante la posibilidad de un problema cardíaco, el hombre habría podido, en un momento dado, reevaluar su reacción inicial (la disnea) como una respuesta normal a la altura y no como señal de un ataque al corazón. Pero su ansiedad prolongada lo indujo a interpretar cada dato como una confirmación de su evaluación del hecho como una amenaza. Sólo varias semanas más tarde, cuando Beck le explicó todo este mecanismo y el paciente fue capaz de comprender que su "ataque cardíaco" no era sino una falsa alarma, comenzó a ceder su angustia.

Muchas veces se recurre a la reevaluación para dominar una amenaza. Si la amenaza puede ser reevaluada como no-amenaza (la alarma de incendio sólo era una práctica de los bomberos; la carta contenía una nota de crédito y no una citación judicial), el estrés que acompañaba a esa evaluación cesa. Nos acordamos de que la montaña rusa es sólo un entretenimiento, de que la escena violenta es sólo una película.

La evaluación comienza en el instante inicial de la orientación y desata una cadena cognitiva dirigida a encontrar las más sutiles respuestas. Cuando fracasa la reevaluación —es decir, cuando la amenaza no se diluye— se hace necesario apelar a otras estrategias.

Serenidad para aceptar lo que no puedo cambiar

En 1952, el psiquiatra Robert Lifton pasó varios meses en Hiroshima haciendo entrevistas exhaustivas a los *hibakusha,* los sobrevivientes de la explosión atómica:[19]

> Cuando realicé las primeras entrevistas, terminaba profundamente perturbado y emocionalmente agotado... Pero pronto —al cabo de sólo unos pocos días— noté que mis reacciones cambiaban. Escuchaba la descripción de los mismos horrores, pero el impacto que me provocaban iba en disminución. Me concentraba en los esquemas recurrentes que iba detectando en esas respuestas, es decir, en mi función científica y, si bien no me volví insensible al sufrimiento que se me describía, pronto logré establecer una distancia operativa más confortable entre yo y los *hibakusha.* Me di cuenta de que esa distancia era necesaria, no sólo desde el punto de vista intelectual de mi trabajo, sino también por las exigencias emocionales del mismo.

Lifton, que es psicoanalista, reconoce que su reacción era una especie de manejo psíquico, una forma de salir adelante en una situación estresante. Desde el punto de vista técnico, el manejo psíquico es un término que abarca una serie de maniobras cognitivas que alivian el estrés a través de la modificación de las propias reacciones, en lugar de cambiar la situación estresante propiamente dicha.

Una oración utilizada por Alcohólicos Anónimos habla de las dos alternativas: "Oh, Señor, dame serenidad para aceptar lo que no puedo cambiar, coraje para cambiar lo que puedo cambiar, y sabiduría para reconocer la diferencia entre ambos". Es posible tomar ciertas medidas para desplazar o anular la amenaza: llamar al agente de seguros, concurrir a la sala de guardia de un hospital, pagar las facturas pendientes. O, por el contrario, tranquilizarse uno mismo.

Lazarus califica de manejo instrumental a la primera de estas dos alternativas y a la segunda como manejo focalizado en la emoción. El manejo instrumental es muy concreto: hay algo que se puede hacer para anular la amenaza. En los orígenes, la acción típica era huir o luchar. En el mundo moderno, estas situaciones tan unívocas son bastante raras.

Es mucho más frecuente que el individuo se vea obligado a manejar situaciones ambiguas, inciertas y en progreso. Cuando la evaluación de amenaza ha desatado una reacción de estrés, esto significa que a uno lo están acosando tanto las hormonas del estrés secretadas por el cerebro como la preocupación por esa amenaza. Esta mezcla es lo que denominamos ansiedad.

Si bien una amenaza puede desencadenar una serie de emociones, desde la ira hasta la depresión, la ansiedad es la reacción más penetrante e invasora. El manejo emocional, por lo general, significa calmar la ansiedad. Si no se le pone freno, la ansiedad interfiere en la atención, en una u otra de las muchas formas descritas por Horowitz.

Esta invasión puede interferir en todo el espectro de la cognición, en formas que analizaremos con mayor detalle más adelante. Por ahora nos limitaremos a señalar que la ansiedad genera una parálisis cognitiva que dificulta la reevaluación. Es decir, que la misma ansiedad puede trabar una reevaluación que podría aliviar la sensación de peligro.

Si fracasa la reevaluación, puede entrar en acción una u otra forma de negación. En el curso natural de la recuperación de un suceso devastador, como la muerte de un ser querido o la pérdida del trabajo, parecería existir una oscilación espontánea entre negación e invasión. Mardi Horowitz, el psiquiatra que enumeró los diversos tipos de invasión, plantea que, después de cada suceso importante, serio o grave de la vida, la invasión y la negación van y vienen, lo que sugiere la existencia de fases básicas de adecuación.

Tal como lo hiciera para la invasión, Horowitz presenta una larga nómina de tipos de negación, a saber:[20]

- *Elusión de asociaciones,* el acto de evitar las conexiones obvias y esperables que se desprenden de las implicancias de lo que se dice o piensa.
- *Embotamiento,* la sensación de no tener sentimiento alguno; emociones apropiadas que no son registradas.
- *Achatamiento de la respuesta,* una constricción de las reacciones emocionales esperables.

- *Dilución de la atención,* vaguedad o negativa de focalizar con claridad la información, que incluye pensamientos, sentimientos y sensaciones físicas.
- *Obnubilación,* atención fuera de foco que empaña el alerta y elude el significado de los hechos.
- *Pensamiento constreñido,* la negativa de explorar otros significados que los obvios y visibles; reducción de la flexibilidad.
- *Falta de memoria,* incapacidad de recordar hechos o detalles; una amnesia selectiva frente a hechos elocuentes.
- *Repudio,* diciendo o pensando que los significados obvios no son reales.
- *Bloqueo a través de la fantasía,* evitando la realidad o sus implicancias a través de pensamientos fantasiosos de lo que podría haber sido o podría ser.

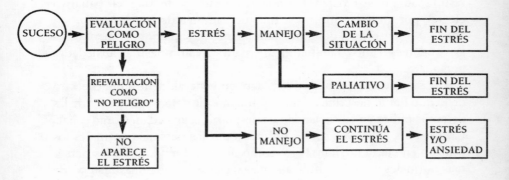

FIGURA 2: Opciones para interrumpir el estrés: si un suceso evaluado como un peligro puede ser reevaluado como no-peligro, el estrés no se instala. Una vez instalado, las opciones de manejo son externas —cambio de la situación para desactivar la amenaza que representa el suceso— o internas, como paliar el estímulo del estrés. Si todo esto fracasa o no se implementa, el estrés puede conducir a enfermedades relacionadas con el estrés y/o a estados de ansiedad

El principio operativo que une a esas formas de negación es que todas ellas evidencian una manera de borrar de la conciencia un hecho conflictivo o preocupante. Estas tácticas son contraataques a las invasiones enumeradas previamente. La negación y la invasión constituyen los dos aspectos de la atención. Ninguno de ellos es saludable; ambos distorsionan la atención. Si bien las múltiples formas de negación no conducen a una evaluación más realista de lo que ocurre, pueden constituir poderosos antídotos para la ansiedad.

Lazarus equipara estas maniobras intrapsíquicas con la ingesta de drogas o de alcohol para aliviar la ansiedad. Todos son paliativos: reducen la ansiedad sin modificar para nada la situación percibida como peligro. Según Lazarus, se trata de una estrategia normal: "Hay muchas situaciones generadoras de grave estrés en la vida, en las que poco o nada se puede hacer para cambiarlas. En estos casos, se está mejor si uno se limita a cuidar las propias emociones.... El individuo sano siempre utiliza paliativos sin que ello tenga efectos negativos. Tomar un trago o consumir tranquilizantes son paliativos. También lo es la negación, la intelectualización y el evitar los pensamientos negativos. Cuando esos paliativos no interfieren con medidas de adaptación, representan una gran ayuda".[21]

Los paliativos son intrínsecamente gratificantes gracias al alivio que proporcionan a la angustia. Pero lo que es gratificante también resulta adictivo. Existen abundantes pruebas de que el paliativo elegido por un individuo, ya se trate de Valium o de whisky, puede ser adictivo. Pienso que, de la misma manera, hay maniobras mentales a las que recurrimos habitualmente para aliviar nuestras ansiedades personales.

Los paliativos cognoscitivos caen, en general, dentro del espectro de lo que Freud describe como mecanismos de defensa. El poder de las defensas radica en su capacidad de desplazar la ansiedad. Como señala Lazarus, los paliativos son la norma; todas las personas normales los utilizan en cierta medida. Pero, como observó Freud, todas las personas normales también utilizan, hasta cierto grado, mecanismos de defensa.

Los paliativos mentales falsean nuestra capacidad de ver las cosas tal como son: es decir, verlas con lúcida atención. Cuando la ansiedad ha invadido la mente, aun cuando esté camuflada por hábiles maniobras mentales hay un costo en eficiencia mental que pagar. La negación compromete la integridad y concentración de la atención.

Hace apenas poco tiempo que comenzamos a saber lo suficiente sobre la mente como procesador de información, como para comprender cómo operan la ansiedad y las defensas que levantamos para contenerla, así como el costo mental de este mecanismo. Para entender la magnitud de este costo, tenemos que analizar, en primer lugar, el modelo actual de la mente en funcionamiento. Sólo entonces podremos utilizar ese modelo para analizar el trueque entre ansiedad y atención, y el autoengaño que el mismo promueve.

SEGUNDA PARTE

Los mecanismos de la mente

El modelo freudiano
de la mente

Como ocurre con tantas otras ideas del campo de la psicología, el primero en anticipar una visión contemporánea de los mecanismos de la mente fue Sigmund Freud. En el año 1900, en el séptimo capítulo de su obra *The Interpretation of Dreams* (La interpretación de los sueños), Freud presentó un modelo de cómo la mente maneja la información.[1] El modelo de Freud llama la atención por la precisión con que anticipa lo que —en los setenta y cinco años siguientes— ha conducido a una más clara comprensión de los procesos a través de los cuales nuestra mente capta, utiliza y almacena la información, y del grado en que estos procesos son proclives a la deformación a través del trueque entre angustia y atención.

En el modelo freudiano existe una serie de "estaciones"; las dos que Freud coloca al principio y al final concuerdan con la fisiología que se conocía en su tiempo, cuyo hallazgo principal consistió en la descripción de la base neural de los reflejos. La secuencia reflexiva estímulo-respuesta estaba ampliamente aceptada y difundida, y Freud la tomó prestada. La primera estación del modelo de aparato psíquico de Freud era la percepción, el punto en el cual la mente capta el estímulo sensorial. La última era la actividad motora, la respuesta.

Esta simple secuencia de lo sensorial a lo motor es afín a la secuencia estímulo-respuesta de los reflejos, que luego se convertiría en el modelo para el comportamiento estudiado por el conductista Pavlov. No hay duda de que Pavlov y Freud habrían podido coincidir con respecto a la naturaleza del comportamiento, si Freud se hubiera detenido en ese punto. Sin embargo, los partidarios de la teoría del conductismo* siguieron considerando todo lo que había entre el estímulo y la respuesta como una "caja negra", herméticamente cerra-

* N. del T.: También llamado behaviorismo.

da a la observación científica y, por lo tanto, aceptando que era imposible realizar sobre ella conjeturas serias. Pero ése era, precisamente, el terreno que transitaba Freud. Imperturbable, él fue llenando de conceptos los espacios interiores de la caja negra.

Freud decía que el mecanismo psíquico tenía un sentido direccional, lo que hoy identificamos como "flujo" de información (ver figura 3). En el modelo de Freud, la información fluye en la forma

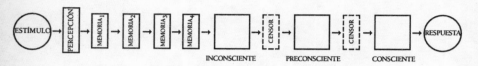

FIGURA 3: El modelo freudiano de la mente, adaptado de *La interpretación de los sueños*: la información es clasificada a través de varios subsistemas de la memoria, luego pasa del inconsciente al preconsciente a través de censores, para llegar finalmente a la conciencia. A continuación, puede haber una respuesta.

lineal desde la percepción inicial hasta la respuesta final. A medida que pasa por la mente, la información no sólo es transmitida, sino también transformada. Lo que el ojo percibe es una serie de ondas; lo que percibe el oído es una forma de vibración. Cuando lo visto y lo oído se convierten en memoria, han pasado a través de cambios radicales con respecto a la información que representan.

En cada punto de la transmisión de la información se produce una selección; algunos aspectos de lo que ha sido recibido no son transmitidos, mientras que otros sobreviven. Desde su primera estación —la percepción—, la información pasa a un primer sistema de memoria. Esta memoria —a la que llamaremos memoria1— es bastante efímera y transforma las sensaciones en memoria al mismo tiempo que las registra y las retransmite de inmediato.

La preciencia de Freud queda demostrada al colocar una capacidad de percepción que no tiene memoria propia, es decir que toma nota, en forma efímera, del mundo sensorial pero no almacena impresiones perdurables. Freud comprendió que la **recepción** y el **registro** de señales sensoriales son dos funciones separadas, un hecho que, más adelante, fue confirmado por la neurofisiología de la corteza sensorial. Pero sólo en 1960 esta descripción de la percepción encontró su base científica, con el descubrimiento, a través de variados experimentos, de lo que hoy denominamos almacenamiento sensorial, una fugaz e inmediata impresión de nuestro mundo sensorial.

La memoria1 pasa su información a una cadena siguiente de numerosos sistemas de memoria de este tipo, como se muestra en la figura 1. Estas memorias, dijo Freud, son inconscientes. No tomamos conciencia de ellas sino hasta una etapa posterior que se produce en el flujo de la información. Sin embargo, afirma Freud, pueden influir sobre nosotros a pesar de estar fuera del campo de nuestra conciencia:[2] "Lo que describimos como nuestro carácter, se basa en las huellas que dejan en la memoria nuestras impresiones; y, más aún, las impresiones que más inciden en nosotros —las que se verifican en nuestra primera infancia— son precisamente aquellas que casi nunca acceden al nivel de la conciencia".

En el modelo de Freud, para que un recuerdo ascienda al nivel consciente, tiene que pasar desde un sistema de memoria hacia el ámbito que él denominó el inconsciente. El inconsciente no tiene un acceso directo a la conciencia. Los contenidos del inconsciente pasan al ámbito denominado preconsciente. En el modelo de Freud, el preconsciente es la puerta de acceso a la conciencia. Si la energía mental colocada en un pensamiento del preconsciente se vuelve lo bastante intensa, ese pensamiento irrumpe en el consciente y se convierte en el foco de la atención.

Se trata de un pasaje peligroso. Si los pensamientos que pasan a la conciencia son neutrales, todo está bien. Pero —dice Freud— si, en alguna medida, se trata de pensamientos prohibidos, es muy probable que los mismos sean censurados o modificados en su pasaje del inconsciente al preconsciente y, posteriormente, al consciente.

En esta estación mental, Freud comprobó que entraba en acción una especie de censores. En mayor medida durante las horas de vigilia del individuo, estos censores destierran de la conciencia los pensamientos prohibidos. Pero, durante la noche, los censores pueden ser burlados. Freud presentó ese modelo mental para explicar de qué manera los sueños expresan información censurada. Freud sentía que, durante los sueños, los pensamientos prohibidos se filtraban a la conciencia en forma encubierta.

Freud afirmaba que ninguna información pasaba del inconsciente al consciente sin pasar por los censores. Es en esa etapa cuando se filtra y retiene el material que podría causar ansiedad. Los recuerdos pueden ser recientes o de larga data: la mirada de reprobación que un niño acaba de recibir de su madre o una serie de miradas de reprobación que una mujer adulta recuerda de su lejana infancia. En cualquier caso, es en ese punto donde se corta el flujo a fin de evitar que hechos o ideas amenazantes o peligrosas se hagan conscientes.

En opinión de Freud, existen dos tipos de censores. Los primeros evitan que los recuerdos indeseables ingresen en el preconsciente. Los segundos, ubicados entre el preconsciente y el consciente, hacen las veces de sistema de seguridad. A pesar de que es posible que información indeseable pueda haberse filtrado hasta el preconsciente y, por lo tanto, estar al borde de la conciencia, el segundo censor todavía puede eliminar los hechos que resultan difíciles de enfrentar.

Las investigaciones más recientes sobre estos temas han demostrado que, en todo caso, Freud fue demasiado cauteloso al proponer la existencia de puntos donde, de alguna manera el flujo de la información era desviado. Lo que Freud no llegó a establecer es que el flujo de la información no es lineal sino que circula en forma de red, entre una cantidad de subsistemas interactivos. La mente no pasa la información a través de una única vía, como un ferrocarril que vaya de una estación a otra, sino que fluye a través de circuitos entrelazados, como la red de subterráneos de la ciudad de Nueva York o las autopistas y carreteras de Los Ángeles. En un sistema de este tipo, las posibilidades de distorsión y subjetivizacion son muchísimo más amplias que las sugeridas por el modelo de Freud.

Sin embargo, su modelo explica diversos puntos fundamentales, todos ellos aceptados en la visión contemporánea de la fisiología cerebral, cada uno de los cuales permite determinar de qué manera la mente puede parcializar o distorsionar la atención:

- La información fluye y es transformada en su recorrido por los diversos subsistemas interconectados.
- La información es inconsciente antes de hacerse consciente.
- Los filtros y los censores seleccionan y distorsionan la información.

El filtro inteligente

¿Qué palabras le sugieren las siguientes letras?

S _ _ o
C _ _ o
P _ _ a

Lo más probable es que, al leerlas, complete los espacios en blanco formando palabras con connotaciones sexuales y hasta obscenas. Pero imagínese ubicado en un cuarto, en compañía de extraños, teniendo que decir en voz alta las palabras que las letras le sugieren. Es casi seguro que buscaría otros vocablos, aunque más no fuera para no pasar vergüenza.

Durante las dos décadas que siguieron a la Segunda Guerra Mundial, los investigadores llevaron a cabo una enorme cantidad de estudios tendientes a analizar de qué manera lo que el ser humano percibe puede ser acallado o resaltado de acuerdo con las emociones que prevalezcan en él en ese momento. Varios cientos de estudios publicados durante esa época giraron en torno de esta cuestión, aunque la mayoría de ellos no aportó soluciones al tema. El problema no radicaba tanto en los estudios en sí mismos, sino en la comprensión que se tenía, en aquel momento, del mecanismo utilizado por la mente para el procesamiento de la información.[3]

Tomemos como ejemplo las palabras de la lista que encabeza este capítulo. Si yo le pido que complete los espacios en blanco y usted me dice que las palabras son seso, curo y pura , puedo suponer que usted, o bien no se permitió percibir las alternativas más sugestivas —sexo, culo y puta—, o bien que las reprimió al verbalizar su respuesta. Para plantearlo en otros términos, la cuestión es definir en qué punto se produce la parcialización: ¿en la percepción o en la respuesta?

Volviendo al ejemplo, si la parcialización se produjo en su respuesta, puedo suponer que las palabras más sugestivas le vinieron a la mente en forma espontánea, pero que usted, rápidamente, pensó en alternativas más aceptables para verbalizar. Si la parcialización se produjo en su percepción original y usted en ningún momento tomó conciencia de las malas palabras, su mente, de alguna manera, realizó la censura fuera del ámbito de su conciencia.

Las implicancias que tiene la forma en que se coordinan los mecanismos de la mente son muy distintos para una y otra de estas alternativas. La parcialización de la respuesta sugiere que se trata, simplemente, de un caso de hipocresía social, algo muy común. Pero una parcialización en la percepción implica la presencia activa de un centro inconsciente en la mente que impone sus juicios sobre todo lo que percibimos, modelando nuestras experiencias para adecuarlas a sus propias prioridades.

Durante muchos años, estas dos alternativas eran consideradas mutuamente excluyentes. Un análisis exhaustivo realizado en 1966, de dos décadas de resultados experimentales que testimoniaban a favor o en contra, no lograron resolver el debate.[4] La conclusión de los investigadores, al no llegar a ninguna conclusión, fue una sugerencia conciliatoria: dado que las dos posibilidades no son incompatibles, quizá —pero sólo quizá—, ambas pudieran ser correctas. Podrían existir censores tanto en la percepción como en la respuesta.

Esta sugerencia coincide con lo que hoy en día es considerado, la forma en que la información circula —y no circula— por la mente.

Transcurrió medio siglo antes de que los psicólogos dedicados a la investigación consideraran seriamente las propuestas que Freud hizo en el capítulo 7 de *La interpretación de los sueños*. Desde la década del 20, el avance del conductismo hizo que se considerara que todo lo que sucedía en el interior de la mente se convirtiera en un tema tabú para la mayoría de los psicólogos. Cuando, finalmente, los mecanismos de la mente reingresaron en el ámbito de la investigación psicológica, su estudio se vio influido por un hecho que, en apariencia, no tenía nada que ver con el tema: el surgimiento de la aviación.

Fue el psicólogo británico Donald Broadbent quien produjo un nuevo y gran impacto en el debate acerca de cómo maneja la mente la información.[5] Sus criterios diferían de los de Freud. Broadbent trabajó con la Marina Real Británica durante los años posteriores a la Segunda Guerra Mundial. Por aquella época, debido al crecimiento explosivo de la aviación, el volumen del tránsito aéreo abrumaba a los controladores encargados de regularlo. Broadbent comprobó que los controladores absorbían, visual y auditivamente, mucha más información de la que podían manejar y se preguntó cómo hacía la mente para clasificar todo ese fárrago informativo.

Al igual que Freud, Broadbent utilizó diagramas de flujo para describir la forma en que la mente maneja la información. En estos diagramas mostró que el ser humano, a través de sus sentidos, recibe más datos de los que puede manejar (ver figura 4). Esta información pasa a una memoria de registro de corto plazo —afín con el registro sensorial— y luego es transferido a un filtro selectivo, donde la mayoría de tal información es descartada. Este filtro, de alguna manera, bloquea todo, menos aquellos mensajes que merecen la total atención del individuo. Ese pasaje pacería ser instantáneo. Pero los pocos milésimos de segundo que demanda son un tiempo suficiente como para que la mente clasifique toda esa masa de datos acumulados en el almacén sensorial y filtre todo lo que es superfluo antes de que la información pase al nivel consciente.

FIGURA 4: El modelo de la mente de Broadbent, ligeramente modificado: los estímulos sensoriales son analizados a medida que llegan al almacenamiento sensorial y seleccionados y filtrados en su camino hacia la conciencia (memoria de corto plazo).

Broadbent supone que la mente necesita filtrar la información que impacta en ella a través de los sentidos porque sólo tiene una capacidad limitada. Considera que el filtro selectivo es esencial debido a que se produce un cuello de botella: en la etapa siguiente, a menudo denominada memoria de corto plazo o primaria, existe una capacidad de canal sumamente limitada para el procesamiento.

La memoria primaria es la región en la cual la percepción cae bajo el foco de la atención. Para nuestros fines aquí, la llamaremos conciencia. El contenido de la zona de conciencia está dado por todo aquello que tenemos presente en nuestra mente en un momento determinado; es nuestra ventana a la memoria. Es una zona frágil y su contenido es efímero.

El flujo entre la conciencia y la memoria de largo plazo, según el modelo de Broadbent, es bidireccional; lo que se encuentra almacenado en la memoria de largo plazo puede ser llamado a la conciencia y lo que se encuentra activo en la conciencia vuelve a encontrar un lugar en la memoria. Sólo aquella información que llega a la conciencia, postula Broadbent, será retenida en la memoria, es decir que sólo recordaríamos aquello a lo que, en un momento dado, le hemos prestado atención. La conciencia es, entonces, la puerta de entrada a la memoria y hay un filtro que controla lo que ingresa en nuestra conciencia. Pero, ¿qué controla a ese filtro?

Para Broadbent, sólo los aspectos físicos de un mensaje —por ejemplo, su estridencia o su luminosidad— y no su significado, determinarían que pase o no ese filtro. Esta postura fue descartada a raíz de experimentos realizados con el llamado efecto cóctel: en un cóctel con muchos asistentes o en un restaurante lleno de comensales, suele haber un alboroto de voces y conversaciones simultáneas en voz alta y dentro del alcance auditivo de los demás presentes.

Al contrario de lo que afirmaba Broadbent, en esos casos no se oye sólo la voz más estridente. Por ejemplo, si tenemos que soportar a un interlocutor que nos aburre con los más mínimos detalles de sus últimas vacaciones o de su conflictiva vida sentimental o de un negocio que está por concretar, resulta muy fácil dejar de escucharlo y sintonizar otra conversación, más interesante, que tenga lugar cerca de allí, sobre todo si alguien menciona nuestro nombre. En el curso de ese sintonizar y desconectarse, los sonidos que llegan a nuestro oído pueden ser de volumen idéntico. Lo que cambia es el foco de la atención.

Esto implica que la información es analizada en cuanto a su significado antes de pasar por el filtro, lo que contradice la afirmación de Broadbent de que el filtro sintoniza o deja de sintonizar sólo en base a los aspectos físicos del mensaje. El filtro parecería estar dotado de cierta inteligencia que hace que sintonice aquellos mensajes que son de importancia para el individuo.

Este hecho resulta de fundamental importancia en la determinación de la arquitectura de la mente. A fin de que un filtro inteligente —que lee el significado de los estímulos— se encuentre en acción durante los pocos momentos del almacenamiento sensorial, la disposición de los elementos de la mente debe, por fuerza, ser críticamente distinta. Si el filtro es inteligente, tiene que haber un circuito que conecte la parte cognitiva del cerebro —la que reconoce el significado— con la parte que recibe y clasifica las impresiones iniciales recibidas. Un modelo simple y lineal como los propuestos por Freud y por Broadbent no funcionaría.

Los significados se almacenan en la memoria de largo plazo. Lo que se necesita, para que este sistema funcione, es un circuito entre esta memoria y las primeras etapas del procesamiento de la información. Ese circuito se muestra en la figura 5. Un circuito de retroalimentación de este tipo permite al área de almacenamiento sensorial clasificar el contenido de la información recurriendo al amplio repertorio de la experiencia, a los significados y al entendimiento construido a lo largo de la vida del individuo, almacenados en la memoria de largo plazo. El juicio relevante o irrelevante sólo puede ser emitido en base al conocimiento almacenado en esa memoria. Al tener acceso a todas las experiencias, preferencias y objetivos almacenados en la memoria, el filtro puede clasificar la masa de impresiones que recibe el individuo a cada momento y, de inmediato, decidir qué importa y qué no.

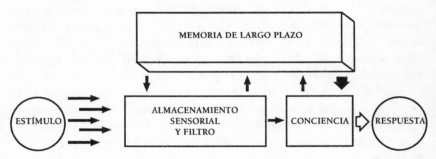

FIGURA 5: Modelo simplificado de la mente de Donald Norman libremente adaptado: la memoria analiza las percepciones en la primera etapa del flujo de información, filtrando lo que se permite pasar a la conciencia, de acuerdo con su relevancia.

Los teóricos contemporáneos dan por sentado que la información que pasa a través del almacenamiento sensorial está sujeta a un control y es filtrada en base a su significado y a su relevancia. Matthew Erdelyi, un psicólogo cognoscitivo, lo resume de la siguiente manera: "Esencialmente, es la memoria de largo plazo la que se convierte en el filtro, decidiendo qué excluir del almacenamiento a corto plazo (y, por lo tanto, de la conciencia), y determinando de esta manera, de modo indirecto, qué aceptar para su eventual almacenamiento en la memoria a largo plazo".[6]

Esto significa que los contenidos de la conciencia nos llegan analizados, clasificados y preenvasados. Todo este proceso sólo insume una fracción de segundo.

Existen motivos fundamentales para establecer este tipo de organización en el diseño de la mente. Es sumamente beneficioso que la información en bruto, que se transfiere del almacenamiento sensorial a la conciencia, pase por un filtro inteligente. Si no se redujera, en forma considerable, el flujo de información que recibe, el área de la conciencia terminaría por quedar totalmente repleta de datos. Si bien la información que llega a la conciencia parece limitada, también parecería que, antes de llegar allí, dicha información —y una cantidad más importante aún que quedó atrás, como evaporada— ha pasado por un exhaustivo análisis.

Cuanto más concienzudamente se clasifica la información en el almacenamiento sensorial, con tanta más eficacia podrá operar la conciencia. Si pasa demasiada información por el filtro, la conciencia termina anegada e invadida; y, como ya hemos visto, una de las formas que toma esa invasión es la ansiedad. Es de importancia fundamental que este filtro funcione al máximo, a fin de protegernos de una distracción continua a causa de información irrelevante. Si el filtro fuera menos eficiente, padeceríamos de una distracción aguda y compulsiva, como sucede en la esquizofrenia.

La idea de que la información pasa a través de un filtro inteligente condujo a lo que se ha convertido en la teoría que prevalece en la actualidad acerca del flujo de la información a través de la mente. El diagrama de flujo que más se ha difundido es el propuesto por Donald Norman, en 1968; la figura 5 muestra una versión simplificada de ese modelo.[7] En él, lo que ingresa a través de los sentidos pasa por un cuidadoso análisis, realizado por la memoria de largo plazo, específicamente la memoria semántica, que es el repositorio de los significados y conocimientos referidos al mundo que nos rodea. Por ejemplo, cada haz de sonidos es dirigido automáticamente a una dirección de la memoria semántica que interpreta su significado. Si lo que se oye es la palabra gruñido, la memoria semántica reconoce su significado; y si se oye un gruñido, la memoria semántica reconoce que ese sonido no es una palabra.

Todo ese filtrado se produce sin que nos demos cuenta de ello. Lo que pasa a la conciencia son los mensajes que corresponden a la actividad mental del momento. Si usted está buscando un restaurante, prestará atención a los carteles que digan Restaurante y no a los que digan Estación de servicio; si está hojeando el diario, prestará atención a los ítem que más le interesan. Todo lo que es aprobado, ingresa en la conciencia y sólo lo que es realmente útil ocupará el espacio mental.

Norman dice que la percepción es una cuestión de intensidad. Al analizar la información que ingresa, la memoria semántica no necesita profundizar en cada detalle; sólo tiene que determinar qué es relevante y qué no lo es para lo que importa en ese momento. La información irrelevante sólo se analiza en forma parcial, hasta reconocer su irrelevancia. Lo que sí es relevante es procesado más cuidadosamente. Por ejemplo, si usted está dando una lectura superficial a una página del diario y, de pronto, descubre en ella su nombre, el mismo le parecerá que salta hacia su vista. Probablemente, las palabras que fue registrando en su lectura fueron procesadas y calificadas como irrelevantes; su nombre —que siempre es relevante— fue procesado con intensidad.

Ese modelo de la mente tiene varias implicancias importantes. Para empezar, postula que la información es filtrada por la memoria en cada una de las etapas de su procesamiento y que la memoria analiza la información y la filtra de acuerdo con su relevancia. Todo ese procesamiento de la información se realiza antes de que la misma ingrese en la conciencia; sólo una pequeña parte de toda la información disponible en un momento dado se filtra a la conciencia.

Esto no quiere decir que la atención desempeña un rol totalmente pasivo, ya que podemos decidir buscar algo determinado, es decir que la conciencia puede influir sobre cómo opera el filtro. Pero la conciencia lo hace en forma indirecta, a través de los servicios de la memoria de largo plazo: la actividad de filtrado nunca resulta directamente evidente para la conciencia. Sin embargo, podemos traer información a la conciencia a partir de la memoria de largo plazo. Existe, pues, un flujo bidireccional entre conciencia y memoria, pero sólo existe un flujo unidireccional entre el filtro y la conciencia. En un sentido muy real y concreto, la memoria a largo plazo —es decir, la suma total de la experiencia del individuo— tiene una intervención mucho más decisiva en el flujo de la información de lo que habitualmente creemos.

¿Cuánto podemos guardar en nuestra mente?

Algunas personas ciegas —cuya ceguera tiene por origen un derrame o un daño cerebral y no una lesión ocular— son capaces de hacer cosas extraordinarias. Si se coloca un objeto delante de ellos, no pueden decir qué es o dónde está. Si se les dice que toquen el objeto con la mano, dirán que es imposible, dado que no lo pueden ver. Pero si se las puede convencer de que lo intenten, lo encontrarán con una precisión de movimientos que las sorprende a ellas mismas.

Esta asombrosa capacidad se denomina visión ciega. Ocurre que esos individuos tienen una visión perfecta, pero no saben que pueden ver, según lo afirmado por Anthony Marcel, psicólogo de la Universidad de Cambridge que realizó estudios relacionados con esta capacidad. Mediante una cámara de alta velocidad, Marcel pudo determinar con precisión los vectores de los brazos, manos y dedos de los pacientes en el momento de extender el brazo para tocar el objeto que no podían ver conscientemente. La película demostró que sus movimientos eran muy precisos.

¿Cómo se explica este hecho sorprendente? La interpretación neurológica de la visión ciega es que el daño cerebral que dejó ciegos a esos pacientes se limita a las áreas neurales que desempeñan un rol en la conciencia, sin extenderse a las áreas que tienen que ver con la visión propiamente dicha. Aún cuando su visión funciona perfectamente, lo que sus ojos ven nunca es transmitido a la parte del cerebro que lleva la visión a la conciencia. La visión ciega sugiere la existencia de una posibilidad extraordinaria de la mente: que una parte puede saber qué está haciendo, mientras que la parte que, supuestamente, debería saberlo —es decir, la conciencia— está abstraída.

Otros estudios realizados por Marcel demuestran que, también en el caso de personas normales, la mente tiene la capacidad de saber sin tomar conciencia de lo que sabe. Marcel hizo ese descubrimiento por casualidad, mientras estudiaba el mecanismo de la lectura en los niños. El estudio consistía en proyectar, en rápida sucesión, palabras sobre una pantalla; algunas eran mostradas con tanta rapidez que no podían ser leídas. Al pedirles a los niños que adivinaran cuáles eran las palabras ilegibles, se sorprendió al detectar que algunos niños cometían un error inteligente: el significado adivinado estaba estrechamente relacionado con el verdadero significado de la palabra, por ejemplo, día en lugar de noche.

Intrigado, Marcel comenzó a estudiar el fenómeno en forma más sistemática. Proyectaba palabras durante sólo un milésimo de segundo, es decir, a una velocidad tal que pasaban desapercibidas. A continuación, Marcel pedía a las personas que participaban del ensayo que dijeran qué palabra, teniendo en consideración un par de vocablos proyectados a continuación, era similar a la palabra invisible. Si, por ejemplo, la palabra invisible era libro, la palabra similar sería litro y la palabra relacionada beber.

A pesar de que las personas no tenían la menor idea de cuál había sido la primera palabra, acertaban en un 90 por ciento de las veces, un porcentaje sorprendentemente alto en personas que no sabían qué estaban leyendo.

Los resultados de estos estudios de lo que Marcel denomina lectura inconsciente y con la visión ciega, resultan inexplicables si se toma como base la forma en que, por lo general, pensamos que funciona el cerebro. Pero los investigadores contemporáneos han adoptado una premisa más bien radical que expresa que gran parte —o la mayor parte— de nuestra actividad mental se produce al margen de nuestra conciencia.

La sustentabilidad de esta propuesta descansa en dos hechos: la capacidad de canalización de nuestra conciencia —la cantidad de información que puede contener en un momento dado— y la capacidad de nuestra mente de llevar a cabo su trabajo en forma inconsciente. En la actualidad, la psicología cognoscitiva ubica la capacidad de conciencia en siete, más o menos dos, que es el título de un famoso artículo de George Miller[8] sobre el tema. Miller, basándose en un análisis detallado de evidencias técnicas, propone que alrededor de siete trozos de información es todo lo que puede contener la memoria de corto plazo en un momento dado. Trozo es el término utilizado para describir una unidad única de información. Por ejemplo, en un número de teléfono de siete dígitos, cada dígito es un trozo. Un número telefónico de mayor extensión —por ejemplo, de diez o doce dígitos— es difícil de retener, a no ser que se los reagrupe en trozos, por ejemplo, recordando un código de área como una única unidad (Manhattan como 212, Los Ángeles como 213).

Una estimación más actualizada, realizada por Herbert Simon, ubica la capacidad de la memoria de corto plazo en cinco más o menos dos trozos, es decir, una capacidad aún más restringida. Si la conciencia tiene tan poca capacidad, y si la información tiene que pasar por ese estrecho canal a fin de alojarse en la memoria de largo plazo, nos encontramos con un cuello de botella que traba la información masiva. La oferta de información en el umbral del almacenamiento sensorial es excesivamente abundante; la transferencia desde allí al estrecho canal de la conciencia exige una masiva selección de la información.

Pero no todos los teóricos del tema coinciden en que la mente necesita descartar tanta información. Algunos psicólogos —en particular Ulric Neisser— se oponen a la noción de que existe un límite obligatorio a la capacidad mental. Algunos de los argumentos de Neisser fueron suministrados por Gertrude Stein.[9]

En la última década del siglo pasado, antes de convertirse en una figura literaria de París, Gertrude Stein fue alumna y protegida del psicólogo William James, en Harvard. Bajo la tutela de James, Stein, con su compañero de estudios Leon Solomons como asistente, realizó un ensayo relacionado con la idea de la capacidad del canal de la memoria, mucho antes de que existiera en psicología un modelo de este tipo.

Stein y Solomons se sentían intrigados por la escritura automática, una moda limitada a ciertos círculos artísticos de fines del siglo pasado. En la escritura automática, el escritor sostiene un lápiz contra un papel y luego espera que el mismo se mueva por sí solo. No se realiza ningún tipo de esfuerzo consciente; cualquier escrito que surja de esta manera proviene, supuestamente, del dictado por parte de algo que no es la mente consciente. Si se tiende a buscar una interpretación psicológica, se puede considerar que la escritura emana de la mente inconsciente del individuo. Si se apela a una orientación más esotérica, se puede tomar lo escrito como un mensaje del mundo de los espíritus.

Solomons y Stein actuaron como sus propios conejillos de Indias, decidiendo enseñarse a sí mismos a escribir en forma automática. Comenzaron por copiar palabras que el otro dictaba mientras, simultáneamente, leían otro material. Por ejemplo, Solomons leía un cuento mientras, al mismo tiempo, escribía las palabras dictadas por Stein. Supuestamente, la lectura del cuento ocupaba la mente consciente, dejando así la escritura de las palabras dictadas librada a una parte de la mente ubicada al margen de la conciencia.

Ésa fue la etapa preliminar del entrenamiento. Más adelante, ambos lograron una considerable habilidad para desempeñar los dos roles en forma simultánea: juntos, cada uno de ellos leía en voz alta dos historias diferentes a un mismo tiempo, mientras los dos también copiaban lo que el otro estaba leyendo. De allí pasaron a la escritura automática, cada uno leyendo un cuento en voz alta o simplemente evitando prestar atención a lo que su mano escribía. En lugar de tomar dictado, la mano quedaba libre para escribir automáticamente.*

La metodología de este experimento, realizado por dos estudiantes universitarios, carecía de pautas estrictas según los estándares actuales. Unos ochenta años más tarde, Neisser, intrigado por la posibilidad de que Stein y Solomons hubieran extendido los límites de la cognición, persuadió a sus alumnos Elizabeth Spelke y William Hirst, recién graduados, de que repitieran el experimento. Contrataron a dos estudiantes de Cornell para que dedicaran una hora por día, durante un semestre, a repetir lo que Stein había hecho. Ambos leían cuentos cortos mientras un investigador les dictaba palabras. El estudio se realizó bajo estricto control, lo que no había ocurrido en el caso de Stein. Por ejemplo, cada estudiante ponía en marcha un cronómetro en el momento de comenzar a leer el cuento y lo detenía en el momento de finalizar; a continuación, se los sometía a una prueba escrita para determinar en qué medida habían seguido el argumento de la narración.

Al principio, a los estudiantes les resultaba imposible leer y escribir al mismo tiempo. Su lectura se realizaba en forma intermitente, deteniéndose cada vez que copiaban una de las palabras dictadas. La alternativa es leer muy despacio y entender poco. Ni una cosa ni la otra funcionó bien. A pesar de las dificultades iniciales, los estudiantes llegaron a dominar la técnica al cabo de seis semanas. Al final del ensayo, habían logrado leer con un buen nivel de comprensión y, simultáneamente, tomar el dictado sin interrumpirse.

En base a este estudio y a otros posteriores, realizados con diversas variaciones de exigencia, Neisser llegó a la conclusión de que el ser humano es capaz de realizar, en forma simultánea, dos tareas de complejidad mental equivalente. "Un logro de este tipo —comenta Neisser— constituye un desafío al concepto tradicional de que toda actividad

---

* Sólo se pueden realizar conjeturas acerca de la incidencia que esta ejercitación tuvo sobre la posterior producción literaria de Gertrude Stein. Ulric Neisser, que analizó los detalles del experimento, comenta al respecto: "El resultado de lo escrito por Gertrude Stein espontáneamente bajo esas condiciones, no es demasiado interesante; al menos no para mí. Pero parece que a ella le gustó".

compleja involucra un único canal con una capacidad limitada." Los límites de la atención, al menos por lo demostrado en estos casos, parecerían ser ampliables.

La respuesta a esta afirmación es: sí y no. Una tercera visión, ofrecida por los psicólogos cognoscitivos Donald Norman y Tim Shallice, reconcilian la objeción que hace Neisser a los límites de la capacidad según la teoría de Miller de que el límite es fijo.[10] Norman y Shallice postulan que la mente puede procesar diversos haces paralelos de información en forma simultánea. Algunos de estos haces entran en la franja de la conciencia; la cantidad que puede ser procesada en esa área es limitada. Pero una cantidad de haces desconocida —y grande— opera al margen de la conciencia y nunca entran en el ámbito de ella.

Este punto de vista coincide con el de Miller en cuanto a la existencia de un límite determinado en el espectro de la conciencia. Pero también acepta la afirmación de Neisser de que no existe un limite a la cantidad total de información que puede ser manejada por la mente. Lo único que hay que agregar a esto último es que gran parte de esa función se lleva a cabo en forma no consciente.

En efecto, el hombre, por lo general, realiza una amplia cantidad de actividades en forma simultánea: conducimos un automóvil mientras hablamos con nuestro acompañante escuchando la radio, comiendo una hamburguesa y leyendo los carteles indicadores de la ruta. Podemos hacer todo esto a la vez, siempre y cuando se trate, en su mayoría, de secuencias habituales y automáticas que puedan ser realizadas al margen de nuestra conciencia, dado que no requieren de una atención especial por nuestra parte.

Donald Norman describe en forma muy ilustrativa cómo opera la división entre actividad consciente e inconsciente:

> Mientras estoy sentado frente a mi máquina de escribir, redactando estas líneas, mis recursos conscientes están dedicados a definir mi pensamiento. Luego observo las palabras a medida que aparecen en el papel. Conscientemente, doy forma a las oraciones y busco mejorar su estructura. A veces selecciono determinadas palabras que reflejen lo concreto que quiero expresar, las retengo en mi conciencia mientras la frase va tomando forma sobre el papel, construyendo un andamiaje adecuado para mis ideas. Normalmente, soy consciente de la elección concreta de mis palabras, pero no del hecho de teclear. Escucho mi voz interior que me dicta las palabras… y veo cómo van apareciendo en el papel.

Este ordenamiento mental nos libera de los fastidiosos detalles de la vida; no necesitamos planificar qué tecla pulsar, dónde poner un pie para dar el próximo paso, cuánta presión ejercer sobre el picaporte de una puerta, qué palabra decir a continuación de otra. El inconsciente se encarga de todo esto, lo cual nos libera para planificar en términos más amplios: qué escribir, adónde ir, qué puerta abrir y qué connotaciones queremos dar a lo que decimos. Lo que decide e intenta la mente consciente es ejecutado por el inconsciente. Pero el inconsciente también puede concretar sus propias intenciones. Para acomodar este hecho, nuestro modelo de la mente necesita otra vuelta de tuerca más. Tenemos que agregar una vía para el flujo de información y para la ejecución de la respuesta que la conciencia deja de lado por completo.

Vivimos gran parte de nuestra vida en forma automática. Son mayoría las veces que, siempre que estemos cumpliendo con una rutina, no necesitamos siquiera planificar lo que hacemos, porque lo llevamos a cabo maquinalmente. Sólo tenemos que planificar cuándo nos desviamos de la rutina. Norman cita un ejemplo al respecto. Al decidir comprar un pescado en el camino de regreso del trabajo a su casa, dice: "Tengo que activar en mi mente el término pescadería en el momento en que llego a un punto determinado de mi recorrido... si dejo que, en la esquina crucial, pescadería se evada de mi memoria activa, lo más probable es que llegue a mi casa sin el pescado".

Norman estudió este tipo de episodios en detalle; ha recopilado más de doscientos ejemplos de lo que puede llamarse deslices posfreudianos: al preparar la comida, alguien pone la ensalada en el horno y la torta en la heladera, y los deja allí durante varias horas.

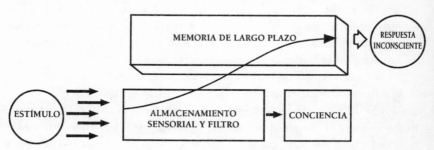

FIGURA 6: Flujo de la información en una rutina automática: toda la secuencia, desde la percepción del estímulo hasta la ejecución de la respuesta, se desarrolla al margen de la conciencia.

Un aerobista regresa a su casa, se da una ducha y tira su remera al inodoro en lugar de ponerla en el canasto de la ropa sucia. Alguien dice: "Quiero que seas yo mismo" en lugar de "tú mismo". El automóvil se detiene y el conductor desabrocha su reloj pulsera en lugar del cinturón de seguridad. Se vierte el jugo de naranja en la taza de café. La tapa de la azucarera termina sobre el pocillo en lugar de ser colocada sobre el recipiente que contiene azúcar.

Estos errores, dice Norman, indican que una secuencia automática ha sido ejecutada en forma incorrecta. El desliz desencadena la atención sobre la secuencia y ésta ingresa en el área de la conciencia para reparar el error. Estos errores son posfreudianos en el sentido de que no necesitan ser motivados por impulsos ocultos. Se producen a raíz de errores y deslices que ocurren en cualquier sistema complejo. Las parapsias recopiladas por Freud son subcategorías de deslices, menos inocentes y menos frecuentes que los errores analizados por Norman.

El aprendizaje de algo nuevo requiere una atención total. Exige un monitoreo continuo para absorber los requisitos de la tarea. El nivel de maestría se alcanza cuando la tarea puede ser realizada sin pensarla o, al menos, haciendo gran parte de ella en forma automática. Una vez que esta información ha quedado bien grabada en la memoria, las claves, los ejercicios y las respuestas que conlleva pasan inadvertidos cuando se la lleva a la práctica.

En este aspecto, la pericia es un sobreaprendizaje. El experto no necesita pensar en los pasos que hacen tropezar al novato. Es por eso que, cuando se le preguntó al ex campeón mundial de ajedrez José Capablanca: ¿Cuántas posibilidades ve en el tablero cuando evalúa una movida?, éste respondió: "Una sola... la correcta".

Mientras todo marcha sobre ruedas, nos abocamos a innumerables líneas de actividad inconsciente. Pero en cuanto una de ellas experimenta algún problema, nuestra capacidad mental se ve más exigida y tenemos que detener o, por lo menos, demorar, la mayoría de las otras actividades que estábamos realizando.

Un desliz demanda la relocación de la atención, a fin de ocuparse de la rutina automática que ha fallado. Mientras se realiza la reparación del error, la zona de la conciencia está ocupada con lo que, normalmente, pasa por canales paralelos e inconscientes. Durante la tarea de reparación, se dispone de poca o ninguna atención consciente para dedicarla a otros asuntos.

Lo opuesto de esta invasión de la conciencia por los canales automáticos es el fenómeno del profesor distraído, en el cual una persona se encuentra tan absorta en el pensamiento consciente que le queda muy poca atención disponible para las rutinas automáticas. Por ejemplo, la esposa de Einstein, Elsa, solía enfundarlo en su sobretodo y enviarlo al hall de entrada de la casa para que se pusiera sus botas; media hora después Einstein todavía estaba sentado allí, ensimismado en sus pensamientos. Pero para la mayoría de nosotros, una vez que las cosas se han hecho rutina, los márgenes de atención son lo bastante elásticos como para que la mente inconsciente los maneje adecuadamente.

Emmanuel Donchin, un célebre investigador de la psicobiología cognoscitiva, dice al respecto:[12] "La noción de que el procesamiento de la información es en gran parte preconsciente y no accesible a la conciencia me resulta absolutamente clara; es algo que habla por sí mismo.

"Existe una gran cantidad de evidencias de que, cuando nos encontramos frente a un hecho de cualquier tipo, se produce una enorme cantidad de procesos rápidos y paralelos, en muchos canales múltiples. Estos canales se activan en forma obligatoria, sin control consciente alguno.

"Es algo que se produce continuamente y con una rapidez increíble. Por ejemplo, en nuestras investigaciones, hemos comprobado que la mente reconoce una palabra dentro de los primeros 150 milisegundos de verla. Pero sólo al cabo de otros 100 milisegundos aparece una señal en la conciencia... si es que aparece. La conciencia es un sistema de capacidad limitada. No conocemos la mayoría de las cosas que hace la mente, ni las necesitamos conocer. No tengo idea de cómo busco algo en mi memoria y cómo construyo una oración gramaticalmente correcta al hablar. Ya es bastante difícil manejar lo poco que tenemos que hacer en forma consciente.

"Hablando en forma figurativa, el 99,9 por ciento de la cognición podría ser inconsciente. Sería terrible si todo fuera consciente."

En síntesis, muchas, o la mayoría, de las cosas que hacemos se desarrollan al margen de nuestra conciencia, guiados por secuencias automáticas bien aprendidas. Reservamos nuestro consciente para tareas particularmente exigentes, o la dejamos como espacio libre para la atención activa, para pensar y para tomar decisiones, o para la ensoñación que pasa por la conciencia durante gran parte de nuestras horas de vigilia. "La conciencia —concluye un texto de psicología cognoscitiva—[13] es la excepción, no la regla... pero, por su misma naturaleza, el pensamiento consciente parecería ser el único pensamiento que existe. Sin embargo, no es así; el pensamiento consciente constituye sólo una pequeña minoría."

El modelo de mente que se desprende de estas conclusiones está casi completo. Sin embargo, todavía no se ha logrado explicar la inteligencia que guía a esas rutinas inconscientes, que elige y filtra las experiencias y define el espectro de la conciencia. La estructura del sistema mental está armado como una maquinaria. Sin embargo, la vida mental es rica, plena y emocionante. ¿Dónde están los espíritus que animan a esta maquinaria y le confieren las cualidades de una mente viva?

Los envoltorios que contienen al conocimiento

Alrededor de los cuatro años de edad, yo tenía una vívida fantasía respecto de la construcción de la realidad.

Sostenía la noción, benignamente paranoica, de que, dondequiera que yo estuviese y fuera lo que fuere lo que yo viese, lo que había a mi alrededor estaba conformado por escenografías, al estilo de las calles en los estudios de Hollywood, que, vistos de frente parecen ser reales, pero detrás de los cuales no hay nada.

Estaba convencido de que las casas, los árboles, los automóviles, los perros y la gente con que me cruzaba por la calle no eran más que figuras de escaparate, puestas allí antes de que yo entrara en escena y que desaparecerían en cuanto yo me fuera. De la misma manera, las habitaciones de la casa se conformaban en el momento en que yo entraba en ellas y volvían a esfumarse cuando yo salía de las mismas.

Esa tarea hercúlea era realizada por alguien o algo fuera de mi conocimiento. Imaginaba una inmensa e invisible horda de trabajadores, ocupados febril y silenciosamente en la construcción de esas escenografías cuando yo me acercaba, y en desarmarlas con el mismo afán para guardarlas en cuanto yo hubiera pasado. Todo ese trabajo era conducido por manos que yo nunca podía ver, por motivos y con fines que yo nunca llegaría a conocer.

Con el tiempo, he llegado a comprender que esa fantasía infantil es una metáfora bastante aproximada de cómo funciona nuestra mente.

El material de que está hecho lo que experimentamos momento a momento es ensamblado para nosotros más allá de la periferia de nuestra conciencia, en áreas de la mente que analizan, seleccionan y filtran la cantidad de información disponible a partir de los sentidos y de la memoria.

La ilusión predominante es que somos nosotros quienes dictamos el espectro y la dirección de nuestra conciencia. Pero la realidad es bastante más afín con la fantasía de mi infancia, en la cual la mente es ordenada por fuerzas invisibles que operan para presentarnos una realidad prefabricada, que captamos en su versión final y terminada. Es como si escenógrafos invisibles levantaran un decorado —el mundo que nos rodea y nuestro mundo interior— hasta en sus más mínimos detalles, momento a momento.

¿En qué consistirán esas afanosas presencias dentro de nuestra mente, y de dónde provienen?

Esas presencias son nuestro yo, ese yo formado por la suma total de nuestra experiencia de vida. "La experiencia es algo caleidoscópico; la experiencia de cada momento es única e irrepetible —escribe James Britton en *Language and Learning* (Lenguaje y aprendizaje)—. Mientras no podamos agrupar los rubros que la componen en base a sus similitudes, no podremos tener expectativas ni formular predicciones; y sin estos dos elementos, no podremos aprovechar el momento presente."

La percepción es interactiva, se está construyendo permanentemente. No basta con que la información fluya a través de nuestros sentidos; para interpretar lo que los sentidos perciben, se necesita de un contexto que organice la información que los mismos suministran, un contexto que les confiera su significado adecuado.

Los paquetes que organizan la información e interpretan la experiencia son los esquemas, los bloques constructivos de la cognición.[14] Los esquemas encarnan las normas y las categorías que ordenan la experiencia en bruto y la convierten en significado coherente. Todo conocimiento y toda experiencia están incluidos en un esquema. Los esquemas son los espíritus de la maquinaria, la inteligencia que guía la información a medida que fluye a través de nuestra mente.

Jean Piaget, el psicólogo suizo, pionero en su campo, que estudió el proceso de construcción del conocimiento, analizó de qué manera se modifican los esquemas a medida que los niños crecen. Piaget observó que el desarrollo cognoscitivo es acumulativo; la comprensión crece a partir de lo que ya se ha aprendido.[15] Somos lo que somos, aprendimos lo que sabemos, gracias a los esquemas que hemos adquirido a lo largo del camino de nuestra vida. Los esquemas se acumulan a través del tiempo; los esquemas que tenemos en un momento dado son el producto final de nuestra historia personal.

Piaget utilizó los conceptos de asimilación y acomodamiento para describir de qué manera esas estructuras mentales son modeladas por la interacción con el mundo. A medida que aprendemos, los esquemas cambian. Por ejemplo, como niño criado en California, aprendí que los árboles sin hojas son árboles muertos. Cuando veía fotos o cuadros de árboles fantasmagóricos, despojados de sus hojas, suponía que estaban muertos. Cuando nos mudamos al este del país, descubrí que los árboles perdían sus hojas al llegar el invierno, pero que no estaban muertos. Entonces modifiqué mi esquema de acuerdo con esta nueva información: el simple hecho de que un árbol no tenga hojas, no necesariamente indica que esté muerto.

Cuando alguien no modifica sus esquemas para adecuarlos a los hechos, las percepciones resultantes pueden ser insólitas. Ulric Neisser ilustra este aspecto con la historia de un hombre que va a ver al psiquiatra porque cree que está muerto.[16] Después de varias sesiones, el psiquiatra comprueba que el paciente se mantiene firme en su fantasía. Entonces le dice:

—Usted sabe, por supuesto, que los muertos no sangran.

El paciente le responde afirmativamente.

Entonces, el psiquiatra toma un alfiler y le pincha el brazo; al aparecer una gota de sangre, le dice, triunfante:

—Y, ¿qué me dice ahora?

El paciente responde:

—¡Vaya sorpresa! Resulta que los muertos sí sangraban, nomás.

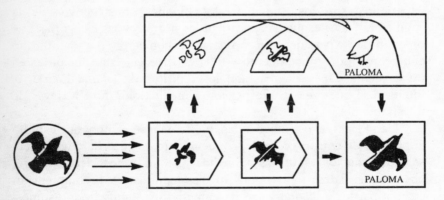

FIGURA 7: Cuando el ojo registra una impresión, los esquemas analizan de inmediato sus atributos, como color y forma, y exploran todos los significados posibles a medida que la impresión recibida pasa por el área de almacenamiento sensorial y el filtro. El significado finalmente elegido —y la percepción adecuada— saltan a la conciencia.

En cierto sentido, un esquema es como una teoría, una suposición con respecto a la experiencia y a cómo funciona. Un esquema, según las palabras del psicólogo de la cognición David Rumelhart, es "una especie de teoría informal, personal e inarticulada sobre la naturaleza de los hechos, los objetos o las situaciones que enfrentamos. El total de esquemas de que disponemos para interpretar nuestro mundo constituye en cierto modo nuestra teoría personal sobre la naturaleza de la realidad".[17]

Los esquemas nos brindan la posibilidad de ir más allá de los datos recibidos. Si vemos un automóvil, podemos suponer sus atributos inherentes —un volante, un tanque de combustible, asientos, etcétera— aunque no veamos esos aspectos en forma directa. Al igual que una teoría, un esquema encarna hipótesis que consideramos, con total seguridad, como ciertas. Esto nos permite realizar interpretaciones que exceden la evidencia inmediata suministrada por nuestros sentidos. La taquigrafía cognitiva nos permite navegar a través de la ambigüedad con la que, la mayoría de las veces, nos enfrentamos a este mundo.

Al igual que las teorías, los esquemas son pasibles de revisión. Nuestro conocimiento se acumula a través de la revisión o el agregado de esquemas a nuestro archivo de conocimientos. Los esquemas son teorías que se ponen a prueba a sí mismas. Cuando aparece una situación ambigua, recurrimos a los esquemas para obtener claridad. Cada esquema que aplicamos a una situación incomprensible es sometido automáticamente a comprobación para determinar su aptitud o su concordancia.[18]

La mayoría de las veces confiamos plenamente en los esquemas que utilizamos. Pero cuando percibimos una ausencia de concordancia —por ejemplo, cuando se piensa que un rostro en la multitud es el de una amiga, pero no se está totalmente seguro—, se vuelve a analizar la concordancia del esquema, comparándolo con otras evidencias, tal como se hace con una teoría: ¿Realmente será ella? ¿Estaría aquí en este momento? A medida que me acerco, ¿sigue pareciendo ella? ¿Se mueve como ella, viste el tipo de ropa que ella usa? Todas esas preguntas cuestionan la teoría: es ella.

El estereotipo no es sino una variación del esquema. El siguiente relato de Susan Fiske, una psicóloga cognitiva, acerca de su estereotipo de trabajadores siderúrgicos es un testimonio elocuente de la dinámica de los esquemas en general:[19]

Desde que me mudé a Pittsburgh, encontré un nuevo estereotipo, el peón del acero, es decir, el prototipo del trabajador de la industria siderúrgica. Un peón del acero, dice el estereotipo, puede ser hombre o mujer pero, invariablemente, tiene una actitud ruda, muy de macho, independientemente de su sexo. Un peón del acero siempre toma cerveza de la marca Iron City, mira los partidos de los Steelers y usa camiseta en invierno y verano... Mi estereotipo del peón del acero es un ejemplo genérico abstracto, no una recopilación de las características de todos los obreros siderúrgicos que he conocido, a pesar de que ese estereotipo también contiene ejemplos específicos. Es muy probable que yo ignore información que no es relevante para ese estereotipo y que yo tienda a recordar sólo aquella información que es coherente con él, con un individuo que sólo mira revistas con chicas con nada de ropa encima.

Los esquemas pueden abarcar áreas inmensas o minúsculas, actúan a todo nivel de experiencia, en cualquier grado de abstracción. "Así como las teorías pueden ser sobre algo grandioso o algo ínfimo —dice Rumelhart—,[20] de la misma manera los esquemas representan el conocimiento a todos los niveles, desde ideologías y verdades culturales hasta el conocimiento de lo que constituye una oración apropiada en nuestro idioma o qué sonido se asocia con qué letra del alfabeto."

El concepto de los esquemas es, en sí mismo, también un esquema. Como tal, es el elemento más prometedor que tenemos para explicarnos cómo nos explicamos a nosotros mismos. Los esquemas son la dinámica organizadora del conocimiento. Darse cuenta de cómo funcionan equivale a entender el entendimiento.

Comprender el mecanismo de comprender

Los esquemas son las unidades básicas de la experiencia. Al igual que las moléculas, organizan los elementos menores para convertirlos en una unidad manejable. Sólo cuando la experiencia se encuentra organizada por esquemas, resulta realmente de utilidad. Incorporados en un esquema se encuentran tanto la comprensión de la experiencia que organiza como la información acerca de cómo utilizar ese conocimiento.

Stephen Palmer, un estudiante de Rumelhart y Norman, demuestra lo antedicho a través de los siguientes jeroglíficos.

Estos jeroglíficos son parte de un todo, pero si no se conoce el contexto, no tienen significado alguno. Las líneas sugieren interpretaciones pero, por sí mismas, no conforman nada concreto. Para comprender el contexto que confiere significado a estas partes, véase la página 91.

Si miró la página indicada y vio el ordenamiento de las líneas dentro de un contexto, habrá descubierto que se trata de las partes de un rostro. Ese rostro se puede reconocer de inmediato como tal; las partes fuera de ese contexto, no. Si bien las líneas sugieren una interpretación apropiada (la tercera desde la izquierda podría ser una nariz), y podrían conducir al reconocimiento de las partes de un rostro, la tarea resulta mucho más fácil cuando el esquema rostro organiza la percepción del observador.

Como nos han dicho hace ya mucho tiempo los psicólogos gestálticos, el todo es más que la suma de sus partes: les confiere sentido. Saber que algo es un rostro presenta una gran cantidad de usos potenciales para esa información. Una red une el esquema correspondiente al rostro a otro tipo de información, como por ejemplo, la cara de amigos, cosmética, belleza, expresión facial, el color de los ojos. Cada

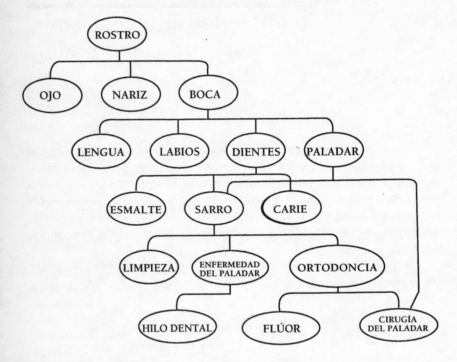

FIGURA 8: El hilo del pensamiento pasa a través de esquemas interrelacionados e incorporados. Rostro, por ejemplo, puede conducir, por asociación, a pensar en la próxima cita con el dentista, relacionando los esquemas como muestra la figura.

una de esas informaciones puede conducir, a su vez, a una infinidad de unidades de información. A medida que un esquema se va activando, los sistemas relacionados o conectados con éste también se activan. Ojo, por ejemplo, puede unir esquemas como "la primera vez que me recetaron anteojos", "los ojos grandes son sensuales", "el glaucoma se produce por la hipertensión ocular", y así sucesivamente. Por fortuna, los esquemas sintonizan sus conexiones dentro del espectro de la focalización pertinente en un momento dado, sin irse demasiado lejos del tema central ni confinándolo a límites demasiado estrechos.

Un esquema es el esqueleto alrededor del cual se interpretan los hechos; como éstos son complejos y estratificados, los esquemas están interconectados en una amplia gama de combinaciones. La asociación de ideas es un mapa de ruta de esquemas interrelacionados.

Los esquemas y la atención interactúan en una intrincada danza. La atención activa despierta esquemas relevantes; los esquemas, a su vez, guían y dirigen el foco de atención. El vasto repertorio de esquemas

se encuentra latente en la memoria, inmóvil hasta tanto no sea activado por la atención. Una vez activados, los esquemas determinan qué aspectos de la situación serán explorados por la atención.

La interrelación entre atención y esquemas hace que estos dos elementos sean fundamentales. Los esquemas no sólo determinan qué es lo que vamos a percibir, sino también qué es lo que no vamos a percibir. Consideremos el interrogante planteado por Ulric Neisser: "Siempre hay algo más para ver que lo que se ve, algo más para saber que lo que cualquiera sabe. ¿Por qué no lo vemos, por qué no nos molestamos en saberlo?".

La respuesta dada por Freud y por Broadbent, que se encuentra implícita en los modelos de la mente que cada uno de ellos presentó, es que filtramos la experiencia y, por lo tanto, sólo vemos lo que necesitamos ver, sólo sabemos lo que necesitamos saber. Sin embargo la respuesta de Neisser es que no es que lo filtremos, sino que, simplemente, no lo captamos. En relación con nuestro modelo, podemos decir que la información que no es captada, lógicamente, tampoco es filtrada.

Nuestros esquemas eligen tal cosa e ignoran tal otra; determinan el espectro de nuestra atención. Tomemos como ejemplo el simple acto de mirar. Realmente, ¿vemos lo que miramos? Las evidencias indicarían que no; que *vemos lo que* buscamos ver. Neisser lo ilustra con una demostración muy clara. Grabó un video de cuatro jóvenes jugando al básquet. El video sólo dura un minuto. Aproximadamente a los treinta segundos, una joven muy atractiva cruza por el campo de juego, llevando una gran sombrilla blanca. Está en pantalla durante un total de cuatro segundos.

Neisser proyectó ese video a visitantes de su laboratorio, a quienes pidió que pulsaran una tecla cada vez que la pelota pasaba de un jugador a otro. Cuando, al final de la proyección, Neisser les preguntó si habían visto algo anormal, algo que les hubiera llamado la atención, nadie mencionó a la mujer de la sombrilla blanca. No la habían visto. El esquema que guiaba su visualización del video concentraba su atención en la pelota. Cuando Neisser les volvió a pasar la cinta, todos quedaron sorprendidos al ver a la mujer. El experimento de Neisser es un equivalente visual del efecto cóctel. Esas percepciones selectivas es algo que se produce en forma continua. Al leer estas líneas, sus esquemas confieren un significado especial a la tipografía que usted está viendo. A medida que su atención se va fijando en cada palabra de esta página, ignora lo que aparece en su visión periférica. El simple hecho de que acabo de llamarle la atención sobre este hecho probablemente haga que usted, de pronto, tome conciencia de lo que hay en su campo visual más allá de estas palabras. Por otra parte, es muy simple comprobar este efecto: mantenga sus ojos fijos en el punto que hay en el centro de esta página, pero desvíe su atención a los márgenes en blanco que bordean el texto y lo que hay inmediatamente alrededor del libro:

●

Mientras está leyendo, usted percibe las palabras y no los márgenes de la página ni lo que hay más allá de los mismos. Su atención está totalmente canalizada, como la de los visitantes que miraban el video de Neisser. No percibe lo que es irrelevante hasta que algo lo convierte en relevante: su atención es dirigida por un esquema de lectura, hasta que éste es relevado por otro que dirige su atención al margen de la página.

Los esquemas guían la visión de la mente, en lo que se refiere a la decisión de qué cosas percibir y cuáles ignorar. Aquí, por ejemplo, tenemos una descripción muy adecuada de cómo operan los esquemas para dirigir la atención de un hombre hacia las mujeres:[21]

...uno se da cuenta de que, durante toda la vida, fue excluyendo mujeres. Demasiado alta, demasiado baja, demasiado gorda, demasiado delgada, mal vestida, histérica... No hacía falta mirar con detenimiento ni sentir interés. El mínimo dato, percibido por el rabillo del ojo, hacía que la vista siguiera buscando el rostro fresco, el cabello vital, la cintura juvenil, caderas y busto firme. Eficiencia negativa. Cuando se busca un objeto determinado, el ojo, en un instante, descarta miles de objetos que no son el buscado.

Cuando las emociones impulsan hacia un esquema, le confieren a éste una potencia especial. Las emociones y los pensamientos son parte integral de un mismo proceso.* Un pensamiento despierta un sentimiento; los sentimientos guían a los pensamientos. Las intrincadas conexiones entre pensamiento y sentimientos pueden ser observados en la descripción de los esquemas de una persona, temerosa de las serpientes, que se encuentra con una en la siguiente situación.[22]

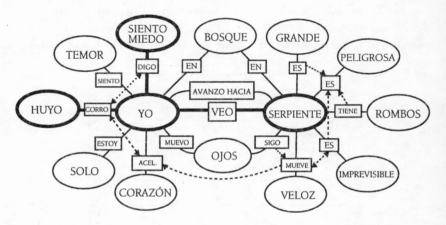

Figura 9: Esquemas de una persona temerosa de las serpientes, que se encuentra con una al caminar sola por el bosque. Emociones como el temor son intensos activadores de esquemas relevantes.

Una persona, mientras camina sola por el bosque, ve una gran serpiente que se desplaza hacia ella. La serpiente tiene un diseño de rombos en el dorso y podría ser peligrosa. Los movimientos rápidos y sinuosos del reptil, hacen que el pulso de la persona se acelere. Piensa que las reacciones de las serpientes son imprevisibles. Tiene miedo. A pesar de que está sola, exclama: "¡Dios mío, tengo miedo!", y sale corriendo.

* En la actualidad, existe un acalorado debate sobre la relación exacta entre cognición y emoción, en particular sobre si el pensamiento precede al sentimiento o viceversa. Nadie cuestiona, sin embargo, que ambos están íntimamente relacionados.

Los esquemas correspondientes a todos estos pensamientos y a las consiguientes reacciones emocionales y de comportamiento constituyen aspectos intrincadamente interrelacionados de una única reacción (ver figura 9).

Emociones como el temor hiperactivan los esquemas y los convierten en apremiantes centros de atención. Nuestras iras, penas y alegrías captan nuestra atención y nos arrastran. En el caso particular de este ejemplo, la emoción central es la angustia. Como hemos visto en la primera parte de este libro, los esquemas de peligro o de preocupación, potenciados por la angustia, invaden nuestra conciencia. Como demuestran las variantes de la negación, la atención misma ofrece los antídotos para evitar ese tipo de invasión.

En la fantasía de mi infancia, manos invisibles, que se movían detrás del escenario de la conciencia construían la realidad. Como hemos visto, los agentes que llevan a cabo esa construcción son los

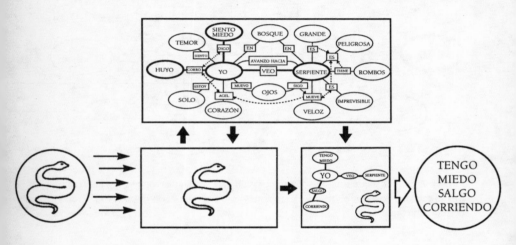

FIGURA 10: Secuencia cognitiva para alguien que ve una serpiente en el bosque, se asusta y sale corriendo. Los esquemas activados guían la atención, la comprensión y la acción.

esquemas. Los esquemas son la inteligencia en acción: dirigen el análisis de la información, captada por los sentidos, que se produce en el almacenamiento sensorial, simplificándola y organizándola, y desechan todo lo que no es relevante. Analizan la información que sale del almacenamiento sensorial y la filtran de acuerdo con las prioridades y relevancias que determina. Los esquemas establecen en qué se focaliza la atención y, por lo tanto, qué es lo que pasará al área de la conciencia. Cuando son impulsados por emociones como, por ejemplo, la angustia, los esquemas se imponen con especial fuerza.

Otra implicancia de este modelo es que los esquemas son los leones que custodian la puerta de la conciencia: determinan no sólo lo que entra, sino también lo que no entra.

La conciencia no es una parada necesaria

Si el procesamiento crítico de la información se lleva a cabo más allá de la conciencia, gran parte de lo que pensamos y hacemos está sujeto a influencias que no podemos percibir. La convicción de Freud de que esto era así lo indujo a postular que existían tres zonas de conciencia: el inconsciente (sin ninguna duda, la más amplia), el preconsciente y el consciente. George Mandler, un psicólogo de la cognición, sugiere que el modelo de Freud coincide con la forma en que los esquemas actúan para dirigir la atención.[23] El preconsciente es una etapa a mitad de camino entre el inconsciente y la conciencia, una especie de área ubicada detrás del escenario para la vida mental. Es aquí, según Mandler, donde hay una cantidad de esquemas con diversos niveles de activación. Cuáles son activados por completo difiere de momento a momento. El esquema más intensamente activado es aquel que llega a la conciencia.

Un esquema activado domina la conciencia; se desliza desde el grupo de esquemas preactivos y dirige la atención. Al caminar por una calle, usted podrá darse cuenta de que un perro se le acerca, pero el esquema relevante relacionado con perro flota hacia el preconsciente. En el momento en que usted oye el gruñido, el esquema perro —o, quizás, el esquema mordedura de perro— se convierte en el esquema activado en forma prioritaria y el perro ocupa por completo su conciencia. Pero mientras un esquema se mantiene latente en la memoria de largo plazo, esperando el momento de actuar, se encuentra en una situación muy similar a la del inconsciente.

Durante muchos años, los psicólogos (salvo aquéllos con inclinaciones psicoanalíticas) dudaban de que las zonas fuera de la conciencia realmente existieran, o bien afirmaban que, si el inconsciente existía, su impacto sobre el comportamiento era mínimo. Este debate cobró dominio público cuando, a principios de la década del '60, un publicista emprendedor afirmó haber generado un incremento en las ventas de Coca Cola y de pochoclo proyectando mensajes subliminales durante la exhibición de una película. La mayor parte de la comunidad psicológica lo abucheó.

Se consideraba que el material subliminal —es decir, los estímulos mostrados en tiempos tan breves que, por más alerta o concentrado que esté el individuo le resulta imposibleverlos conscientemente—

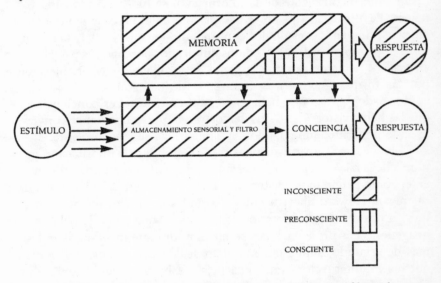

FIGURA 11: Tres zonas de conciencia: el almacenamiento sensorial y el filtro, y la mayor parte de la memoria de largo plazo son inconscientes. El preconsciente es la parte de la memoria en la cual se encuentran los esquemas parcialmente activados. Los esquemas totalmente activados llegan al consciente.

pasaba totalmente desapercibido. Pero las evidencias de la existencia de una percepción inconsciente se fueron acumulando. En 1971, un estudio abarcativo de la investigación existente llegó a la conclusión de que la percepción subliminal es, en efecto, posible.[24] Al mismo tiempo, se fue desarrollando un marco teórico para explicar de qué manera podía ser posible ese tipo de percepción. En 1977, a pesar de que había quienes se resistían a ese concepto, muchos científicos de la cognición aceptaron la percepción inconsciente como un hecho. Por ejemplo, en una rueda de psicólogos, se comentó lo siguiente:[25]

La incógnita acerca de si la gente puede responder a un estímulo en ausencia de la capacidad de informar verbalmente acerca de su existencia encontraría, en la actualidad, una respuesta afirmativa por parte de muchos más investigadores que hace una década… Básicamente, debido a mejores métodos experimentales y argumentos teóricos más convincentes, que muestran que la percepción subliminal…[surge] de… la atención selectiva y del filtrado.

Durante los años que siguieron, el peso de la evidencia del procesamiento inconsciente de la información se fue haciendo cada vez mayor. La afirmación ya no se basaba sólo en el peso de argumentos teóricos, sino en los resultados contundentes de ensayos y experimentos. Por ejemplo, en 1980, los datos publicados por algunos psicólogos en *Science* demostraron que la gente desarrollaba cierta predilección por las formas geométricas (una serie de octógonos curiosamente conformados), a las que había sido expuesta sin tener conciencia de que las había visto.[26] Los datos demostraron que lo familiar se convierte en lo preferido, aun cuando esa familiaridad sea inconsciente.

Muchas otras investigaciones confirmaron que la información que nunca llega a la conciencia tiene, sin embargo, una profunda influencia en el cómo percibimos y actuamos. Por ejemplo, en la Universidad de Michigan, Howard Shevrin midió las ondas cerebrales mientras mostraba a estudiantes, voluntarios en el ensayo, una serie de palabras e imágenes.[27] Las presentaciones se hicieron durante unas pocas milésimas de segundo, supuestamente demasiado poco tiempo como para que los voluntarios tomaran conciencia, a sabiendas, de su significado. Entre tanto, los voluntarios realizaban una asociación libre en voz alta.

Los mensajes proyectados influyeron en la asociación libre. Por ejemplo, cuando la imagen proyectada era una abeja, la asociación libre giraba en torno de palabras como insecto, aguijón y miel. A pesar de que no tenían idea de lo que la palabra o la imagen habían querido decir o mostrar, hubo clara evidencia de que habían recibido el mensaje a un nivel fuera de su conciencia y que sus esquemas habían sido activados en consecuencia.

La explicación de Shevrin coincide con el modelo del funcionamiento de la mente que ya hemos descrito:[28]

> En general, sólo tomamos conciencia de un pequeño porcentaje del total de estímulos que llegan a nuestros sentidos. Seleccionamos activamente a qué cosa prestar atención, sobre todo en base a la necesidad, el interés y la prominencia perceptual. Sin embargo, el proceso de selección es inconsciente. Experimentamos como que algo aparece en la conciencia, pero hay un proceso complejo e inconsciente que prepara ese "aparecer"…

En resumen, los estudios sobre la atención y lo subliminal demuestran que nuestro cerebro bulle de actividad cognitiva y emocional antes de activar el consciente.

Este planteo de Shevrin encuadra sin dificultades en el modelo de funcionamiento de la mente planteado en este trabajo. Los esquemas trabajan entre bambalinas, en la proximidad de lo que hemos denominado "memoria de largo plazo" (otro término más genérico, podría ser más representativo, como por ejemplo, el inconsciente). La mente es consciente del significado de un hecho antes de que éste y su significado ingresen en la conciencia. En términos esquemáticos, esta preconciencia significa que los esquemas que están activados, pero se encuentran fuera de la conciencia, organizan la experiencia y la filtran antes de que acceda a la conciencia. Una vez que los esquemas más relevantes han sido activados, aparecen en el consciente.

Como sugieren los resultados de las investigaciones, empero, los esquemas pueden guiar a la conciencia, aun cuando ellos mismos permanezcan al margen de la misma. Observamos sólo sus efectos, pero

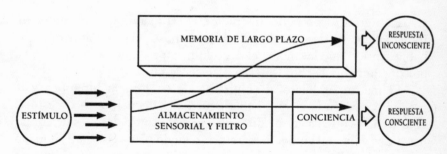

FIGURA 12: En una respuesta inconsciente, la información fluye directamente desde el almacenamiento sensorial y los filtros a la memoria, eludiendo por completo la conciencia. La respuesta también se ejecuta fuera del área de la conciencia. Las rutinas automáticas siguen este camino, así como otros fenómenos que se producen al margen de la conciencia. Obsérvese que esto permite el funcionamiento de canales de percepción y de acción paralelos, uno en el área de la conciencia y otro en el inconsciente.

no su identidad. Como dijo Freud: "A través de la observación de la neurosis, hemos aprendido que la idea latente o inconsciente no es, necesariamente, una idea débil".

Este modelo puede incorporar diversos fenómenos diferentes que, desde hace tiempo, han intrigado a los estudiosos de la mente (ver figura 12). Por ejemplo, Ernest Hilgard, un renombrado investigador de la hipnosis que trabaja en Stanford, cuenta acerca de una demostración de hipnosis en clase, durante la cual un voluntario era hipnotizado diciéndosele que quedaría temporariamente sordo. Mientras estuvo "sordo", el voluntario no se sobresaltó ante ruidos estruendosos como un tiro de pistola o el choque de piezas de metal.[29]

Un estudiante preguntó si alguna parte del voluntario podía llegar a tomar conciencia de los ruidos, dado que sus oídos, supuestamente, funcionaban. Entonces, el instructor susurró con voz suave al oído del estudiante hipnotizado:[30]

> Como tú sabes, hay pares del sistema nervioso que realizan las actividades que se producen fuera de la conciencia, [como] la circulación sanguínea... También podría haber procesos intelectuales de los cuales no tomamos conciencia, como los que encuentran su expresión a través de... los sueños. A pesar de que estás hipnóticamente sordo, quizás haya alguna parte de tu cerebro que oye mi voz y procesa esta información. Si me oyes, quisiera que levantes el dedo índice de tu mano derecha en señal de afirmación.

Para gran sorpresa del instructor, el estudiante levantó un dedo. Inmediatamente después de salir de la hipnosis, el estudiante dijo que había sentido que levantaba el dedo índice, pero que no tenía idea de por qué lo había hecho. Deseaba conocer la razón.

El instructor liberó al voluntario de su sordera hipnótica y le preguntó qué creía él que había ocurrido. "Recuerdo —contestó el voluntario— que usted me dijo que quedaría sordo después de contar hasta tres y que mi audición regresaría cuando usted colocara su mano sobre mi hombro. Luego todo fue silencio durante un rato. Como era aburrido estar sentado ahí sin hacer nada, me entretuve pensando en un problema estadístico en el que estoy trabajando. En eso estaba cuando, de pronto, siento que mi dedo índice se levanta; eso es lo que yo quisiera que me explicara."

La explicación de Hilgard (suponiendo que el estudiante haya dicho la verdad) es que la mente tiene la capacidad de registrar y almacenar información al margen de la conciencia del individuo. Bajo ciertas circunstancias, la conciencia inconsciente puede ser contactada y puede comunicarse, siempre al margen de la conciencia. Hilgard denomina a esa capacidad especial el observador oculto.

A partir del sorpresivo descubrimiento de esta capacidad, Hilgard realizó numerosos ensayos que confirman la solidez de la idea relativa a ese observador oculto. Por ejemplo, en un estudio de analgesia hipnótica, Hilgard hipnotizó a una joven que, en ese estado, podía sumergir su mano en un balde con agua helada sin sentir, según ella informó luego, dolor alguno. Cuando Hilgard midió el dolor en una de las manos, fuera de la conciencia de la mujer, obtuvo valores de dolor que, medidos en la escala correspondiente, indicaron un creciente nivel de perturbación, vale decir, un dolor normal para ese tipo de situación. Sin embargo, cuando se le preguntaba al respecto, la joven, con toda calma, seguía afirmando que no sentía dolor alguno.

Una línea de investigación más exótica aún agrega evidencias importantes acerca de la fuerza de la cognición que se verifica al margen de la conciencia: el estudio de la personalidad múltiple. Hace ya mucho tiempo que estos casos integran los estudios relacionados con la psiquiatría; libros y películas sobre el tema, como *Las Tres Caras de Eva* y *Sybil,* han fascinado al gran público.

El misterio de las subpersonalidades independientes que habitan la misma mente es reflejado por el siguiente informe periodístico de un caso de este tipo.[31]

> Un terrible dolor despertó a Marianna de su sueño. Encendió la lámpara de su mesa de luz y vio hilos de sangre en sus sábanas. Contó 30 finísimos cortes de navaja en sus brazos y piernas antes de levantarse, consternada, de su cama. Sobre su cómoda encontró una nota, garabateada con letra infantil:
>
> ADVERTENCIA A MARIANNA
> Las mentiras tienen que terminar. Refrena a la niña, o mataré.
>
> EL DESTRIPADOR

> Se trataba de una amenaza de muerte. Pero también era un intento de suicidio, ya que Marianna, la Niña y el Destripador vivían todos en el mismo cuerpo. El Destripador, una personalidad masculina y violenta, proclive a ataques de ira, estaba furioso y se sentía amenazado porque la Niña, la más pequeña de las tres personalidades, le había contado al piscoterapeuta los profundos secretos que el Destripador había guardado celosamente durante tantos años. Su ensañado ataque estaba destinado a lograr que la Niña dejara de hablar. Nada importaba que él, la Niña y Marianna compartieran el mismo cuerpo, dado que no compartían el mismo dolor. Para el Destripador, eran personas distintas y no se daba cuenta de que la muerte de la Niña también significaba la suya propia.

Nuestro modelo maneja tanto al observador oculto como a las personalidades múltiples.* Ambos requieren que haya facultades en la mente que puedan operar al margen de la conciencia. El modelo demuestra que la conciencia no es una parada necesaria, a medida que la información fluye a través de la mente.

Una línea de investigación totalmente diferente subraya la fuerza de la información inconsciente. En cirugía se suele partir de la premisa de que el paciente bajo anestesia no puede ni oír ni recordar lo que sucede en el quirófano. Este hecho da a los cirujanos la libertad de hablar y bromear, a veces a expensas de su paciente.

En un centro de rehabilitación ubicado en Chicago, un grupo de investigadores estudiaron los efectos de un mensaje transmitido a pacientes que eran sometidos a cirugía de columna.[32] Durante el estudio, los pacientes se encontraban bajo anestesia total y se suponía que no tenían conciencia de lo que sucedía durante la intervención.

La principal y más común complicación posoperatoria de este tipo de cirugía es la incapacidad de orinar voluntariamente. La solución médica es la cateterización. Sin embargo, en este caso los investigadores utilizaron otro método. Hacia el final de la intervención quirúrgica, mientras el paciente aún estaba bajo anestesia, el cirujano lo llamaba por su nombre y le decía:

> La operación fue todo un éxito y ya estamos por terminar. Durante los próximos días, usted estará acostado de espaldas. Mientras tenga que estar en esa posición, sería bueno si usted pudiera relajar todo lo posible los músculos de la zona pelviana. Eso lo ayudará a orinar y así no será necesario ponerle una sonda.

Los resultados fueron sorprendentes. De acuerdo con los investigadores, ni uno sólo de esos pacientes necesitó de un catéter después de la cirugía. Más de la mitad de los pacientes de un grupo de control, que no habían recibido esa sugerencia durante la anestesia, tuvieron que ser cateterizados.

---

*La personalidad múltiple exige una adecuación especial. Hay que suponer la existencia de subcensores que operan dentro de la memoria de largo plazo para mantener separadas de las otras las rutinas y experiencias de cada una de las subpersonalidades. Aplicando cierta flexibilidad especulativa, el modelo puede acomodar también esta posibilidad, si suponemos que, cuando una de las subidentidades ocupa la conciencia, las otras quedan al margen de la misma.

Otro grupo de investigadores médicos hizo una prueba más directa aún.[33]

En una intervención quirúrgica, un texto grabado en una cinta magnetofónica, transmitido al paciente anestesiado a través de auriculares, sugería a éste que, cuando un investigador lo entrevistara después de la operación, "es de suma importancia que usted se tire del lóbulo de su oreja, para que yo sepa que escuchó este mensaje".

Durante las entrevistas, más del 80 por ciento de los pacientes que habían oído la cinta se tiraron de la oreja; la mayoría de ellos lo hizo seis o más veces.

En síntesis, no es obligatorio que la percepción sea consciente. El peso de las evidencias obtenidas a través de las investigaciones pertinentes apoyan esta hipótesis y los modelos más aceptados en la actualidad sobre el desarrollo de los mecanismos de la mente incluyen esta suposición. Quizás el acto de percepción más crucial sea la decisión relativa a qué ingresa y qué no ingresa en la conciencia. Esta operación de filtrado se lleva a cabo antes de que ningún tipo de información llegue a la conciencia. La decisión fundamental se toma al margen de la conciencia.

La decisión volitiva posterior acerca de qué opciones merecen atención tiene, por lo tanto, un alcance limitado. William James sugirió que la atención consciente y libre es la esencia de la voluntad. La evidencia analizada aquí, sin embargo, sugiere que la voluntad sólo es libre dentro de ciertos límites: las opciones que se presentan a la conciencia, entre las cuales ella puede elegir prestar atención a una u otra, es preseleccionada. La atención puede elegir libremente, pero dentro de un campo delimitado. Nunca podemos llegar a saber qué información han eliminado nuestros esquemas, porque no podemos prestar atención al funcionamiento del filtro que hace esta selección.

Bien. Las piezas están todas en su lugar; el modelo de la mente nos muestra que la inteligencia analiza, filtra y selecciona la información; los esquemas encarnan esa inteligencia. Toda la operativa se produce al margen de nuestra conciencia. ¿Qué implica esto para el trueque entre angustia y atención? Nuestra misión en la Tercera Parte de este libro será dar respuesta a esta pregunta.

Secretos
ante uno mismo

La memoria de John Dean

"Mi mente no es un grabador, pero por cierto recibe los mensajes que se le transmiten." Estas palabras fueron pronunciadas por John Dean durante el juicio de Watergate, en junio de 1973. Sus declaraciones, al comparar su memoria con un grabador, habrían de tener más adelante un cierto toque irónico. Poco después de su testimonio, se reveló que el presidente Nixon había grabado conversaciones en el Salón Oval de la Casa Blanca, que incluían varias de las mencionadas por Dean ante los tribunales.

Los comentarios de Dean fueron llamativamente largos y detallados. Suministró una declaración de 245 páginas, en la que relataba hechos y conversaciones ocurridos durante los largos meses en que estuvo involucrado en el encubrimiento de la información sobre Watergate. La declaración fue tan específica, que el senador Inouye, incrédulo, se vio impulsado a preguntarle: "¿Siempre tuvo tanta facilidad para recordar los detalles de las conversaciones mantenidas tanto tiempo atrás?".

Esta misma pregunta movió a Ulric Neiser a comparar las conversaciones recordadas por Dean con lo que revelaban las grabaciones, a fin de comprobar el grado de precisión de la memoria de ese hombre y en qué medida discrepaban con la realidad.[1] El análisis demostró que Dean sólo estaba en lo cierto al recordar el espíritu de esos encuentros. Los hechos concretos a menudo habían sido tergiversados. La naturaleza de esas tergiversaciones resulta sumamente instructiva: parecerían haber sido dictadas, en gran medida, por lo que se podría denominar "memoria de los deseos fantaseados", que tergiversaba los hechos específicos para poner de relieve su importancia personal.

Tomemos, por ejemplo, los hechos ocurridos el 15 de septiembre de 1972. Ese día, un gran jurado procesó a los cinco partícipes del caso Watergate, junto con Howard Hunt y Gordon Liddy. Dean estaba radiante, porque su principal tarea había sido tratar de frenar las investigaciones sobre el caso y evitar que involucraran al presidente.

Por la tarde, Dean fue citado al Salón Oval para una reunión con Nixon y Haldeman, que duró cincuenta minutos. En su declaración, Dean describe esa reunión de la siguiente manera:[2]

> El Presidente me hizo tomar asiento. Ambos hombres parecían estar de muy buen talante y me recibieron en forma cálida y cordial. A continuación, el Presidente me dijo que Bob —refiriéndose a Haldeman— le había informado sobre mi manejo del caso Watergate. El Presidente me dijo que yo había llevado a cabo una buena tarea y que tenía entendido que había sido una labor muy difícil y que estaba muy contento de que el caso se hubiera frenado con Liddy. Le respondí que mi mérito no era tanto, ya que otros habían realizado tareas mucho más complejas que las que había efectuado yo... Le dije que yo me había limitado a frenar el caso y ayudar a mantener a la Casa Blanca fuera del mismo. También le dije que pasaría mucho tiempo hasta que este asunto terminara y que, de ninguna manera, le podía asegurar que algún día todos estos hechos no comenzaran a revelarse.

Cuando se le pidió, durante su testimonio, que relatara esa misma conversación, Dean dio una versión muy similar.

¿Cuánta verdad había en los testimonios de Dean, tanto en el escrito como en el oral? No mucha. Al respecto, Neiser dice:[3]

> La comparación con la transcripción de las cintas grabadas demuestra que casi nada de lo dicho por Dean es cierto. Nixon no dijo nada de lo que Dean le atribuye: ni invitó a Dean a sentarse, ni dijo que Haldeman lo había mantenido informado; no dijo que Dean había hecho un buen trabajo (al menos no en esa parte de la conversación), no dijo nada sobre Liddy o el auto de acusación contra éste. Tampoco Dean dijo nada de lo que luego afirma haber dicho: que el mérito no era de él, que el asunto podía llegar a revelarse algún día, etc. (de hecho, más adelante dijo exactamente lo contrario: "Nada de todo este asunto se va a desmoronar"). Su relato es plausible, pero totalmente inexacto.

Al tratar de entender esas distorsiones, Neiser llega a la conclusión de que, en la realidad, el testimonio de Dean no describe la reunión en sí sino sus *deseos fantaseados* sobre la misma: la reunión tal como él creía que habría debido ser. "En la mente de Dean —dice Neiser,[4] Nixon habría tenido que estar contento de que las acusaciones se hubieran detenido en Liddy; Haldeman habría tenido que comentarle a Nixon el buen trabajo que Dean había hecho; y, sobre todo, el elogiar su desempeño debió ser lo prioritario entre los objetivos de esa reunión. Además, Dean habría debido decirle a Nixon que el encubrimiento podía descubrirse —como, en efecto, luego ocurrió— en lugar de decirle que todo había funcionado de maravillas [como Dean, en realidad, había hecho]."

La trama que sostiene este tipo de pseudomemorias es, en este caso, un deseo fantaseado. Dean, por ejemplo, confiere gran relevancia a los cumplidos de Nixon por contener las investigaciones del Gran Jurado. En realidad, puso en boca de Nixon palabras que éste nunca pronunció. Nixon nunca lo elogió, al menos no en los términos en que informó Dean. Pero eso debió haber sido, sin duda, lo que Dean ansiaba. Y lo recordaba tal como lo ansiaba.

El análisis de Neiser demuestra que la memoria, como la atención, se encuentra expuesta a tergiversaciones. La relación entre atención y memoria es muy estrecha. La memoria es atención en tiempo pasado: lo que recordamos hoy es a lo que hemos prestado atención antes. La memoria se encuentra doblemente amenazada, porque, además de la tergiversación inicial de lo que percibimos con nuestra atención, puede haber tergiversaciones posteriores en lo que recordamos.

"¿Somos todos así? —se pregunta Neiser—. ¿Están todos nuestros recuerdos compuestos, prefabricados en torno a nuestro ego?" La historia de un solo caso no es suficiente como para dar una respuesta científica a esa pregunta. Sin embargo, conjetura Neiser, todos nosotros tenemos un poco de John Dean:[5] "Su ambición reorganizó sus recuerdos: aún cuando trata de decir la verdad, no puede evitar enfatizar su propio rol en el hecho que relata. Otro hombre, en la misma posición, habría podido observar los hechos en forma menos apasionada, reflexionar con mayor detenimiento en lo vivido y relatar los hechos con mayor precisión. Lamentablemente, esos rasgos de carácter no son muy frecuentes".

Es posible que Dean haya distorsionado la verdad a sabiendas, pero también es posible que haya creído en su propia historia, engañándose a sí mismo. Pero, lo haya hecho a sabiendas o no, su reconstrucción de los hechos revela una memoria selectiva en acción.

Otro ejemplo lo ofrece el caso Darsee.

John Darsee, un investigador de la Escuela de Medicina de Harvard, fue sorprendido falsificando datos en una de sus investigaciones. Como informó una nota periodística, "varios jóvenes investigadores vieron, atónitos, que el Dr. Darsee fraguaba los datos relacionados con un ensayo". Darsee admitió alegremente ese hecho en particular, pero al mismo tiempo negó que antes hubiera cometido faltas similares.[6]

Cuando una profunda investigación demostró que prácticamente todos sus datos habían sido fraguados a lo largo de varios años, Darsee escribió una carta a los investigadores federales "en la cual afirmó que, si bien él no recordaba haber falsificado ningún dato en sus ensayos, reconocía que las investigaciones habían comprobado tanto la falsificación como su participación personal en la misma".

La carta de Darsee, si se le puede dar crédito, demuestra la fuerza de la mente para ocultar, para trabar, incluso lo que acepta como un hecho: parecería que sucedió, parecería que yo lo hice, pero lo niego… No recuerdo haberlo hecho. Dean y Darsee ofrecen dos ejemplos de carácter público de un hecho privado. La facilidad con la que negamos y disociamos —y negamos y disociamos ante nosotros mismos que negamos y disociamos— es increíble. Sin embargo, como veremos, el diseño de nuestra mente favorece ese tipo de autoengaño.

Quien controla el pasado, controla el futuro

"Nuestro pasado es un peso que aumenta gradualmente —escribió Bertrand Russell—. Es fácil pensar que antes nuestras emociones eran más intensas que hoy, y nuestra mente más aguda. Si eso es verdad, uno debería olvidarlo, y si uno lo olvida, probablemente eso no era verdad." Los sentimientos que expresa Russell cobran un giro más siniestro en un eslogan que Orwell incluye en su libro *1984*: "Quien controla el pasado, controla el futuro; y quien controla el presente, controla el pasado". ¿Quién, en el ámbito de la mente, realmente controla el pasado?

La memoria es una autobiografía; su autor es el "yo", una organización particularmente potente en cuanto a esquemas. Lo que a veces también denominamos "el sistema del yo" o "el concepto del yo" consiste en una serie de esquemas que definen a qué me refiero al decir "yo" y "mío", que codifican un sentido de identidad y del mundo personal.

El yo se va construyendo lentamente, a partir de la infancia, y constituye quizás el agrupamiento más importante de esquemas contenidos en la mente. Sus orígenes se encuentran en la interacción entre los padres y el niño pequeño; su desarrollo corre por rieles marcados por las relaciones con padres, parientes, compañeros y cualquier otra persona o acontecimientos importantes de la vida. El sistema del yo marca la manera en que una persona filtra e interpreta la experiencia; inventa las lecturas beneficiosas de hechos pasados, como en el caso de Dean y Darseen. Al hacer eso, el yo tiene en su poder todas las herramientas —y está expuesto a todas las tentaciones— de un estado totalitario. El yo actúa como censor, seleccionando y borrando el flujo de la información.

En un artículo titulado *The Totalitarian Ego* (El yo totalitario), Anthony Greenwald, un psicólogo social, plantea la analogía entre el yo y un dictador.[7] Greenwald pinta un retrato del yo desde diversas áreas de investigación. "Las características más llamativas de este retrato —dice— son las... deformaciones cognitivas, que corresponden en forma inquietante a los dispositivos de control del pensamiento y de la propaganda, que constituyen... características definitorias de un sistema político totalitario". Si bien el yo puede ser un dictador, agrega Greenwald, puede que tenga sus buenas razones para ello: lo que aparece como "indeseable en un sistema político, puede servir, sin embargo, adaptativamente, en la organización personal del conocimiento".

Como observador central y responsable del registro de la vida, el yo desempeña el rol del historiador. Pero la imparcialidad no es, por cierto, una de sus virtudes. Como observa Greenwald —y como lo ha demostrado Dean—, "el pasado es recordado como si fuera una obra teatral, en la que el yo es la estrella". Analizando los resultados de sus amplias investigaciones, Greenwald llega a la conclusión de que el yo "fabrica y revisa la historia, asumiendo actitudes que no son las que normalmente se admiran en un historiador".

Greenwald cita resultados de experimentos que demuestran de qué manera el egocentrismo invade la vida mental. Por ejemplo, los hechos se recuerdan mejor cuando tienen que ver con uno mismo. Otro: la mayoría de las personas, en la dinámica del trabajo en grupo, sienten que son el centro de la actividad. En política internacional, en algunas ocasiones, quienes toman decisiones suelen percibir que los actos de países distantes van indudablemente dirigidos a ellos en forma personal, cuando, en realidad, sólo responden a situaciones locales. Además, la gente ve sus propios actos como los responsables de la concreción de hechos fortuitos, por ejemplo, ganar la lotería.

Asimismo, la gente se suele acreditar los éxitos, pero no los fracasos, actitud que demuestra otra forma de egocentrismo. El lenguaje también revela esta tendencia: cuando un equipo de fútbol universitario pierde un partido, los estudiantes suelen informar que "el 'equipo' anduvo mal"; pero, después de un triunfo, lo que dicen es: "Ganamos". Otro ejemplo de este tipo se puede observar en la explicación sobre un accidente dada por el conductor del vehículo a la compañía de seguros: "Vi que la columna de alumbrado se me venía encima. Traté de esquivarla, pero no pude evitar que me hundiera la parte frontal del auto". Un ejemplo deliberadamente irónico de una de esas variedades de egocentrismo es el texto de los Agradecimientos" del trabajo de Greenwald, el cual, en una parte, dice lo siguiente:

El autor de este trabajo está dispuesto a asumir plena responsabilidad sólo por las buenas ideas que se encuentran en el mismo. Sin embargo, agradezco a las siguientes personas sus comentarios sobre mis primeros borradores... [sigue una larga lista de nombres]. Si este tipo de agradecimiento llegara a parecer inadecuado, el lector merece saber que el mismo fue sugerencia de Robert B. Zajonc, modificado con la ayuda de Robert Trivers.

Un signo revelador de la egocentricidad del yo es la no-incorporación, por parte de los esquemas, de nueva información. Esta parcialización se pone de manifiesto, por ejemplo, en el ámbito científico, a través de la inclinación de los investigadores de ignorar resultados que no condicen con sus propias teorías. La gente sustenta todo tipo de convicciones incluso frente a evidencias y argumentos que demuestran lo contrario.

Greenwald afirma que el autoengaño y las parcializaciones son tan marcadas y profundas porque son altamente adaptativas; protegen la integridad de la organización del conocimiento del yo. Específicamente, reflejan la tendencia del yo a codificar información alrededor de un principio organizador central: lo que le importa al yo. Sin este tipo de estructura organizativa, el conocimiento y el comportamiento estarían enlazados de cualquier otra manera pero, gracias a ella, toda nueva información es asimilada en forma ordenada y aprovechable, rotulada y archivada en forma tal que resulte fácil encontrarla.

Es decir, existe una ventaja estructural en eso de tener al yo como el marco de referencia central para la memoria y la acción; los conocimientos importantes pueden cohesionarse dentro de un único esquema de codificación. La analogía que utiliza Greenwald es el sistema de catalogación de una biblioteca: "Una vez que uno se ha comprometido con un esquema de catalogación específico, probablemente sea más eficiente mantener la coherencia con ese esquema que dirigir el esfuerzo de los bibliotecarios a... recatalogar y reordenar en sus estantes la colección existente... cada vez que aparece un nuevo sistema de ordenamiento". El yo domina como el Sistema decimal Dewey de la mente.

En un análisis del concepto del yo, Seymour Epstein observa lo inexacta que puede ser la visión que tiene el individuo de sí mismo. Esa inexactitud no siempre coincide con la parcialidad positiva descrita por Greenwald:[8]

La gente altamente competente se siente a veces profundamente inepta; la gente inferior se siente superior; quienes son feos, se consideran bellos; y quienes son atractivos, se perciben como feos. Lo que llama más aún la atención son los casos de gente que ha llevado una vida ejemplar y que se siente desgarrada por severos sentimientos de culpa, al punto de que pierden el deseo de vivir, mientras que otros, que han cometido delitos o crímenes horrendos, no experimentan el menor remordimiento.

La base de esas distorsiones en la percepción, dice Epstein, es la autoestima del individuo. Una escuela de pensamiento afirma que el sentido de la propia valía está representado por el sistema del yo. Una amenaza a esa visión del yo puede llegar a alterar marcadamente al individuo; existe una necesidad suprema de preservar la integridad de ese sistema del yo. La información que coincide con el concepto que se tiene del yo es asimilada con facilidad —Dean se sintió feliz al informar sobre la importancia que el Presidente había dado a sus esfuerzos— pero los datos que desafían y contradicen a ese yo son difíciles de aceptar. Dean se olvidó del hecho de que, en la realidad, el Presidente nunca había expresado ninguno de los elogios que Dean recordaba.

La información que amenaza a nuestro yo —que no apoya ni reafirma la historia que uno se cuenta sobre uno mismo— también es una amenaza a nuestra autoestima. Ese tipo de amenazas constituye una importante fuente de angustia y ansiedad. Para los animales, la mayoría de las veces, el estrés consiste en una amenaza a su vida o a su integridad física. Para el ser humano, sin embargo, la amenaza a la autoestima es suficiente para generar angustia.

El psiquiatra Aaron Beck describe la baja autoestima en acción observada en uno de sus pacientes, un hombre que sufría de depresión. En el término de media hora, el hombre relató los siguientes hechos:[9]

> Su esposa se enojó porque los chicos demoraban en terminar de vestirse. A raíz de eso, él pensó: "Soy un mal padre porque mis hijos son indisciplinados". Advirtió que ese hecho también demostraba que, además, era un mal esposo. Mientras se dirigía en su automóvil hacia su trabajo, pensó: "Debo ser un mal conductor porque, de lo contrario, los demás vehículos no me pasarían". Al llegar a su trabajo, comprobó que otros empleados ya estaban allí y pensó: "No debo ser una persona muy diligente, de lo contrario habría llegado antes". Cuando observó la pila de carpetas y papeles acumulada sobre su escritorio, llegó a la conclusión de que "soy un hombre desorganizado, por eso tengo tanto trabajo acumulado".

Esa línea de pensamiento derrotista, observa Beck, es el principal síntoma de la depresión, que él ve como la activación crónica de esquemas negativos del yo. En las depresiones más leves, afirma Beck, una persona tendrá pensamientos negativos sobre sí misma, pero mantiene cierta objetividad al respecto. Sin embargo, a medida que la depresión se agrava, sus pensamientos estarán cada vez más dominados por las ideas negativas sobre su persona.

Cuanto más se activan esos esquemas negativos, más distorsionada se vuelve su forma de pensar y menos capaz es de ver que sus pensamientos depresivos pueden ser distorsiones de la realidad. En su estado más grave, los pensamientos de una persona que sufre depresión están completamente dominados por una autocondena abarcativa, incisiva y preocupante, totalmente desconectada de sus circunstancias reales.

En la depresión, dice Beck, los esquemas del yo conducen finalmente a la persona "a ver todas sus experiencias como privaciones o derrotas totales y, además, como irreversibles. En forma concomitante, se califica a sí mismo de perdedor y de irremediablemente condenado". Beck compara la autopercepción distorsionada de un individuo deprimido con la visión más equilibrada de una persona que no sufre de ese tipo de trastornos, de esta manera:[10]

ESQUEMA DEL YO DEPRIMIDO	ESQUEMA DEL YO SANO
1. Soy timorato.	Soy moderadamente temeroso, más bien generoso y bastante inteligente.
2. Soy un cobarde despreciable.	Soy más temeroso que la mayoría de las personas que conozco.
3. Siempre he sido y siempre seré cobarde.	Mis temores varían según el momento y la situación.
4. Tengo un carácter defectuoso.	Evito demasiadas situaciones y tengo muchos temores.
5. No hay nada que hacerle: soy básicamente débil.	Puedo aprender cómo enfrentar situaciones y luchar contra mis temores.

Epstein propone que, dentro del sistema del yo, los esquemas (que él denomina postulados) están ordenados en forma jerárquica. Los esquemas de orden menor incluyen hechos menores específicos:

"Soy un buen jugador de tenis", "La gente dice que le gusta cómo toco el piano". Un esquema de orden superior podría ser: "Soy un buen atleta", o "La gente sabe que soy un músico talentoso". Un orden muy superior a todos estos esquemas sería el que expresa "Soy una persona valiosa".

Los esquemas de orden inferior, por lo general, pueden ser enfrentados por las circunstancias, sin que la autoestima se vea demasiado amenazada: si se pierde al tenis o no se es elogiado por tocar el piano, no pasa nada porque no hay demasiado en juego. Pero si un esquema mayor se ve amenazado, lo que hay en juego es mucho más. Dean, sin duda, estaba enfrentando una seria amenaza a su sentido de valor personal, al tener que declarar ante el Senado, lo mismo que Darsee al defender sus falsificaciones.

Padres fríos y distantes, hermanos hostiles o pares agresivos pueden reducir la autoestima, mientras que las interacciones positivas y felices con esas personas pueden incrementarla. Al respecto dice Epstein:[11]

> Las personas con alta autoestima llevan dentro de ellas un padre amante que está orgulloso de sus éxitos y se muestra tolerante frente a sus fracasos. Esa gente suele tener una visión optimista de la vida y es capaz de tolerar situaciones de estrés sin angustiarse en exceso. Aun cuando puedan sentirse decepcionadas o deprimidas por determinadas experiencias, las personas con alta autoestima se recuperan rápidamente, tal como lo hacen los niños que se sienten seguros del amor de su madre.

Por otra parte, la gente con baja autoestima lleva la carga psicológica de un padre censurador. Suelen ser proclives a una hipersensibilidad frente a los fracasos, siempre están dispuestos a sentirse rechazados y les lleva mucho tiempo superar una desilusión. Su visión de la vida es pesimista, muy similar a la actitud de un niño inseguro del amor de sus padres.

Cuando acecha una amenaza al concepto del yo, un sistema del yo saludable puede advertir la angustia a través de alguna sutil maniobra. Los hechos pueden ser recordados selectivamente, reinterpretados, parcializados. Cuando los hechos objetivos no apoyan el sistema del yo, una reformulación más subjetiva de los hechos puede hacerlo: si yo me veo como bueno y honesto, y los hechos no apoyan esa visión de mí mismo, puedo preservar mi autoestima distorsionando la interpretación de esos hechos.

Como hemos visto, las herramientas con las que hacemos esto se encuentran totalmente fuera de nuestra conciencia. El sistema del yo puede sanear su visión de los hechos a través del filtrado que se produce antes de que los mismos pasen a la conciencia. Lo único que yo tengo que hacer es aceptar una visión acabada y pulida de mí mismo; todo el trabajo sucio tiene lugar entre bastidores. Algunas investigaciones sugieren que los individuos depresivos son menos egocéntricos que los que ven la vida con el color rosa del positivismo. Esta reinterpretación egocéntrica y al servicio de la propia realidad es lo que nos sucede, a la mayoría de nosotros, muchas veces, pero rara vez somos descubiertos en esa maniobra. Después de todo, la deformación se produce discretamente, tras la pantalla del inconsciente; nosotros sólo somos recepcionistas del producto final de esa manipulación y nos autoengañamos inocentemente. Un arreglo muy conveniente, sin lugar a dudas.

El sistema del "yo": "yo-bueno", "yo-malo" y "no-yo"

Los esquemas cambian continuamente a lo largo de la vida, así como cambia la imagen que se tiene de uno mismo. Las imágenes del yo del pasado dejan sus huellas: nadie tiene una sola imagen de sí mismo, totalmente integrada, una versión única y armoniosa de su yo. Diversos puntos y etapas de la vida van acumulando identidades que se superponen, algunas en forma congruente, otras no. Aparece una nueva imagen de uno mismo, que se convierte en dominante: el esmirriado y retraído adolescente se puede convertir en el robusto y gregario treintañero, pero ese robusto yo no erradica por completo las huellas del joven esmirriado.

Los traumas en la vida adulta pueden activar una imagen de uno mismo que el individuo hubiera tenido años atrás. Al respecto, dice Mardi Horowitz:[12]

> Si una persona sufre un accidente, en el que pierde un brazo, o si es despedido de su trabajo, la imagen que esa persona tiene de sí misma puede pasar rápidamente de hábil y competente a otra, latente, que lo muestra como defectuoso y carente de valor personal... Supongamos que esa persona tiene una imagen de sí mismo como competente que es predominante y relativamente estable y que, por lo general, le sirve como el organizador principal de sus procesos mentales. Supongamos también que esa persona tiene una imagen de sí mismo latente, inactiva, como incompetente... Cuando esa persona sufre una pérdida o una agresión grave, el hecho contrasta contra ambas imágenes del yo: la competente y la incompetente. Es probable que, durante un tiempo, la imagen de un yo incompetente domine su pensamiento, y lo conduzca a un incremento temporario de su vulnerabilidad.

Trabajando a partir de una visión interpersonal, el psiquiatra Harry Stack Sullivan arribó a un concepto paralelo, que presenta un modelo simple y plausible de cómo aprendemos a cambiar una atención reducida por una reducción de la angustia.[13] Sullivan deduce que las raíces de este proceso se encuentran en la infancia, cuando el niño aprende a encontrar su rumbo en el mundo navegando entre tiernas recompensas por su buen comportamiento y castigos cuando se comporta mal. Cuando quien ejerce el rol de madre manifiesta desaprobación, el niño siente angustia ante la pérdida del afecto. Como en el juego de "frío, frío... tibio, caliente", aprende a actuar para que se produzca un incremento de la aprobación y del afecto y que evite, en lo posible, la reprobación.

En el curso de ese desarrollo resulta inevitable que el niño pase por momentos difíciles, por ejemplo cuando tiene que distinguir los límites entre limpieza y suciedad, o alimentos y otras cosas que no se deben llevar a la boca. El niño pequeño que, de pronto, se ve sorprendido por exclamaciones angustiadas o furiosas de su madre —¡No! ¡Sucio!— puede ser impulsado, repentinamente, según dice Sullivan, "de una moderada euforia a un estado de severa angustia", algo así como un sorpresivo golpe en la cabeza. La gama de actitudes de reprobación por parte de la madre, desde una leve reprimenda hasta la ira, produce un espectro paralelamente escalonado de angustia en el niño. Esos grados de angustia dirigen, de alguna manera, el curso del desarrollo del niño.

El historial de elogios y censuras en la formación del niño termina por definir cómo éste se percibe a sí mismo. Sullivan dice que hay tres tipos de experiencia que son claves para la formación de la identidad: "Con los premios, los distintos grados de ansiedad y la angustia súbita severa, esta última totalmente anuladora, va apareciendo una personificación inicial de tres fases de lo que, finalmente, será el yo". Sullivan denomina a esas tres personalidades el "yo-bueno", el "yo-malo" y el "no-yo".

En el caso del yo-bueno, las satisfacciones han sido reforzadas a través de gestos de ternura y recompensas. El yo-bueno emerge como el sentido de identidad que acumulamos a partir de todas las veces que nos hemos sentido felices de ser un niño bueno, de sabernos amados; ese yo estimula gran parte de nuestro comportamiento a lo largo de la vida. "Tal como termina por desarrollarse —dice Sullivan—, el yo-bueno es a lo que generalmente nos referimos cuando decimos yo." El yo-bueno es lo que nos complacemos en considerar que somos como persona.

Por el contrario, el yo-malo, surge a partir de experiencias, en las cuales diversos grados de desaprobación han generado los correspondientes niveles de angustia en el niño. El yo-malo es el sentido del yo relacionado con la angustia, la culpa y la vergüenza de ser malo. Este tipo de angustia es interpersonal; el niño malo siente que le han quitado el afecto, lo que, a su vez, le genera angustia. El yo-malo aparece en la mente aparejado con aquellas cosas que hacemos o hemos hecho, que lamentamos o de las que nos arrepentimos. Por ejemplo, un irónico escritor recuerda un incidente que sirve para caracterizar al yo-malo:[14]

> …Uno de los pocos recuerdos, insuficientemente reprimidos, de mis patéticos tiempos de la escuela primaria se refiere a una tal Emily Johnson y una Betty no-sé-cuanto que, durante una prueba de matemática, se volvieron hacia mí y luego se pusieron a cuchichear, muertas de risa: "Mira, ahora se está metiendo los dedos en la nariz", dijo Emily. "¡Qué asco!", fue la respuesta de Betty. Miré a mi alrededor, esperando que no se estuvieran refiriendo a mí… pero sí, el objeto de su burla era yo. La angustia de ese momento fue luego reemplazada por una indiferencia total en mis relaciones con el sexo opuesto.

El no-yo abreva en un área de la experiencia muy distinta. El yo-malo suele generar angustia y su contenido —el hecho específico que genera esa angustia— permanece presente en la conciencia. En el caso del no-yo esto no sucede. Ese yo negador de la propia identidad surge a partir de experiencias de lo que Sullivan denomina "emociones aterradoras", que son sentimientos de terror o de peligro tan intensos que interrumpen la capacidad de comprender lo que está ocurriendo. Esas emociones aterradoras sobrepasan la capacidad de elaboración de la mente, y destierran de la conciencia el hecho que las ha causado. Como lo describe Sullivan, los hechos que modelan el no-yo son la consecuencia de "una angustia tan intensa y tan repentina, que hizo que a la personalidad, en ese entonces rudimentaria, le fuera imposible encontrar algún sentido o comprender la naturaleza de esa circunstancia particular que generó la experiencia".

Dado que una angustia tan intensa destruye la capacidad de comprender lo que está sucediendo, es registrada como una confusión rudimentaria. Los esquemas que codifican el no-yo se mantienen fuera de la conciencia: algo sobrecogedor ha ocurrido, pero la persona no puede encontrar palabras para describir qué fue. Esos momentos, dice Sullivan, se caracterizan por un miedo no específico, odio y horror. Al no disponer de un contenido o de un marco de referencia que dé sentido a esos sentimientos tan intensos, bien se pueden describir como "sobrenaturales o aterradores".

Estas experiencias angustiantes alteran el principio organizador de la conciencia, el sistema del yo. A la eficiencia en la organización de la información, Sullivan agrega otro principio que contribuye a la conformación del sistema del yo: la necesidad de evadir la angustia. El sistema del yo, escribió Sullivan,[15] "se organiza debido a la extremadamente desagradable e incómoda experiencia de la angustia; y es organizado de modo tal que permita evitar o minimizar la angustia existente o futura".

El sistema del yo es tanto una especie de radar que alerta contra la angustia como la fuerza que ordena los esfuerzos por evitarla. Se trata de un sistema en alerta permanente, que percibe, como dice Sullivan, "todo lo que no se va a percibir". El sistema del yo desempeña esta misión actuando sobre la misma experiencia.

Sullivan sugiere que este sistema es llevado a esta estratagema porque el mundo exterior no siempre permite que desaparezcan las fuentes de angustia a través de los actos, observación idéntica a la hecha por Richard Lazarus respecto de las opciones para manejar el estrés. Si el espacio que la angustia ocupa en el mundo es inmodificable, entonces la única forma de operar un cambio en esa realidad es modificar el cómo se percibe ese mundo. El niño pequeño, por ejemplo, vive experiencias de frustración muy tempranas, pues no siempre puede obtener lo que quiere: "El descubrimiento que hace el niño de lo inalcanzable, de situaciones en las que es impotente" son inevitables y también generadoras de angustia.

El niño aprende a manejar este tipo de angustias a través de lo que Sullivan denomina "operaciones de seguridad", modificando su propia conciencia para serenarse. "Incluso antes de finalizar la infancia —dice Sullivan— se puede observar que esos objetos inalcanzables llegan a ser tratados como si no existiesen.". Si no lo puedo obtener, se dice el niño, lo negaré.

Con esto, Sullivan, que presentó sus teorías en la década del '40, describió cómo los operativos de seguridad protegen al yo contra la angustia. (Como veremos, Sullivan, un neofreudiano, tomó el modelo de los operativos de seguridad de lo que Freud denominó mecanismos de defensa.) Basándose en lo planteado por Freud, observó que estos operativos se desarrollan "fuera de lo que podemos llamar, adecuadamente, el contenido de la conciencia".

Pero para Sullivan, como para Freud, la teoría era inferida a partir de fenómenos clínicos. Esas evidencias de la experiencia clínica no han sido tomadas en consideración en los círculos de investigación, dado que los datos que corroboran las teorías del médico clínico

—como demuestran los datos sobre el yo totalitario— pueden deberse más a una parcialización de la visión del clínico que a los hechos reales.* En este sentido, Sullivan y Freud son mejores como teóricos que probando sus teorías. De ahí que quedó reservada a la teoría contemporánea sobre el procesamiento de la información ofrecer el marco y la investigación experimental necesarios para probar datos trascendentes. Tanto el marco de referencia como los datos obtenidos demuestran, en términos modernos, cómo el sistema del yo nos protege contra la angustia, parcializando la atención.

---

* De hecho, toda la actividad experimental en las ciencias está dirigida a contrarrestar, precisamente, esas parcializaciones.

La percepción de lo que no hay que percibir

Un esquema elige implícitamente qué será percibido y qué no. Al dirigir la atención hacia un conjunto de significados, ignora a los demás. En este sentido, hasta el esquema más inofensivo filtra la experiencia en base a su relevancia. Este filtro de la percepción se convierte en censor cuando suprime información disponible no sólo en razón de que es irrelevante, sino porque está prohibida.

Tuve oportunidad de preguntar a Ulric Neiser si era posible que existieran esquemas que nos digan "No le prestes atención a esto".[16] "Sí —me contestó—. Estoy seguro de que esos esquemas existen, y a diversos niveles. Muchas veces no son ni muy sutiles ni muy interesantes. Probablemente comienzan a partir de casos como el de aquella mujer con la sombrilla blanca que pasó inadvertida mientras la gente miraba el video sobre el partido de básquet. No distraen la atención de la tarea que uno tiene entre manos. Pero el mecanismo sería igual si se sospechara qué es lo que se podría ver allí, si uno se detuviera a mirar, y se decidiera que es preferible no ocuparse de ello. Entonces, en lugar de mirar, simplemente desvía su atención. Entra en acción un esquema de distracción que mantiene la vista fija en otra cosa."

En una serie de estudios realizados en la década del '60, Lester Luborsky demostró las características de ese mecanismo en acción.[17] Utilizó una cámara especial para registrar el objeto hacia el que se dirigía la visión cuando la gente miraba un cuadro. La cámara monitoreaba un pequeño punto luminoso reflejado desde la córnea del ojo, para determinar el punto exacto de observación; es un sistema relativamente disimulado y no interfiere con la línea de visión del individuo.

Luborsky hizo que las personas incluidas en el ensayo miraran una serie de diez cuadros y dijeran cuáles les gustaban y cuáles les provocaban rechazo. Tres de los cuadros tenían un contenido sexual.

Uno de ellos, por ejemplo, mostraba el contorno del seno de una mujer, detrás del cual está sentado un hombre leyendo el diario. Hubo quienes tuvieron una performance realmente llamativa. Fueron capaces de evitar que la vista rozara siquiera las partes más sensuales de la imagen. Cuando se les preguntaba, algunos días después, qué cuadros habían visto, recordaban poco o, al menos, nada particular con respecto a los mismos. Hubo quienes ni siquiera recordaban haberlos visto.

A fin de evitar la visión, algún elemento en la mente debe haber sabido, en primer lugar, qué contenían las imágenes para saber que había que evitarlas. La mente, de alguna manera, capta lo que ocurre y se apresura a ubicar un filtro protector, desviando, así, a la conciencia de lo que puede resultar amenazante.

Un chiste gráfico publicado por el *New Yorker* muestra el mismo efecto. Una señora mayor, muy atildada, está en un museo, delante de un enorme y realista óleo de *El rapto de las sabinas*. Su mirada se concentra, muy interesada, en la firma del artista, en uno de los ángulos inferiores del cuadro.

Neiser denomina a esos programas para no percibir "esquemas de distracción". Constituyen un tipo de esquemas especiales que yo denomino metaesquemas: esquemas que dictan el funcionamiento de otros esquemas*. En este caso, los esquemas indican a la atención que no registren en la conciencia los objetos prohibidos.

Lamentablemente, nuestro idioma no nos ofrece un término más preciso para identificar este concepto que "esquemas de distracción". Por lo tanto, utilizaremos un término tomado del latín, "laguna", proveniente de la palabra *lacuna*, que significa espacio o hueco, para referirnos a este tipo de mecanismo mental que representan los esquemas de distracción. Una laguna es, por lo tanto, un mecanismo de la atención que crea un hueco defensivo en la conciencia. Sintetizando, las lagunas son las creadoras de los puntos ciegos.

Las lagunas son los equivalentes psicológicos de los opioides y del efecto de desatención que éstos provocan. Las lagunas son agujeros negros en la mente, que distraen la atención de determinados frag-

---

* Existe otro tipo de metaesquemas; por ejemplo, las normas lingüísticas que guían a la comprensión y el uso de un idioma. Es difícil detectar los metaesquemas en forma directa. Un lingüista puede inferir las normas que rigen a un idioma, al cabo de exhaustivos estudios, pero quien habla ese idioma es totalmene incapaz de explicar cómo ordena las palabras en una oración o cómo hace para entender lo que oye. Lo hacen por él los metaesquemas lingüísticos, ineludiblemente fuera del área de la conciencia.

mentos de la realidad subjetiva, específicamente cierta información generadora de angustia y ansiedad. Operan sobre la atención como un mago que distrae a su audiencia haciéndola mirar hacia "allá", mientras que "aquí" hace desaparecer los elementos que conforman su truco.

Se supone que fue una de estas lagunas lo que estaba activado en las personas que cuidadosamente evitaban ver el seno de una mujer en el cuadro, en el experimento de Luborsky. El psicólogo Donald Spence observa que la mirada, sistemáticamente, evitaba el área prohibida del seno, sin tocarla siquiera una vez. "Estamos tentados a deducir —comenta Spence— que el sistema de evasión no opera al azar, sino en forma altamente eficiente: la persona sabe exactamente qué es lo que no debe mirar."

En su intento por descubrir qué es lo que hace posible ese mecanismo, Spence sugiere que debe existir una parte del sistema visual que

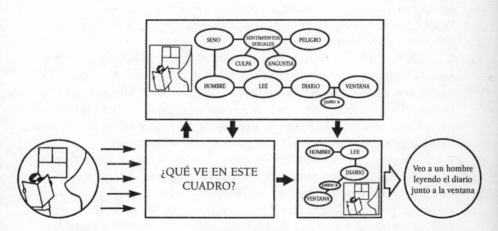

FIGURA 13. Cómo se forma una laguna: Cuando alguien mira un cuadro que muestra el seno de una mujer y un hombre leyendo el diario, y su ojo evita el seno por completo, se produce el flujo de información arriba indicado. El almacenamiento sensorial —o alguna función previsual— capta toda la imagen, luego el filtro desglosa lo que se verá (las zonas neutrales) y lo que se ignorará (el seno). Sólo las zonas neutras pasan a la conciencia. La respuesta: "Veo a un hombre leyendo el diario junto a una ventana".

realiza una "visión previa", ve el seno desnudo en visión periférica, lo señala como un área de peligro psicológico y dirige la mirada hacia las áreas neutrales o "más seguras". Toda esa operación nunca llega a nuestra conciencia.

Al comentar este efecto, que también fue denominado "la defensa perceptual", Jerome Bruner, uno de los primeros en estudiar el tema, formuló la siguiente pregunta: "¿Cómo es posible que la gente sepa que algo es potencialmente peligroso, si antes no lo puede ver? ¿Hay algún mecanismo que permita que un 'perceptor' decida si abrirle o no la puerta a la percepción y dejarla pasar?".

La pregunta de Bruner encuentra respuesta en nuestro modelo de la mente; una maniobra como la planteada puede ser lograda con toda facilidad, como lo demuestra la figura 13.

Otro caso evidente de este tipo de lagunas son las alucinaciones negativas inducidas por hipnosis. Por ejemplo, el hipnotizador da la instrucción de no ver una silla. Cuando la conversación comienza a girar en torno de la silla, el sujeto bajo hipnosis queda con la mente en blanco: informa que sus pensamientos toman otros rumbos y que no logra concentrarse en ellos, que no tiene percepción ni recuerdo de lo que piensa. Cuando se indica al individuo en esa situación que olvide lo que sucedió durante la sesión, la amnesia posthipnótica parecería funcionar de la misma manera.

"Creo que existe mucha represión de este tipo en la vida cotidiana —dice Neiser—. Hay muchas limitaciones y evasiones en cuanto a la manera en que se ve la realidad. Un caso obvio de esa actitud es cuando uno va al cine y cierra los ojos ante las escenas de violencia sangrienta. Pero hacemos lo mismo cognoscitivamente con respecto al hecho de hacia dónde llevamos nuestra mente y de qué la apartamos.

"Todos hacemos esto. Si pensamos en el tema, nos damos cuenta de que todos tenemos algunas experiencias dolorosas en la vida que, en un momento determinado, decidimos no analizar más. Decidimos no tomar más conciencia de ese hecho y, por lo tanto, evitamos utilizar las habituales estrategias de recuperación. Uno termina por desarrollar una gran habilidad para eso de no recordar lo que resulta doloroso."

"Qué es doloroso" constituye una percepción que varía de persona a persona. A la mayoría de la gente, por ejemplo, le resulta fácil evocar recuerdos positivos y más difícil rememorar hechos dolorosos. Sin embargo, para la persona que sufre de depresión, es más difícil evocar los recuerdos positivos que los negativos. El sistema del yo es, en parte, un mapa de esas áreas dolorosas. Cuando la autoestima se encuentra baja, cuando el sistema del yo se siente vulnerable, esos puntos dolorosos tienen un peso muy grande. Pienso que, en los lugares donde están ubicados esos nódulos de dolor, las lagunas desempeñan un rol protector, al defender al sistema del yo de la angustia.

Los estudios realizados por dos investigadores rusos demuestran ese efecto.[18] Estos investigadores proyectaron subliminalmente una lista de palabras y pidieron a las personas sujetas al ensayo que adivinaran qué palabras se habían proyectado. Algunas de ellas tenían un contenido emocional particular; por ejemplo, a un hombre, acusado de robo, se le proyectó la palabra robar. Los rusos detectaron la presencia de algo así como lagunas: a las personas les resultaba particularmente difícil detectar la presencia de palabras que tenían alguna carga emotiva, al tiempo que las mediciones cerebrales revelaban una respuesta cerebral mucho más intensa frente a las mismas. Howard Shevrin, trabajando con pacientes en la clínica psicológica de la Universidad de Michigan, obtuvo resultados similares.[19]

Las evasiones son instrumentadas por esquemas de distracción. Vernon Hamilton presenta un análisis de cómo podría operar uno de esos esquemas.[20] Tomemos a alguien que coincide con la afirmación "Prefiero estar solo", planteada en un cuestionario sobre la personalidad. Esta afirmación es un postulado acerca de uno mismo, un esquema dentro del sistema del yo. Podría incluir varios esquemas interrelacionados, que Hamilton presenta en la figura 14.

Estos esquemas podrían reflejar a una persona que se siente insegura y desprecia a las multitudes, a quien le gusta que lo dejen tranquilo y disfruta de sus propias ensoñaciones y que, por otra parte, se siente socialmente inferior y piensa que nadie lo quiere. La misma afirmación —Prefiero estar solo— en otro individuo podría ser considerada desde una perspectiva totalmente distinta: esquemas que sugieren confianza en sí mismo, independencia y satisfacción con lo que se es y lo que se tiene.

Si pudiéramos diseñar los esquemas del yo de una persona, sombreando en color rojo los que constituyen una amenaza para la autoestima o que, de alguna otra manera, producen angustia, podríamos detectar matices más o menos rojos donde existe mayor probabilidad de producción de lagunas. Por ejemplo, en los esquemas que se muestran en la figura 14, los indicados bajo el título "multitudes" estarían coloreados de un rosa suave, los que se encuentran bajo "ensoñación" serían de color casi blanco neutro, mientras que los que se encuentran bajo "preocupación" serían de color rojo vivo.

Si las circunstancias desencadenaran esos esquemas "preocupantes", una de las formas en que la mente podría enfrentar la amenaza de la angustia es a través de un esquema de distracción. De modo que si el pensamiento "estar solo" conduce a pensamientos que implican

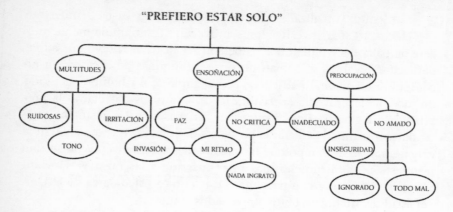

"PREFIERO ESTAR SOLO"

FIGURA 14: Esquemas implícitos en la afirmación "Prefiero estar solo": éstos son los esquemas que podrían ser activados por ese pensamiento en una persona insegura y aprensiva.

sentirse ignorado y no amado, la mente podría soslayar esos pensamientos inquietantes y sustituirlos por la asociación de "paz, a mi propio ritmo" y "multitudes ruidosas e invasoras". El resultado sería el pensamiento consciente "me gusta estar solo: es tranquilo y puedo moverme a mi propio ritmo. Además, las multitudes son invasoras e irritantes". Entretanto, el pensamiento "cuando estoy solo me siento ignorado y no amado" permanece inconsciente, a pesar de que desencadenó sus sustitutos.

Hamilton sugiere una dinámica similar para el funcionamiento de la laguna. Ofrece el ejemplo hipotético de una persona sumamente angustiada antes de rendir un examen, que teme que será aplazada. Si a esta persona se la enfrenta a la palabra "aplazo" delante de un taquistoscopio, de modo que este aparato registre lo que ocurre fuera de su conciencia, y luego tuviera que adivinar cuál era la palabra, se podría verificar el siguiente proceso:

En primer lugar, el término "aplazo" es registrado en el almacenamiento sensorial. Allí es analizado por el esquema relevante mantenido en la memoria de largo plazo, la cual activa el programa para la atención selectiva. El término "aplazo" es bloqueado y eliminado por el filtro. En cambio, conocimientos como "sustantivo común", "empieza con 'a'", "termina con azo", son transmitidos al consciente. Entretanto, esquemas del tipo "tengo miedo", "aprobar exámenes", "tengo que contestar rápidamente", y otras asociaciones afines a estos esquemas e igualmente preocupantes, son activados en la memoria de largo plazo.

Lo que llega a la conciencia es: "a...azo". La palabra que menciona la persona como probable es: "abrazo".

Cuanto más angustiada se encuentre una persona, dice Hamilton, tanto mayor es el número de esquemas que codifican una percepción de amenaza, peligro o aversión. Cuanto más extendidos y elaborados estén esos esquemas en su red cognoscitiva, más probable será que sean activados por las distintas circunstancias que ocurran en su vida. Y cuanto mayor sea la cantidad de esquemas temerosos que se activen, más confiará el individuo en las maniobras de evasión, a fin de evitar la angustia que los mismos evocan. Su atención será "lagunosa", marcada por huecos. Cuanto más grandes e intensas sean las estrategias utilizadas para la negación, mayor será el daño sufrido por la conciencia. Las lagunas tienen un alto precio: terminan por generar un déficit de la atención tan importante como el que hubiera sido causado por la angustia contra la que pretenden proteger.

La mente utiliza una gran cantidad de esquemas de distracción. El panorama más detallado de su funcionamiento se encuentra en la obra de Freud. De modo similar, el método más refinado para detectar y corregir estos autoengaños es el psicoanálisis.

Secretos
ante uno mismo

En *Recuerdos de la casa de los muertos,* Fedor Dostoievski escribió: "Todo hombre tiene recuerdos que no contaría a nadie más que a sus amigos. Otras cosas hay en su mente que ni siquiera revelaría a sus amigos, sino sólo a sí mismo, en absoluto secreto. Pero hay otras cosas que el hombre teme incluso contarse a sí mismo, y todo hombre decente tiene una cantidad de esas cosas guardadas en su mente".

La observación de Dostoievski plantea una difícil pregunta: ¿A cuál de esas categorías pertenece el secreto de John Dean, su informe distorsionado de los acontecimientos del 15 de septiembre de 1972? ¿Pertenecía al tipo de secretos que sólo se admiten ante un amigo? ¿O a los que se revelan sólo ante uno mismo? ¿O ni siquiera a ésos? Cada una de esas categorías representa un mayor distanciamiento del control consciente.

Si el secreto de Dean correspondía a la primera o segunda categoría, su narración de los hechos fue una maniobra deliberada. En ese caso, lo que quedó registrado en los archivos del Congreso fue un informe distorsionado, una mentira. Pero si correspondía a la tercera categoría, su informe fue la mejor versión de la realidad que él era capaz de presentar en ese momento. La tergiversación estaba en su memoria, no en su informe sobre la misma. Era un secreto ante sí mismo.

Los secretos que se tienen ante uno mismo sólo son recuperables bajo circunstancias extraordinarias. Una de las técnicas destinadas a recuperar ese tipo de secretos es el psicoanálisis; mantenerlos ocultos es lo que Freud denominó "represión". La represión (en el sentido más amplio, que tiene que ver con las defensas en general) fue para Freud la clave de su ciencia, "la piedra fundamental sobre la cual descansa toda la estructura del psicoanálisis".

En su ensayo *Represión,* Freud presentó su definición básica: "La esencia de la represión está, simplemente, en la función de rechazar y mantener algo fuera del consciente".[21] Si bien esta definición no lo dice, el propósito de los escritos de Freud fue reservar el término "represión" para el acto de mantener fuera de la conciencia una sola clase de ítem: aquellos que son psicológicamente dolorosos. Ese dolor puede ser de distintos tipos: traumas, ideas intolerables, sentimientos insoportables, angustia, culpa, vergüenza, y otros por el estilo. La represión es la quintaesencia de la laguna; reduce el dolor mental al atenuar la conciencia, al igual que la negación, su prima hermana.

El concepto de represión sufrió muchas mutaciones en los escritos de Freud y fue refinado aún más con el trabajo de las sucesivas generaciones de sus seguidores.[22] Esta evolución conceptual culmina en el "mecanismo de defensa", que es el mapa más detallado, hasta la fecha, de cómo la atención y la angustia se interrelacionan en la vida mental.* Los mecanismos de defensa, como veremos, son recetas acerca de cómo mantener los secretos ante uno mismo. Las defensas son mecanismos de distracción que se activan en tándem con la información dolorosa; su función es paliar el dolor desviando la atención.

La represión desempeña un papel central en el drama del psicoanálisis. Se reprimen los momentos dolorosos o los impulsos peligrosos, a fin de aliviar la carga de la angustia mental. Pero esta táctica sólo tiene éxito a medias: los dolores contra los que el individuo se defiende con tanta fuerza falsean la atención y sesgan la personalidad. La tarea del psicoanálisis es superar esas defensas y llenar las lagunas.

El paciente analizado resiste ese asalto a sus defensas. Su resistencia toma diversas formas, inclusive la incapacidad de hacer asociaciones libres con toda libertad. Cada vez que sus pensamientos se inclinan hacia una zona de conciencia protegida por sus defensas, se activa un esquema de distracción y sus asociaciones se tergiversan o soslayan. Por esta razón, observó Freud, las asociaciones libres no son realmente libres. Están gobernadas por los dos tipos de secretos dostoievskianos: algunos de ellos son conocidos por el paciente pero éste los oculta ante el analista, y otros permanecen ocultos hasta para el mismo paciente.

Freud concibió esas zonas prohibidas como centradas alrededor de un recuerdo clave, por lo general de un momento traumático de la

---

* Freud utilizó el concepto de mecanismos de defensa, básicamente, en términos referidos a ahuyentar impulsos inconscientes, sexuales u hostiles. En este trabajo, se extiende el concepto para incluir, en términos generales, toda información que genera angustia.

infancia. Los recuerdos están agrupados por temas, una serie especialmente rica en esquemas, a la manera de un archivo de documentos. Cada tema está dispuesto en forma de capas, como la piel de una cebolla, alrededor del núcleo constituido por la información prohibida. Cuanto más nos vamos acercando a ese núcleo, tanto más intensa se vuelve la resistencia. Los esquemas más profundos son los que guardan, codificados, los recuerdos más dolorosos y suelen ser los más difíciles de activar. "Los estratos más periféricos —escribió Freud—[23] contienen los recuerdos [o archivos] que son fáciles de recordar y siempre fueron muy claramente conscientes. Cuanto más hondo penetramos, más difícil se hace el reconocimientos de los recuerdos que van emergiendo, hasta que, ya cerca del núcleo, llegamos a recuerdos que el paciente niega, incluso mientras los está reproduciendo."

La amenaza más sutil de la represión es el silencio con que la misma se produce. El acto de desplazar el dolor de la conciencia no genera ninguna señal, ninguna advertencia: el "sonido" de la represión es, simplemente, un pensamiento que se esfuma. Freud lo volvía a encontrar sólo en forma retrospectiva, reconstruyendo qué era lo que había ocurrido con sus pacientes en algún momento del pasado.

Las defensas de este tipo operan como si estuvieran ocultas detrás de velos, dentro de la percepción; no tomamos conciencia de ellas. Al respecto, R. D. Laing observa:[24]

> Los mecanismos de la percepción que estamos discutiendo, por lo general no son percibidos. Son tan pocas y tan raras las veces en que uno se da cuenta de que está percibiendo algo, que me habría sentido tentado de considerar que estos mecanismos no constituyen, en esencia, elementos integrales de la experiencia, si no fuera porque a mí mismo me fue posible, ocasionalmente, captarlos por instantes muy breves y, sobre todo, si otros no me hubieran informado sobre experiencias similares. Incluso cuando resulta tan difícil y, a veces, casi imposible descubrir la presencia de esos mecanismos de defensa en uno mismo, resulta relativamente fácil detectarlos en los demás.

Este punto induce a Laing a proponer la existencia de algo muy similar a una laguna, un dispositivo mental que "opera sobre nuestra percepción de esos mecanismos" a fin de borrarlos de nuestra experiencia. Esto se produce de manera tal que no tomamos conciencia ni de las operaciones que anulan aspectos de nuestra experiencia ni de las operaciones secundarias que excluyen a las primeras de nuestra percepción. Todo esto se desarrolla detrás de una cortina mental, como apagados susurros de pensamientos que desaparecen en el silencio. Sólo podemos percibir esa brecha de nuestra percepción cuando algún hecho posterior nos pone frente a frente con ella.

El novelista Leslie Epstein ha captado muy bien ese dilema. Epstein pasó un año en el YIVO, un instituto para investigaciones judaicas, leyendo sobre el Holocausto a fin de reunir información para su libro *King of the Jews*. Más tarde, el autor dijo al respecto:[25]

> Hace algunos años escribí un breve relato sobre este período y lo califiqué de "experiencia estremecedora". ¡Qué estupidez mayúscula! Lo más terrible de ese año fue que mi corazón y mi organismo todo siguió viviendo alegremente, sin que lo afectaran esas historias de espanto infinito. Creo que al poco tiempo de llegar al Instituto y ponerme a trabajar en el tema, algo en mí percibió que si me iba a abocar al estudio de ese material —y, además, a su elaboración novelada—, tendría que bajar una cortina de hierro psíquica entre mí mismo y esos relatos sobre el drama judío del Holocausto. Es así cómo pasé todo un invierno envuelto en mi sobretodo —el YIVO no sólo es ruidoso, también es muy frío— leyendo con una espantosa y objetiva calma todo ese material.

Epstein confiesa su secreto: no se sintió afectado por esos dramáticos relatos. ¿Cómo es posible que tuviera esa indiferencia? Él mismo deduce que debe haber sentido la necesidad de bajar una cortina protectora entre lo que leía y su psiquis. Pero no sabe en qué momento bajó esa cortina de hierro ni recuerda haber oído su impacto al cerrarse. No cabe duda de que es imposible recordar ese momento. Parecería que el acto de la represión es reprimido juntamente con lo que él mismo reprime.

Pero la estrategia de represión de Epstein constituyó, en el mejor de los casos, un éxito a medias. Epstein se sintió culpable por su falta de sentimientos. Mientras leía con fría indiferencia, pensó: "Esta indiferencia mía recibirá su castigo; tendré horrendas pesadillas". Pero las pesadillas no aparecieron. En cambio, sus sentimientos sufrieron una extraña deformación. Una señal de esa deformación fue que su libro sobre el Holocausto resultó escrito con un tono tal de despreocupación que hubo una respuesta indignada por parte de muchos lectores. Otra señal fue que aplicó, en general, una especie de sordina a sus sentimientos en todos los ámbitos de su vida:[26]

> Lo que noté fue una falta de respuesta, no tanto a los horrores del pasado como a los horrores que me rodeaban. John Lennon fue asesinado,

un Papa y un Presidente fueron heridos: enfrenté ambos hechos con cierta indiferencia, viéndolos sólo con un leve interés por la patología social que me rodeaba. La tierra se vio sacudida por terremotos, se derrumbaron montañas, se tomaron rehenes y, lo peor de todo, amigos y colegas sufrieron los golpes y las vicisitudes de la vida. Todo lo que yo hice —como Trigorin, el maldito personaje de La Gaviota de Chejov— fue tomar nota. El mundo era algo chato y desabrido... Y no sólo las calamidades cotidianas, sino también los placeres, grandes y pequeños, me resbalaban como el agua sobre el plumaje de los patos.

Epstein se da cuenta de que fue víctima de su propio "truco irónico": "Fue como si hubiera hecho un pacto con mis emociones para no sentir, no responder; pero había olvidado fijar un plazo en el que ese pacto llegara a su fin". Sin embargo, todas esas emociones no percibidas empezaron a insinuarse en sus escritos y fueron canalizadas hacia su próxima novela. Un día se dio cuenta de que ese segundo manuscrito estaba lleno de dolor y de muerte, de heridas y tortura. El horror del que se había aislado y que había reprimido en su libro sobre el Holocausto fue transferido a una novela que se desarrolla en California. "De inmediato me di cuenta —escribe Epstein—[27] que todo el horror que no había volcado en las páginas de mi novela sobre el Holocausto estaba resucitando, como una forma de venganza. Esos miles de cadáveres desaparecidos ejercían una terrible presión... Era como un pacto perverso, un trato cuyo sentido más profundo nunca ha sido comprendido por quien lo cierra, una versión del Aprendiz de hechicero, en la cual los poderes buscados para animar, para imaginar, para controlar, se convierten, gracias a su constante repetición, en la fuente de la propia destrucción."

La de "pacto perverso" es una descripción adecuada del proceso de la represión. Un trato en el que, a cambio de obtener una reducción de la angustia, hay que pagar con una atención disminuida o, en el caso de Epstein, que citamos como ejemplo, con una anulación de las emociones, a cambio de la capacidad de convertirse en simple observador de una realidad espantosa. Pero este tipo de pactos perversos conlleva un precio muy alto. Y, lo que es peor, no termina de cumplir totalmente con su objetivo: el terror y la repugnancia acaban filtrándose, con disimulo, hasta la conciencia, corrompiendo pensamientos inocentes.

¿Cómo hizo Epstein para silenciar tan bien sus emociones? Esa represión, ¿comenzó a generarse sólo en las heladas y ruidosas salas del VIVO? Si damos crédito al trabajo de introspección realizado por el propio Epstein, la realidad es otra:[28] "Creo que la censura emocional que puse en práctica en el VIVO no puede ser responsable, por sí sola, de esa reaparición a gran escala de lo que creo poder denominar 'lo reprimido'. ¿Cuándo, en qué otro momento de mi vida volví deliberadamente la espalda a mis sentimientos?... Fue hace treinta años cuando falleció mi padre, y mi hermano y yo no fuimos llevados al funeral". En lugar de participar del duelo familiar, se llevó a los niños al cine, a ver una película infantil, y luego a un museo en el que se exhibía una réplica del avión de Charles Lindbergh, *The Spirit of St. Louis*. El dolor de los niños fue tapado con diversión.

Según Freud, la represión se castiga con la repetición. Las experiencias dolorosas que no se han afrontando se vuelven a repetir, inconscientemente, una y otra vez. No nos damos cuenta de esas repeticiones porque los mismos esquemas de distracción que reiteramos evitan que esa repetición pase al área de nuestra conciencia. Por un lado, olvidamos que ya hicimos eso mismo con anterioridad y, por el otro, no tomamos conciencia de lo que estamos repitiendo. El autoengaño es total.

Olvidar y olvidar que hemos olvidado

Las reflexiones de Epstein tienen su paralelo en lo que suele revelarse en una sesión de psicoanálisis. Su represión y el secreto desenterrado de la infancia constituyen el modelo típico de una laguna. El centro traumático se encuentra en el día en que fue al cine en lugar de ir al funeral de su padre. A cierta distancia de este hecho, pero en el mismo archivo mental (para utilizar la definición de Freud), se encuentra el tratamiento novelado y ligero que dio al tema del Holocausto. El capullo que encierra ambas fuentes de dolor —y, probablemente, otras similares en distintos momentos de su vida— es la represión de los sentimientos, la cauterización mental del dolor.

Sin embargo, esta cauterización es un autoengaño. El dolor termina por filtrarse, porque la represión es demasiado masiva. Epstein pierde empatía para con quienes lo rodean y capacidad de sentir plenamente sus propias emociones. Su lado creativo le indica que el dolor, aun cuando no sea conscientemente percibido, está al acecho: su novela sobre California parece un libro sobre el Holocausto.

Cabe observar que la maniobra mental de Epstein no consiste simplemente en la represión de un recuerdo doloroso. Recuerda los detalles, el funeral al que no fue y la película que vio. Lo que se ha reprimido es el dolor de esa vivencia. Aplica la misma estratagema para el estudio del material sobre la masacre de los judíos durante el Holocausto al que —como dice en otra parte de su escrito— asocia con su padre muerto. Se sumerge en los detalles de la agonía de las víctimas, pero excluye la percepción de la agonía misma.

La táctica de focalización de la atención de Epstein no es sino uno de los muchos tipos de represión que existen. A medida que el concepto de represión de Freud se fue perfeccionando, presentó muchas otras formas en que la mente es capaz de evitar que pensamientos y recuerdos dolorosos pasen al área de la conciencia. El simple olvido general es sólo uno de los muchos recursos que utiliza la mente para este fin.

A medida que Freud iba reuniendo mayor cantidad de datos clínicos a partir del psicoanálisis, fue describiendo una cantidad cada vez mayor de ese tipo de lagunas. Sus discusiones de casos procuraban, en parte, desentrañar las complejidades de esas maniobras. Por ejemplo, en dos historias clínicas, las de "El hombre de las ratas" y "Dr. Schreber", Freud revela más de una docena de esas maniobras, aun si no siempre utiliza para las mismas las denominaciones bajo las cuales se las fueron conociendo más adelante.[29]

El nombre general con el que Freud designó esas maniobras mentales fue "defensas", a pesar de que también utilizó la fórmula "represión en el sentido más amplio", porque todas las técnicas de defensa, en su opinión, implicaban un cierto grado de represión. Sean cuales fueren las características específicas de las defensas, todas ellas comparten con la represión la misma finalidad y el mismo objetivo: constituyen dispositivos cognoscitivos para modificar y distorsionar la realidad a fin de evitar el dolor.

La única diferencia que existe con el proceso de represión de Epstein radica en la capacidad de éste para informar sobre ella. Como señaló Freud:[30] "Esta capacidad de evitar, con regularidad y sin esfuerzo alguno... cualquier cosa que, en algún momento, resultó angustiante, nos ofrece el prototipo... de la represión. Es un hecho conocido que gran parte de esa tendencia a eludir todo aquello que angustia y perturba —la política del avestruz— puede ser observada incluso en la vida mental normal del adulto".

Los mecanismos de defensa son, en esencia, trucos de la atención a los que recurrimos para evitar el dolor. Son la herramienta para implementar la actitud típica del avestruz. Estos autoengaños no se limitan a las sesiones psicoanalíticas. Freud lo dice con total claridad: todos los utilizamos.

La forma en que una defensa determinada genera un punto ciego puede ser analizada utilizando el modelo mental descrito en la Segunda Parte de este libro. Cada estrategia defensiva funciona de manera ligeramente distinta, y tomadas como un todo, indican la forma tan ingeniosa en que el mecanismo normal de la mente puede ser modificado a fin de evitar la angustia. Como señala Erdelyi, este tipo de deformación en la percepción puede producirse prácticamente en cualquier punto del flujo mental, desde el primer milisegundo de contacto con un estímulo hasta la activación de un recuerdo lejano.[31]

Existe una variedad casi infinita de tácticas específicas para crear una parcialización de la percepción que conduzca a un punto ciego. Como lo formula Erdelyi, "la parcialización comienza al principio y sólo termina al finalizar por completo el procesamiento de la información", de modo que "esta información puede ser distorsionada en innumerables formas a los fines de generar defensas".

A continuación se explican brevemente las formas de defensa más comunes descritas en la literatura psicoanalítica y se analiza, tentativamente, cómo funciona cada una de ellas, teniendo en cuenta el modelo mental presentado en este trabajo.

REPRESIÓN: OLVIDAR Y OLVIDAR QUE SE HA OLVIDADO

Freud reservó el término "represión", en su sentido más limitado, para la simple defensa de mantener un pensamiento, un impulso o un recuerdo al margen de la conciencia. En la actualidad, el concepto se ha ampliado y represión significa la defensa mediante la cual se olvida y, a continuación, se olvida que se ha olvidado. Dado que todas las defensas comienzan con la deformación esencial de la realidad que significa esa supresión, la represión es el elemento fundamental de todas las demás defensas. R. D. Laing nos relata una historia relativa a él mismo, que constituye un ejemplo de la represión en acción:[32]

> Cuando yo tenía trece años, tuve una experiencia sumamente avergonzante, sobre la que quiero evitar entrar en detalles. Unos dos minutos después de producido el hecho, me di cuenta de que estaba borrándolo de mi mente. Ya lo había olvidado casi por completo, para ser exacto, estaba en el proceso de cerrar el ciclo, olvidándome de que lo había olvidado. No sé cuántas veces lo habré hecho antes... Estoy seguro de que aquélla no fue la primera vez en que recurría a esa trampa de la memoria ni la última, pero supongo que la mayoría de las veces la represión fue tan eficaz, que todavía tengo olvidado lo que olvidé.

Los grandes candidatos a ser reprimidos son los deseos sexuales considerados inaceptables (como tener relaciones íntimas con la madre o con el padre), impulsos agresivos (como los relacionados con el deseo de matar a uno de los padres o hermanos), fantasías avergonzantes y sentimientos espantosos y, sobre todo, recuerdos profundamente perturbadores. Los signos de la represión incluyen, por supuesto, la paradoja de que si reprimimos esos temas, no quedará ni el menor rastro de que los hayamos reprimido. Aparentemente, esos pensamientos han muerto.

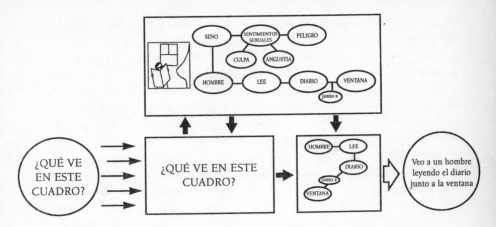

Figura 15: Anatomía de la represión: la información reprimida no puede ser recuperada por la memoria, aun cuando la trayectoria original de la información haya pasado, en algún momento, a través de la percepción consciente.

Utilizando nuestro modelo de la mente, se puede ver que la información reprimida ha pasado a la memoria de largo plazo. Este pasaje podrá haberse producido a través de la conciencia. Pero la represión bloquea sus futuras vías de acceso a la misma. A pesar de que los esquemas para esta información permanecen en la memoria, no pueden ser recuperados (al menos no bajo circunstancias normales; el psicoanálisis, entre otras tácticas, puede romper ese bloqueo). Una vez que entra en acción el mecanismo de la represión, el hecho de que la información ha sido reprimida se olvida y, por lo tanto, ni siquiera se intenta recordarla.

NEGACIÓN Y REVERSIÓN: LO QUE ES, NO ES; ES LO OPUESTO LO QUE ES

La negación es, como su nombre lo indica, el acto de negarse a aceptar las cosas tal como realmente son. Si bien no se borra de la conciencia todo el hecho, como sucede en el caso de la represión, los hechos son reacomodados para enturbiar la realidad. "Te odio" se convierte en "Yo no te odio". La negación es la primera y más común reacción ante una pérdida abrumadora. Un paciente al que se le informa que le quedan sólo unos pocos meses de vida suele negar ese hecho. En el paciente que sufre de una enfermedad terminal, esa negación suele ser pasajera y dar paso a otros sentimientos, por ejemplo, la ira. Pero en el paciente neurótico, la negación se convierte en una constante de la conciencia y el sistema de defensa preferido.

La reversión va un paso más allá de la negación. El hecho es negado y, a continuación, transformado en su opuesto: "Te odio" se convierte en "Te amo"; "Estoy triste" se transforma en "Estoy contento". La reversión (a veces denominada "formación reactiva") es una forma práctica de depurar impulsos incontrolables. El impulso a ser sucio es transformado en una obsesión por la limpieza; la ira cambia por un exagerado impulso de nutrir y proteger.

En el marco de nuestro modelo, para lograr la negación, la información ingresa en la memoria inconsciente sin pasar primero por el consciente. Una vez alojada en el inconsciente, la información negada sufre una reversión y pasa a la conciencia.

PROYECCIÓN: LO QUE ESTÁ ADENTRO SE ENVÍA HACIA AFUERA

Cuando los sentimientos se convierten en una carga demasiado pesada, la mente los puede manejar a distancia. Una forma de distanciarse de los propios sentimientos es hacer de cuenta que no son propios, sino ajenos. La fórmula para la proyección de los sentimientos propios en un tercero incluye dos etapas: la negación y la expulsión. Primero, el sentimiento, la idea o el impulso que provocan angustia es negado y bloqueado frente a la conciencia. Después, el individuo expulsa esos sentimientos, los localiza en otro: mi ira contra el otro desaparece para ser sustituida, misteriosamente, por su ira hacia mí. Una vez expulsada y localizada en otra persona, la parte del yo proyectada se puede enfrentar como si fuera algo totalmente extraño que, sin embargo, conlleva una gran similitud con el original olvidado. Al igual que en la reversión, la proyección transforma los datos negados y transferidos al inconsciente. Una vez modificados, esos datos vuelven a la conciencia.

AISLAMIENTO: HECHOS SIN SENTIMIENTOS

El aislamiento es una supresión parcial de la experiencia, una seminegación. No se reprime un hecho desagradable, sino que se suprimen los sentimientos que el mismo genera. De esa manera, los detalles pueden permanecer en la conciencia, pero despojados de su connotación repugnante. La atención se concentra en los hechos y anula todos los sentimientos relacionados con él. El resultado es una versión suavizada de esa experiencia, en la cual los hechos no se alteran pero carecen de cualquier tipo de sentimientos concomitantes. Ésa era la táctica aplicada por Epstein para aislarse del impacto que le causó la muerte de su padre y, supuestamente, también explica su aparente indiferencia frente al Holocausto.

RACIONALIZACIÓN: ME INVENTO UNA HISTORIA SUSTITUTA

La racionalización, una de las estrategias más frecuentes, permite la negación de los verdaderos motivos "tapando" los impulsos negativos con un manto de racionalidad. Con una técnica similar a la del aislamiento, la atención se concentra en los hechos pero bloquea los verdaderos impulsos que hay detrás de ellos y los sustituye por otros. La racionalización es una mentira tan pulida y refinada, que es posible hacerla creíble para uno mismo y para los demás sin pestañear. "Lo hago por tu propio bien" y "Esto me duele más a mí que a ti" son indicios claros de una racionalización, una defensa que suelen usar los intelectuales entre cuyos talentos psicológicos se incluye la convincente creación de excusas y coartadas.

SUBLIMACIÓN: LA SUSTITUCIÓN DE LO AMENAZANTE POR LO INOFENSIVO

A través de la sublimación se satisface, indirectamente, un impulso inaceptable, para derivarlo hacia un objeto socialmente aceptable. La fórmula es la siguiente: se conserva el impulso socialmente objetable pero se elige como destinatario del mismo un objetivo socialmente deseable. En el desplazamiento —una maniobra similar—, el impulso se dirige hacia cualquier otro objeto, aceptable o no. La sublimación permite la canalización de los instintos en lugar de reprimirlos, como sucede en las formas de defensa más neuróticas. Los impulsos son reconocidos, aunque en forma modificada. El impulso de robar es reencarnado bajo la forma de una carrera en la profesión bancaria; el grito se disfraza de canción; el impulso de violar se cubre con el manto de enamorar; la compulsión de mutilar reaparece como la habilidad del cirujano. Freud afirmó que la sublimación es el gran civilizador, la fuerza que hace que la humanidad se mantenga dentro de un marco manejable y que posibilita el progreso del hombre.

La dinámica de atención que subyace a la proyección también opera en las otras defensas, es decir en el aislamiento, la racionalización y la sublimación. En cada una de estas defensas se niega un estado real de la situación, el cual pasa al inconsciente antes de llegar al consciente. En el inconsciente, esta información puede ser maquillada de diversas maneras. En el aislamiento, el sentimiento negativo desaparece de la atención, mientras que el hecho en sí ingresa a la conciencia. En la racionalización, los verdaderos motivos son separados del hecho y sustituidos por otros más aceptables. En la sublimación, es la naturaleza del impulso y su verdadero objeto lo que se depura. Desde la perspectiva de la atención, todas estas defensas comparten un procedimiento común con la proyección. El primer paso es la negación; el segundo, la transformación que se produce en el inconsciente; y el tercero, el ingreso en la conciencia de la versión transformada.

Como hemos visto, la idea de Freud de que la mente se protege contra la angustia desviando la atención no es exclusiva de él, en el campo de la psicología. Y las defensas que Freud describe no son las únicas tretas de la atención para eludir la tensión y el estrés. Mientras los mecanismos de defensa actúan como censores en la memoria, los operativos de seguridad distorsionan la atención con respecto al momento presente. Al listado de defensas freudianas podemos agregar algunos "operativos de seguridad" anotados por Sullivan. Dos de ellos señalan otras formas en las que la atención puede ser distorsionada para defender a la mente contra la angustia.

DESATENCIÓN SELECTIVA: NO VEO LO QUE NO ME AGRADA

La desatención selectiva borra de la experiencia aquellos elementos que pueden resultar inquietantes si se llegara a tomar conciencia de ellos. Ésta es una operación de amplio espectro, que protege al individuo contra la angustia cotidiana: la factura de pago que no encuentra, la tarea desagradable que se olvida. La desatención selectiva es una respuesta de uso múltiple frente a los problemas cotidianos; se aproxima a lo que Neiser describió como la forma más simple de un esquema de distracción. A través de mini-negaciones, dice Sullivan, "el individuo simplemente no percibe una infinidad de detalles más o menos significativos de la vida". La absoluta simplicidad de la desatención selectiva —y su omnipresencia en la vida diaria— la caracteriza probablemente como la más común de las defensas genéricas.

AUTOMATISMO: NO TOMO NOTA DE LO QUE HAGO

Como hemos visto en la Segunda Parte de este libro, muchos de nuestros actos son realizados automáticamente, al margen de nuestra conciencia. Algunas de esas actividades automatizadas encubren elementos de nuestra experiencia que podrían llegar a generar sensaciones de incomodidad si tomáramos plena conciencia de nuestros motivos y objetivos. El automatismo permite que se produzcan secuencias completas de este tipo de comportamiento sin que tengamos necesidad de tomar nota de que han tenido lugar o de los impulsos preocupantes que puedan representar. Sullivan[33] cita como ejemplo su experiencia de caminar por una calle, en Manhattan, y darse cuenta de que "una cantidad de hombres miran a otro en la zona de la bragueta de su pantalón, apartando de inmediato la mirada… Muchos de ellos levantan la vista para mirarlo a uno a los ojos… para ver si uno también se dio cuenta del hecho. Pero lo más interesante es que algunos, aunque se vean descubiertos, se muestran tan indiferentes como si nada hubiera ocurrido. Seguramente, si alguien les llamara marcadamente la atención sobre la dirección de su mirada, su actitud natural sería siempre negar lo sucedido".

Tanto en la desatención selectiva como en el automatismo, el sitio de defensa principal se encuentra ubicado en el filtro. En la desatención selectiva, una parte de lo que se percibe es borrado antes de llegar a la conciencia. En el automatismo, la desatención se extiende a la respuesta que uno pone de manifiesto.

Si bien todas estas defensas operan al margen de la conciencia, en retrospectiva podemos a veces darnos cuenta de que hemos utilizado alguna de ellas, tal como lo demuestran los recuerdos de Epstein. Cuando Matthew Erdelyi realizó una encuesta entre los alumnos de un curso de psicología, se encontró con que prácticamente todos dijeron que, en un momento u otro, utilizaron la represión en forma intencional para excluir pensamientos o recuerdos dolorosos de su conciencia.[34] (La única excepción la constituyó uno de los estudiantes, que probablemente había reprimido el hecho de haber reprimido.)

Erdelyi dice que "la mayoría de la gente puede recordar cosas que, previamente, habían excluido de su consciente a fin de evitar dolor psíquico y pueden, además, recordar las técnicas específicas de defensa mediante las cuales lograron ese desplazamiento de la conciencia". En su encuesta informal, el 72 por ciento recordó haber utilizado la proyección, el 46 por ciento se dio cuenta de que había realizado una reversión, el 86 por ciento admitió haber hecho desplazamientos, y el 96 por ciento reconoció haber racionalizado. Cada vez que se utilizaban esas defensas, el acto se producía al margen de la conciencia, aunque, retrospectivamente, los estudiantes solían darse cuenta de que las habían utilizado.

Las defensas —nuestro bastión contra la información dolorosa— operan en una zona de penumbra, más allá de los límites de la percepción consciente. La mayoría de las veces no somos conscientes de sus procedimientos y nos constituimos en destinatarios de la versión de la realidad que esas defensas permiten hacer llegar a nuestra percepción consciente. La capacidad de detectar el accionar de esas defensas *in vivo* es una empresa muy difícil. Si bien, en ocasiones, el individuo puede darse cuenta de que, en un momento u otro, ha utilizado esas defensas, si no recurrimos a un condicionamiento especial nuestros mecanismos de autoengaño son, básicamente, impenetrables e imperceptibles. El único método específico para detectar las defensas en acción es, por supuesto, el psicoanálisis.

El dilema del psicoterapeuta

Es muy difícil cambiar lo que no se puede ver. Tanto Freud como Sullivan, a partir de puntos de partida no demasiado diferentes, arribaron a formulaciones idénticas: el individuo vence su angustia sacrificando su espectro de atención. Esta imposibilidad de detectar nuestros autoengaños es lo que los resguarda. A Sullivan le llama la atención "con cuanta facilidad, ignoramos grandes bloques de experiencias que, si la analizáramos con lucidez y profundidad, nos enfrentarían con una necesidad de cambio muy concreta".

La amante sumisa y complaciente parecería estar condenada a un interminable ciclo de romances, que comienzan con muchas ilusiones y terminan en lágrimas. El gerente agresivo, de alguna manera, vuelve a enfrentarse y chocar una y otra vez con sus empleados, sin poder remediarlo. Pareciera que el "trabajoadicto" no pudiera hacer entender nunca a su esposa su urgente necesidad de llevar trabajo a casa. Nuestras defensas nos aíslan de la mentira vital que constituye el núcleo de nuestros problemas.

Sullivan se extrañó de la "forma en que no aprendemos de las experiencias relacionadas con determinadas problemáticas o discapacidades personales". Freud observó la extraña "compulsión a la repetición" que hace que la gente reviva, una y otra vez, sus peores crisis. Al no aprender las lecciones que nos quiere enseñar nuestra historia personal, se diría que estamos condenados a repetir nuestros errores. Sullivan resumió muy claramente el problema, en términos con los que, sin duda, Freud habría coincidido:[35]

> No tenemos la experiencia de la cual habríamos podido obtener algún beneficio; es decir que, cuando se produce un hecho, nunca percibimos completamente lo que él realmente significa. Lo cierto es que ni siquiera percibimos gran parte de lo que nos ha sucedido. Supongo que en esto

radica uno de los grandes problemas de la psicoterapia: esa forma displicente en que el individuo pasa por alto e ignora las más evidentes implicancias de algunos de sus actos, de ciertas reacciones frente a los actos de los demás... Es decir, frente a aquello que consideran que son los actos de los demás. Lo más trágico de todo es que, a veces, ni siquiera se dan cuenta de que esas cosas han sucedido; son hechos que simplemente no se recuerdan, aun cuando hayan quedado muy negativamente impresos en el individuo.

Un psicoanalista observa que como esas defensas comienzan a actuar en un momento muy temprano de la vida, causadas por "padres a menudo bien intencionados", las prohibiciones internas que impiden ver lo que se ha hecho están ligadas a una redefinición de cuán buenos eran realmente esos padres; y una redefinición de este tipo se enfrenta con grandes tabúes internos. Por lo tanto, en su vida adulta, el individuo es incapaz de llegar a las raíces de su represión sin ayuda externa. Es como si "alguien hubiera impreso una señal negra en su espalda, que nunca podrá ver sin recurrir a un espejo. Una de las funciones de la psicoterapia es proveer ese espejo".

Le tocó a Anna Freud formular la clásica afirmación sobre las maniobras a las que recurre el terapeuta para desactivar las defensas, en su libro *The Ego and the Mechanism of Defense* (El yo y los mecanismos de defensa), que ha sido reeditado infinitas veces desde su aparición, en 1936, y es todavía hoy la obra clave para la comprensión de las defensas en acción y lo que la psicoterapia puede hacer para contrarrestarlas.

El yo, escribe Anna Freud, opera en un delicado equilibrio entre las presiones de ello (la zona de la psiquis donde bullen los deseos e impulsos más profundos) y del superyó, es decir la zona psíquica censora que inhibe el deseo. Mientras por una parte los peligros exteriores son fuente de angustia objetiva, el ello y sus impulsos generan una angustia subjetiva, una amenaza desde adentro. El yo y el superyó tienen que superar los impulsos; las defensas constituyen maniobras de la atención que cumplen esa función.

Al reconstruir la anatomía de las defensas, el analista se ve obligado a actuar como un detective. "Todas las medidas de defensa del yo contra el ello —escribe Anna Freud— son llevadas a cabo en forma silenciosa e invisible. Lo máximo que podemos lograr es la reconstrucción de las mismas en forma retrospectiva: nunca somos testigos en vivo de su funcionamiento... El yo no sabe nada de lo que sucede. Sólo cuando resulta aparente que hay una pieza faltante en el rompecabezas, tomamos conciencia de esas defensas."

Por ejemplo, Anna Freud relata el caso de una jovencita que comenzó a hacer análisis debido a ataques agudos de angustia que le impedían ir al colegio. La joven era franca y amable con Anna Freud, con una sola excepción: nunca mencionó su síntoma, es decir, sus ataques de angustia. Cada vez que Anna Freud abordaba el tema, la joven dejaba de lado su afabilidad y se embarcaba en la expresión de una serie de comentarios irónicos, hirientes y despectivos para con su interlocutora. La analista admite que esa actitud de la joven de ponerla en ridículo la desconcertó por completo, al menos durante un tiempo.

Sin embargo, al avanzar en el análisis, Anna Freud descubrió la pieza que faltaba, es decir, el tipo de defensa que entraba en acción. Los estallidos de su joven paciente tenían poco que ver con el análisis: los mismos eran desencadenados "cada vez que alguna emoción relacionada con la ternura, la nostalgia o la angustia estaba por emerger" en sus sentimientos. Cuanto más potentes eran esos sentimientos, más intensa era la ridiculización a la que la joven sometía a la psicóloga. En su rol de terapeuta, Anna Freud era la destinataria de esas explosiones, porque era ella quien se esforzaba en poner en evidencia la angustia.

Anna Freud se refiere a ese mecanismo mental como "defensa a través del ridículo y la burla". A través del análisis, comenzó a deducir que todo se originaba en la identificación de la joven con su padre muerto, quien "solía enseñarle autocontrol a su hija burlándose de ella y ridiculizándola cada vez que la niña sufría algún estallido emocional".

Este caso representa muy claramente el "ataque" psicoanalítico a las defensas del yo. Un indicio que permite intuir la naturaleza de las defensas es un extraño punto ciego que, en el caso aquí relatado, consistía en que la paciente ignoraba y disimulaba sus ataques de angustia. En cuanto se toca el tema doloroso, se desencadena una reacción intensa, dirigida al analista: la joven ataca a Anna Freud. La terapeuta supone que esa reacción es una transferencia, una reproducción de una relación crucial anterior y no simplemente un sentimiento hacia la terapeuta. Al interpretar esas reacciones como claves fundamentales, Anna Freud deduce la estructura de la defensa: en este caso, la negación de la angustia, encubierta bajo el manto del ridículo.

Anna Freud explica que la técnica aplicada "fue comenzar con el análisis de la resistencia de la paciente hacia sus emociones, y luego proceder a la dilucidación de su resistencia a través de la transferencia. Entonces, y sólo entonces, fue posible proceder al análisis de su angustia y determinar las causas de la misma". Durante las sesiones con su paciente, la terapeuta estaba atenta a las respuestas fuera de contexto, desconectadas del tema que se estaba discutiendo y también a las que dirigía hacia ella misma. Interpretó estas reacciones como resistencias y claves para detectar las defensas del yo, suponiendo que ella sólo era una inocente espectadora de un antiguo drama de la infancia de su paciente.

En psicoanálisis, la mejor forma de lograr que las defensas se perfilen con total claridad es aplicar la técnica de la libre asociación. Se pide al paciente que diga lo que le venga a la mente, sin ningún tipo de censura o limitación, cosa que el analista sabe, desde el principio, que su paciente no logrará nunca del todo. Las defensas están ahí, precisamente, para actuar de censores cada vez que algún material amenazante se aproxime a la conciencia. Cuando esa amenaza aparece —por ejemplo, el recuerdo de un abuso sexual durante la infancia, desde hace tiempo escondido en un desván mental—, "el yo se agita —según dice Anna Freud— y, por medio de uno u otro de sus habituales mecanismos de defensa, interviene para influir sobre el libre flujo de las asociaciones".

Es si aparecen —o están a punto de emerger— sentimientos muy poderosos cuando el yo se siente más expuesto. Por distintas razones, es posible que el yo se proteja contra sentimientos básicos como "amor, nostalgia, celos, mortificación, dolor y duelo", así como también contra "el odio, la ira y la furia", por nombrar sólo los que Anna Freud señala como concomitantes respectivamente de los deseos sexuales y los impulsos de agresión. El yo, al controlar ese tipo de sentimientos, los modifica de alguna manera. Esa transformación de los sentimientos es la característica básica de las defensas en acción.

El tren de los pensamientos descarrila en cuanto el material amenazante se aproxima a la mente consciente. El resultado es un silencio repentino, un cambio de tema o una avalancha de sentimientos; todas estas respuestas son sospechosas. Cada una de ellas, a su propia manera, señala la presencia de una laguna, cuya naturaleza es sugerida por el rumbo particular de la respuesta que aparece. Estos desvíos son lo que el terapeuta reconoce como "resistencia". La resistencia está dirigida, por una parte, a la regla fundamental de la libre asociación: dejar de lado todo tipo de censura y hablar con franqueza y absoluta libertad. Por la otra, el destinatario de la resistencia son los sentimientos que las defensas tratan de proteger.

En este punto, la atención del psicoanalista pasa del tren de pensamientos del paciente a la resistencia misma, es decir del contenido de lo que se dice al proceso de lo que "no" se dice. En ese momento, expresa Anna Freud, "el psicoterapeuta tiene la oportunidad de ser testigo, en 'vivo y en directo', de cómo opera uno de esos mecanismos de defensa". Este trabajo de investigación analítica es, necesariamente, sinuoso, y puede ser comparado, en un plano mental, al mecanismo de la reconstrucción arqueológica. Pero constituye una tarea fundamental. Al estudiar la forma y el flujo de las asociaciones del paciente y los reflujos y contracorrientes que ocasionan las lagunas, el terapeuta puede descubrir —como una roca oculta bajo las aguas de un río torrentoso— el tipo de defensas que el yo está utilizando.

El proceso de lograr que esas defensas salgan a la superficie es denominado por los psicoanalistas "análisis del yo". Representa un paso crucial en la terapia. A continuación, hay que "deshacer lo que la defensa ha generado, es decir, encontrar y volver a su lugar todo aquello que fue omitido a través de la represión, a fin de rectificar desplazamientos y transferencias y reubicar en su contexto real todo aquello que había sido aislado". Una vez que las defensas han sido traspasadas, el terapeuta puede abocarse a descubrir cuáles fueron los impulsos que exigieron, en su momento, la erección de esas barreras mentales.

Al mantener sus secretos, el yo le revela al analista cómo hace para mantenerlos: el mismo acto de resistencia a la terapia desnuda al yo. Por lo tanto, la esencia del análisis es recuperar la conciencia de lo que no percibimos... y no notamos que dejamos de percibir.

En síntesis, la tarea del yo es controlar el flujo de la información a fin de desviar la angustia; la estructura del yo está conformada, en gran parte, por la serie de lagunas que el yo elige para ejercer la censura y la derivación del flujo de información. Como veremos en la Parte siguiente, las defensas modelan la personalidad: la forma particular en que cada cual utiliza la atención para desactivar su angustia nos marca en forma indeleble. Por ejemplo, alguien que confía en la negación y en la represión percibirá un hecho determinado en forma totalmente distinta que alguien que aplica la reversión y la proyección con esos mismos fines. Cada una de esas personas percibirá —y dejará de percibir— el mundo de manera diferente y se las arreglará para atravesar las circunstancias problemáticas de la vida "nadando" en un tipo de oleaje distinto.

CUARTA PARTE

La percepción modela el carácter

Estilos neuróticos

Nuestras defensas más utilizadas suelen convertirse en maniobras mentales habituales. Lo que funcionó bien en momentos críticos, lo que mantuvo la angustia bajo control y con resultados positivos, probablemente será aplicado de nuevo. Epstein, el novelista, descubrió de niño que el aislamiento emocional mantenía alejada la pena por la muerte de su padre; ese mismo bloqueo de emociones y sentimientos se le aparece como instrumento años más tarde, cuando enfrenta los horrores de lo ocurrido durante el Holocausto. La paciente de Anna Freud, cuyos sentimientos habían sido dañados por las burlas de su padre, se convierte en una adulta sarcástica y despectiva.

Una defensa exitosa se convierte en un hábito, y el hábito modela el estilo de actuación de la persona. Estas tácticas habituales se convierten en la segunda naturaleza del individuo; cuando se enfrenta el dolor psíquico se recurre, de inmediato, a los instrumentos que lo suelen calmar. Lo que en un primer momento pudo haber sido un descubrimiento fortuito en nuestra lucha contra la angustia, pasa a definir nuestra forma de percepción del mundo y nuestras respuestas al mismo. Convertirse en adepto a ese tipo de estrategias significa que cultivamos ciertas partes de nuestra experiencia mientras que bloqueamos otras. Fijamos fronteras al espectro de nuestros pensamientos y sentimientos, limitamos nuestra libertad de percepción y de acción a fin de sentirnos tranquilos.

Las tácticas de defensa a las que solemos dar preferencia se convierten en una especie de armadura para nuestra experiencia, un baluarte en nuestra lucha contra datos de la realidad inquietantes. Fue Wilhelm Reich (mientras era todavía un respetado miembro del círculo de Sigmund Freud) quien formuló el concepto de la "armadura protectora" en forma más completa.[1] "Blindaje de carácter" fue la expresión acuñada por Reich al referirse a la protección del yo contra la angustia, a medida que se mueve en un mundo amenazador. Este blindaje está formado por las defensas habituales y, en parte, implica atencionalidad, ya que los peligros que el yo tiene que desviar son percibidos en forma de información: amenazas, pavor, ira, impulsos aplazados, entre otros. "En la vida cotidiana —dijo Reich—, el carácter desempeña un rol similar al de la resistencia en el tratamiento psicoanalítico: es un mecanismo psíquico de defensa."

Reich observó que los síntomas que los pacientes llevaban a las sesiones de análisis —ya se tratara de anorexia o impotencia, fobia o depresión— no eran, en cierta medida, el problema central. Los mismos síntomas podían indicar dinámicas subyacentes de estructuras de carácter totalmente diferentes. Reich recomendaba que el terapeuta, en primer lugar, prestara atención al estilo general del paciente, al modelado de las resistencias de acuerdo con el carácter, y no a los síntomas que se presentan.

El estilo defensivo es el blindaje de carácter. En psicoterapia, conduce a una forma de resistencia típica, que aparecerá en forma invariable e independientemente del síntoma específico. La marca de ese blindaje se imprime en toda la forma de ser y actuar del individuo. Según Reich, la resistencia que proviene del carácter[2]

> ...es expresada, no en términos de contenido, sino... en la forma típica que tiene el individuo de comportarse, la manera de hablar, de caminar y sus gestos, además de los hábitos característicos (cómo sonríe o frunce el ceño, si habla de manera coherente o deshilvanada, cómo manifiesta su afabilidad y cómo exterioriza su agresividad).
>
> Lo indicativo de la resistencia de carácter no es lo que el paciente dice o hace, sino el cómo: cómo habla y actúa; no lo que revela en sus sueños, sino cómo censura, distorsiona, condensa, etcétera.

Las defensas son, por lo general, una manipulación de la atención. Pero la atención sólo es una parte del proceso. Como hemos visto, cada parte de la secuencia, desde la percepción, hasta la cognición y la respuesta, es vulnerable a distorsiones que se ponen al servicio de la defensa. Todo el aparato mental del individuo —su forma de ser en el mundo— es modelado, en parte, por sus estrategias de defensa, por su blindaje de carácter.

El blindaje de carácter es el rostro que el yo muestra al mundo. En él están grabadas las sinuosidades y los vericuetos que las imponen defensas, en su lucha por evitar todo aquello que sea desagradable. La lectura de carácter revela la estructura defensiva como el esqueleto de un cadáver bajo el cuchillo de disección del anatomista. Esa estructura conforma el mapa de la geografía particular de la experiencia individual.

"El blindaje de carácter —escribe Ernest Becker—[3] en realidad se refiere a todo el estilo de vida que asume una persona a fin de vivir y actuar con cierta seguridad. Todos tenemos ese tipo de blindaje, porque todos necesitamos organizar nuestra personalidad. Esta organización es un proceso, a través del cual algunas cosas son más valoradas que otras, algunos actos se permiten y otros se prohíben, algunas líneas de conducta tienen que ser clausuradas, algunas líneas de pensamiento pueden ser desarrolladas mientras que otras son tabú, y así sucesivamente. Cada persona, literalmente, cierra su mundo, se rodea de un muro, en el proceso de su propio crecimiento y de su organización."

Esos actos y pensamientos prohibidos generan puntos ciegos. Pero Becker entiende que el modelado del blindaje tiene un doble filo. Mientras que hay zonas de las cuales la atención está excluida, otras son puestas de relieve. Las áreas de conciencia amplia son zonas en las que nos convertimos en operadores particularmente asiduos. Estas áreas están delimitadas y definidas por nuestras lagunas: las que bloquean por completo la conciencia forman sus márgenes; las que permiten el paso de algún tipo de información —aun cuando la distorsionan para descontaminar sus potenciales amenazas— otorgan a esas áreas su definición interior.

Esas zonas permitidas se encuentran libres, o casi libres, de angustia. Allí nos sentimos a gusto, nos movemos sin limitaciones. Dentro de estas zonas desarrollamos nuestros puntos fuertes; la conciencia se focaliza en ellas con toda energía. Estas zonas, dice Becker, se parecen a un fetiche. "Fetichización —explica Becker— significa, en este sentido, la organización de la percepción y de la acción por parte de la personalidad, alrededor de un tema muy llamativo y poderoso... pero restringido."

Un fetiche, tal como Becker utiliza este término, es un espectro especial de experiencia que atrae el flujo de la atención. Freud utilizó el término "catexia" para referirse a más o menos lo mismo. Becker explica al respecto:[4]

Si todo el mundo tiene algún tipo de blindaje de carácter, todo el mundo es también, en cierto modo, un fetichista. Si uno está obligado a cerrarse frente a la multiplicidad que nos rodea, uno terminará focalizándose en un área en cierta forma restringida; y, si uno no puede evaluar todo con total libertad, si no es libre de sopesar todo contra todo, otorgará un peso desproporcionado a algunas cosas que no lo merecen. Inflará artificialmente una pequeña área del mundo, le dará un valor más elevado en el horizonte de su percepción y su conducta. Y uno hace eso porque representa un área a la que uno puede aferrarse con toda firmeza, un área que puede manipular hábilmente, que puede utilizar con toda facilidad para justificarse a sí mismo, es decir sus acciones, su sentido del yo, sus opciones en el mundo.

Recapitulemos. A partir de la necesidad de suavizar el impacto de algún tipo de información amenazante, surgen las lagunas. Las mismas actúan sobre la atención a través de una gran variedad de tácticas, todas las cuales filtran el flujo de la información. Estas estrategias para manejarse frente al mundo que nos rodea terminan por definir la forma de las respuestas tanto como las de la percepción. Estos lineamientos se convierten en el marco para el carácter.

David Shapiro, un psicólogo que integró, en la década del '60, el equipo de la Clínica Austen Riggs, escribió una serie de brillantes trabajos que terminaron por constituir un libro, en el que se detalla el rol trascendente que desempeña la atención en los modelos o diseños del carácter.[5] El aporte tan particular de Shapiro fue mostrar de qué manera un modo específico de atención resulta decisivo para toda la forma de ser de una persona; es decir, que la cognición configura el carácter.

El principal interés de Shapiro se centraba en aquellos modelos de comportamiento que se observaban con mayor frecuencia en el consultorio del psicoterapeuta; Shapiro denominó esos retratos "estilos neuróticos". Pero si bien esos estilos de comportamiento pueden llegar a tener connotaciones patológicas, en su mayoría entran en el espectro de la conducta normal. Tomemos, por ejemplo, la tipología que yo denomino El Detective.

El Detective

La nota decía: "La hora de partida para cazar se postergó y terminó fijándose ayer. Hudson, el guardabosque, dijo hoy que todo faisán adulto huye al amanecer. Para lograr el preservar la fauna, tú protegerás la vida silvestre local". Al leer estas líneas, su destinatario, un aristócrata de la campiña inglesa, sufrió de inmediato un derrame cerebral del que nunca se recuperó.

Esta nota cambiaría el curso de la literatura, ya que, indirectamente, marcó el comienzo del auge de las novelas policiales. Es el párrafo con el que comienza el primer caso de Sherlock Holmes, *The Gloria Scott*.[6]

La nota es recibida por el padre de uno de los compañeros de universidad de Holmes, y éste, de inmediato, se dispone a tomar el caso. El detective no tarda en descubrir que el texto de la nota es, en realidad, un mensaje codificado, que él logra descifrar sin problemas. Cada tercera palabra constituye el verdadero mensaje: "La partida se terminó. Hudson dijo todo. Huye para preservar tu vida".

Pero ahí no termina la genialidad de Holmes. El autor de la nota dejó otros rastros. Una vez redactada la nota, razona Holmes, "para completar el código establecido tuvo que insertar dos palabras cualesquiera en los dos espacios entre cada uno de los términos que constituyen el mensaje. Lo más lógico es usar lo primero que a uno le viene a la mente. Al haber incluido tantos términos relativos a un tema determinado, se puede tener la certeza de que, en este caso, esa persona o es un gran cazador o es un aficionado a la cría de faisanes".

Este razonamiento indica, con toda claridad, que el remitente es un hombre que, todos los otoños, salía a cazar con la víctima del derrame cerebral. Holmes, como de costumbre, está en camino hacia la resolución del caso.

Aun cuando sea un personaje de ficción, Sherlock Holmes constituye un característico exponente de la tipología atencional, al que denominaremos, en su honor, "El Detective". Analicemos lo que sabemos sobre la excelente capacidad de atención y deducción de Holmes. Donde otros no veían sino trivialidades, Holmes encontraba evidencias incriminatorias. Tenía un talento especial para descifrar el significado de los más mínimos detalles de una situación. En una oportunidad, Holmes dijo: "Hace ya tiempo que mi premisa es que las cosas pequeñas son, absolutamente, las más importantes".

El genio de Holmes consistía no sólo en descubrir los detalles reveladores. También sabía cómo interpretarlos. Por ejemplo, en la novela *A Study in Scarlet,* descubre, en la escena del crimen, la escamosa ceniza de un cigarro, y reconoce de inmediato que allí alguien fumó un cigarro Trichinopoly. Su infinita pericia abarcaba manchas de sangre, huellas de pisadas y tatuajes. Al ver una mancha de barro, sabía decir de qué parte de Londres provenía. Sabía distinguir y enumerar cuarenta y dos tipos de huellas de llantas de bicicleta y setenta y cinco marcas de perfume. Una muesca en un diente le permitía determinar que alguien trabajaba en una hilandería, mientras que, gracias a cierto tipo de callosidad en el pulgar, lograba identificar a un tipógrafo.

Holmes es el mejor representante del modelo "El Detective" que uno pueda imaginar. Lo que lo distingue como característico para esta tipología es su conciencia del peligro de las distorsiones y de los prejuicios. "Pongo el máximo énfasis —declaró Holmes en cierta circunstancia— en no tener jamás ningún tipo de prejuicio y en seguir dócilmente adonde sea que una evidencia me conduzca."

En este aspecto, Holmes probablemente se salvó, gracias a su carácter de personaje de ficción. En todos sus casos, realizó por lo menos doscientas diecisiete inferencias, y a todas las presentó, alegremente, como hechos.[7] Sólo en veintiocho de esos casos logró fundamentar, de una u otra manera, sus deducciones. Y, sin embargo, estuvo en lo cierto prácticamente todas las veces.

Es así como Holmes —gracias a los designios de Arthur Conan Doyle— evita los escollos y las trampas que acechan al Detective en su vida cotidiana, en especial la deformación o flexibilización de los hechos para adecuarlos a una teoría. Holmes se enorgullecía de no elaborar teorías más allá de los hechos concretos de que disponía: "Sin darse cuenta —le advierte en cierta ocasión a Watson— uno empieza a deformar los hechos para adecuarlos a las teorías, en lugar de elaborar teorías que se adecuen a los hechos". En la medida en que el Detective distorsione los hechos para acomodarlos a sus teorías, su carácter tendrá algún tipo de desviación, aunque sea leve. Cuando esta actitud se lleva a un extremo, la deformación mental se diagnostica como paranoia.

El Detective está siempre hiperalerta.[8] La agudeza de su atención lo convierte en ocasiones en un observador brillante, que se percata del menor detalle. Analiza con mirada penetrante. No mira, simplemente: busca. Su percepción es extraordinariamente aguda y activa. Nada que esté fuera de lo común escapará a su atención, como tampoco nada que se relacione, aunque sea remotamente, con el tema que lo preocupa en un momento dado. Shapiro cuenta de un paciente de este tipo, a quien él atendía en su práctica terapéutica, que temía que alguien lo hipnotizara. Durante su primera visita al consultorio, "se dio cuenta, por casualidad" de que el terapeuta tenía un libro sobre hipnoterapia y le hizo un comentario al respecto. El libro se encontraba en un estante de la biblioteca repleto de volúmenes, entre una infinidad de títulos diferentes, a casi cuatro metros de distancia.

La atención del Detective se caracteriza por una gran hipersensibilidad. "Esta gente —comenta Shapiro—[9] es excesiva y nerviosamente sensible a todo lo que salga de lo común o lo que sea inesperado; cualquier cosa de esta índole, por trivial o superficial que pueda parecer desde el punto de vista de una persona normal, le llamará marcadamente su atención y hará que la focalice en forma total e inquisitiva. Este estado de hiperalerta es... no sólo una respuesta que denota temor o nerviosismo; es mucho más que eso. Esa gente parecería querer cubrirlo todo y cualquier elemento nuevo también deberá ser analizado de acuerdo con la dimensión de su desconfiado interés y su preocupación."

En otras palabras, el Detective analiza todo con la misma atención aprensiva que pone de manifiesto un habitante de Manhattan cuando oye pasos a sus espaldas en una calle oscura, a las dos de la mañana. Para que algo —un nuevo cadete de reparto, una sorpresiva llamada telefónica de un viejo amigo, un memorándum inesperado del jefe— le llame la atención y lo impulse a un análisis detallado del hecho, la única condición que debe reunir es la de ser novedoso, sorprendente o inesperado. No hace falta que, desde un punto de vista cotidiano, sea particularmente sospechoso. Para el Detective es sospechoso sólo porque es algo fuera de lo común.

Tomemos, por ejemplo, un momento de una de las novelas de Sherlock Holmes en la que este personaje está discutiendo con un inspector de policía la desaparición de un caballo de carrera. Holmes se refiere al "extraño incidente del perro en la noche".

—El perro no hizo nada durante la noche —dice el inspector.

—Precisamente —contesta Holmes—. Ése es el extraño incidente.

El estado de alerta exacerbado del Detective, comenta Shapiro, tiene un objetivo especial: evitar sorpresas. Dado que la vida está llena de sorpresas, novedades y cambios, y como, por su misma naturaleza, la sorpresa no avisa antes de aparecer, ese estado de vigilancia constante del Detective es la consecuencia ineludible de su constante expectativa. Como dice Shapiro: "La persona desconfiada está preparada para cualquier cosa inesperada y, de inmediato, la detecta. La tiene que integrar a la órbita de su modelo personal y, de hecho, cerciorarse de que no es o, por lo menos, 'ya' no es sorprendente".

Su objetivo, en realidad, no es probar que lo inesperado es inocuo, lo que pretende es cerciorarse de que la sorpresa —el ruido extraño, la cita cancelada— haya sido analizada y categorizada. El veredicto podrá ser "culpable", es decir, "mi desconfianza estaba justificada", o todo lo contrario, pero, para él, esto no es lo verdaderamente importante; su análisis no apunta a confirmar que su desconfianza carecía de fundamento, sino que, simplemente, quiere evitar la amenaza de una sorpresa.

Lo que teme es la novedad no analizada, no la presencia de un peligro. Su posición frente al mundo es que el mismo está lleno de peligros. Esta suposición justifica su desconfianza constante, su ininterrumpida vigilancia. En cierto sentido, se tranquiliza cuando comprueba que sus peores temores han sido confirmados. Al comprobar que el mundo está lleno de amenazas, reafirma su posición básica en la vida.

En muchas situaciones, la vigilancia y la actitud alerta del Detective constituye un aspecto absolutamente positivo. A menudo se refleja en un puntaje elevado en test de logros o de inteligencia. Además de que le va muy bien en todo tipo de pruebas y exámenes, este tipo de personalidad prospera y florece en cualquier profesión que requiera una atención inquisitiva, activa e intensa, como trabajos de inteligencia o policiales, o trabajos científicos al estilo de los estudiosos del Talmud, donde la capacidad buscada es la de investigar claves y significados ocultos.

La debilidad del estilo de atención del Detective tiene que ver con sus puntos fuertes. Su investigación es compulsiva; la lleva a cabo para algo. Su objetivo es confirmar una idea preconcebida. Y es ahí donde cae preso del peligro contra el cual advirtió Sherlock Holmes: "Se empieza a distorsionar los hechos para adecuarlos a las teorías, en lugar de adecuar las teorías a los hechos". Cuando su estado de alerta es llevado a los extremos, se convierte en una búsqueda parcializada, una búsqueda que procura probar algo en lugar de simplemente investigar y dejar que los hechos generen una teoría.

Esta búsqueda compulsiva provoca en la percepción del Detective una distorsión característica. Mira con tanta atención, que no llega a ver; aguza el oído con tanta astucia que termina por no oír. En otras palabras, su déficit no radica en su capacidad de atención, que a menudo está brillantemente sintonizada. Su atención se desvía porque está guiada por una falta de interés por lo obvio. La superficie de las cosas es, para él, algo que está muy alejado de la realidad de la cuestión; busca ir más allá de los hechos comunes y corrientes para bucear en una realidad oculta. Escucha y mira, no para captar lo que es evidente, sino lo que esa evidencia "significa".

Buscar con tanta intensidad las claves que habrán de revelar un significado oculto es como mirar algo a través de un microscopio. El Detective tiende a buscar con tanta intensidad que pierde de vista el contexto que confiere significado a lo que ve. Eso, por supuesto, encaja bien con su posición básica: el contexto aparente no es más que eso, aparente y, por lo tanto, para él equivale a una realidad falsa. Se aferra a los pequeños detalles que encajan en su esquema general, mientras ignora el contexto real de los mismos. El efecto final de esta forma de actuar es que pierde el sentido de la verdadera significación de los hechos al sustituirla por una interpretación particular.

Si bien se basa en detalles reales, un mundo subjetivo de este tipo puede estar totalmente deformado en lo que se refiere al significado que se otorgan a esos detalles. Y, dado que sus conclusiones se basan en hechos, el Detective podrá coincidir con uno total y absolutamente con respecto a los detalles de los hechos, pero tener una percepción totalmente distinta acerca del significado de los mismos. Shapiro observa que esta clase de personas[10] "no ignora ningún dato de la información; por el contrario, los analiza y estudia a todos con sumo cuidado. Pero lo analiza con un extraordinario prejuicio, dejando de lado todo aquello que no resulta relevante a sus suposiciones y aferrándose a aquello que las confirma... Desde el principio parte de la suposición de que cualquier cosa que no confirme sus expectativas no es más que una "simple apariencia". Así, dirá que está muy interesado en ir más allá de lo superficial de las apariencias, de la hipocresía; quiere llegar al fondo de la cuestión, a la verdad subyacente". Pero resulta que esa verdad es exactamente la que esperaba.

Shapiro cuenta, por ejemplo, el caso de un hombre que estaba convencido de que su jefe "quería hacerle pasar las de Caín". El hombre reunió gran cantidad de evidencias para probar su afirmación, algunas registradas muy sutilmente, pero todas basadas en hechos concretos. El jefe insistía en que el hombre hiciera las cosas tal como él quería: que fuera puntual, que se comportara menos fríamente con los clientes. Según el hombre, todo esto constituía una prueba convincente de que lo único que buscaba su jefe era dominarlo, lograr "que él se arrastrara a sus pies".

Pero, como señala Shapiro, "esos hechos no caracterizan una conducta fuera de lo común en un jefe". Es probable que hiciera todo eso, tal como lo hace la mayoría de los jefes. Había que llevar adelante el trabajo, y el jefe era el responsable de que eso se hiciera realidad. El paciente no tenía en cuenta ese contexto, y por lo tanto alteraba el significado de la realidad.

Shapiro continúa diciendo que una atención rígidamente focalizada en una evidencia selectiva puede imponer sus propias conclusiones, prácticamente en cualquier lugar. Es así como "la persona desconfiada puede estar, a un mismo tiempo, absolutamente en lo cierto en cuanto a su percepción y absolutamente equivocada en su evaluación de lo percibido".

El modelo interpretativo del Detective a menudo asume la forma de una visión política o económica, un dogma religioso o una gran teoría conspirativa. Pero también puede representar la simple convicción de que "todos están en contra de mí", "mi jefe me tiene inquina", o "la polución me está arruinando la salud". Por supuesto que cualquiera de estas afirmaciones podrá, en determinado caso, resultar cierta. Pero lo que distingue al Detective es la evidente falta de sostén que, en general, tiene su interpretación de los hechos.

Theodore Millon muestra, en esta frase, el tambaleante basamento que suele tener ese tipo de modelo:[11] "En la mente de esta gente existe muy poca diferencia entre lo que han visto y lo que han pensado. Impresiones momentáneas y recuerdos borrosos se convierten en hechos. Se unen hechos inconexos. Se produce un inexorable paso de la imaginación a la suposición y, de ahí, a la sospecha y la desconfianza; es así como se crea un sistema de convicciones totalmente inválidas pero inamovibles".

Ya sea que su intento de confirmar ese esquema se realice en forma furtiva y aprensiva o arrogante y agresiva, el fondo siempre es el mismo: la desconfianza. Su desconfianza es impresionante por su fortaleza. Mientras que una desconfianza común es desencadenada por alguna situación determinada —por ejemplo, una puerta que ha quedado abierta—, el Detective no necesita de este tipo de indicios. Puede estar a la defensiva sea cual fuere la situación y sin importarle su aparente inocencia o banalidad. Mientras que, para la mayoría de la gente encontrar la puerta de calle entreabierta al llegar a su casa es motivo de sospecha, para el Detective, encontrarla cerrada también es motivo de sospecha, pues considera que los delincuentes pueden haber entrado en su hogar, cerrado la puerta y estar aguardándolo adentro para robarle...

Es sumamente frustrante tratar de convencer a una persona con estas características de que sus suposiciones son erróneas. De nada sirven aquí los argumentos racionales. El Detective siempre encontrará algún detalle que lo llevará a confirmar su propio punto de vista. Incluso el hecho de que uno trate de persuadirlo de que está equivocado puede convertirse en objeto de su desconfianza. "¿Por qué esa persona está tan interesada en hacerme cambiar de opinión?", piensa el Detective, haciendo extensiva su sospecha a su interlocutor.

La idea de que las cosas no son lo que parecen puede conducirlo a curiosas complicaciones. Si, después de revisar cada rincón y cada hendija, los hechos no confirman sus convicciones, el Detective no necesariamente acepta que los hechos modifiquen sus prejuicios: el no haber podido confirmar sus sospechas simplemente demuestra lo hipócrita y taimada que puede ser la gente. Básicamente, desecha todas las contradicciones y la no confirmación de sus sospechas, mientras que se aferra a datos triviales o poco relevantes.

El tono dramático de ese infierno de sospechas e intrigas imaginarias se capta a la perfección en las novelas de espionaje. Las obras de Robert Ludlum muestran ese tono a la perfección, como revela la siguiente crítica a uno de sus libros.[12]

> ¿Está usted libre de todo riesgo para empezar a leer este artículo? ¿Está absolutamente seguro de que nadie lo siguió desde el puesto de diarios hasta su casa? Bien; de todos modos, no podrá terminar la lectura: en el mundo de Robert Ludlum nadie finaliza ni la más inocente actividad sin que aparezca un voluminoso extraño de entre las sombras, empuñando una mortal arma automática. Esa mujer que acaba de subir al ómnibus... ¿no estaba dos lugares detrás de usted en la fila para pagar en la caja del supermercado? Las conspiraciones son tan vastas que prácticamente todos están involucrados. Hay secretos tan negros que prácticamente nadie los conoce. Si usted pregunta qué está pasando, ya sabe demasiado.

No es que el Detective viva atrapado en semejante mundo de fantasías y profundas intrigas. pero Ludlum lleva al extremo la actitud mental que caracteriza a este tipo de cognición. En esta tipología, a nivel cotidiano, operan los mismos factores clave: las cosas no son lo que parecen, existe una permanente desconfianza y un estado de alerta constante, y la teoría de los significados ocultos puede ser confirmada si se encuentran las pruebas adecuadas. La desconfianza puede estar relacionada con cosas totalmente cotidianas —el cartero retiene mi correspondencia, la gente habla de mí a mis espaldas— pero los operativos mediante los cuales se confirman esas sospechas son idénticos a los descritos en las novelas de Ludlum.

La visión de la realidad a veces muy florida que tiene el Detective y las maniobras a las que apela con respecto a su atención a fin de confirmar esa visión son, en sí mismas, las señales aparentes de un mecanismo que opera a niveles más profundos. Esas características revelan una particular serie de autoengaños, un modelo determinado de barreras psíquicas erigidas contra el temor frente a ciertas amenazas. Esas lagunas confieren al Detective tanto sus excepcionales virtudes como sus grandes defectos.

La anatomía de la coraza psíquica

Es la amenaza a sus sentimientos de capacidad y eficiencia lo que desencadena las defensas del Detective. Por ejemplo, en un pasaje que parecería ser la apertura de algún cuento de Franz Kafka, Shapiro habla de un hombre muy respetado y capaz que, sin embargo, se sentía muy inseguro con respecto a su capacidad, y asumía una actitud defensiva en relación con el puesto que ocupaba en su trabajo. Y un día cometió un error.

"Se trataba de un error sin grandes consecuencias —dice Shapiro—,[13] fácil de corregir y, además, difícil de ser detectado por cualquier otra persona que no fuera él. Sin embargo, durante varios días se sintió profundamente preocupado al imaginar hasta las más remotas posibilidades de ser descubierto y pensar en la humillación que, según él, sufriría como consecuencia de su error. Durante ese tiempo, cada vez que se cruzaba con su jefe, notaba en él una mirada irritada y lo imaginaba pensando: 'Este hombre es el eslabón más débil de nuestra organización'." En ese punto Shapiro concluye su relato, pero es fácil imaginar las escenas siguientes de esta triste historia, en las que desprecios e insultos inexistentes se concatenan en un grotesco y trágico final.

Cuando el Detective percibe una amenaza de ese tipo, sus defensas se movilizan. Su atención se convierte en un único y poderoso haz de focalización que sólo apunta a confirmar sus sospechas. Mientras estudia el mundo que lo rodea para detectar señales y confirmaciones, limita el espectro de su experiencia de forma tal, que termina aislándose de sus propios sentimientos e impulsos. Después de todo, el "comando central" del fuerte sitiado no puede distraerse con emociones irrelevantes. Maneja esos sentimientos indeseados proyectándolos hacia afuera.

La fórmula de la proyección se desarrolla en dos etapas. En la primera, un sentimiento, una idea o un impulso repudiable genera una ola de inseguridad. Esto, a su vez, moviliza las defensas: la atención se concentra hacia afuera, y el área interior —sobre todo en el aspecto que perturba al individuo— es bloqueada. En la segunda etapa, el individuo explora su realidad con intensa desconfianza y se aferra a toda información que corrobore la misma. Todas esas claves se van uniendo para conformar una imagen del enemigo que tiene una sorprendente similitud con el aspecto perturbador original del yo.

Una vez sacado hacia afuera, el yo proyectado parece un extraño y, para peor, un extraño muy siniestro. Cuando el individuo enfrenta su propia desconfianza e ira proyectadas hacia la imagen que ha construido de su enemigo, es incapaz de reconocer en la misma aspectos de su propia personalidad.

La postura intrapsíquica adoptada por el Detective es, por lo tanto, una combinación de tres operaciones: la negación de su propia debilidad y mala voluntad, la proyección de esos aspectos de su yo hacia otros y el continuo esfuerzo por confirmar la verdad de esas proyecciones, buscando claves que corroboren su posición. Su negación es más rotunda que una negación común; no sólo desconoce su propia ineptitud y hostilidad, sino que la niega, transfiriéndola a otros. El Detective no se asume como dañino, vengativo o celoso; son "ellos" —los otros— los que albergan esos sentimientos hacia él. Una simple reversión justifica sus resentimientos y, al mismo tiempo, lo absuelve de toda culpa.

Cuando una persona se encuentra a la defensiva, la proyección puede ser movilizada bajo los efectos del estrés. Pero también puede ser una parte activa y continua de la organización mental de esa persona. En su forma más leve, se presenta, la mayoría de las veces, en forma de una preocupación peculiar por alguna forma particular de maldad o infamia como, por ejemplo, estafas al sistema de bienestar social o actitudes carentes de moral. Asimismo, puede llegar a caracterizar un problema crónico interpersonal, en el que los actores específicos cambian de tanto en tanto o se producen modificaciones físicas de lugar en lugar.

La proyección torna difícil a la gente. La vida de ese tipo de personas se ve complicada muchas veces por una serie de amores frustrados, jefes injustos o locadores insensibles. Estos individuos, a menudo se encuentran involucrados en relaciones turbulentas, sobre todo cuando sienten que está en juego su autonomía. Esto los suele enfrentar con quienes detentan posiciones de autoridad, así también con aquellas personas a las que los une una relación afectiva (amantes, parejas, familiares) que puedan amenazarlos con limitarles su sentido de la libertad.

El aislamiento incrementa las dificultades del Detective. Reacio a fiarse de los demás y a confiar sus dudas e inseguridades, carece de alguien que lo escuche con empatía y que pueda ofrecerle otra perspectiva de la situación, más sustentada en la realidad. Sin un "cable a tierra" que lo conecte con la realidad, su desconfianza se desarrolla sin limitaciones, reuniendo cada vez más datos que lo ayuden a confirmar su visión tergiversada de la realidad. Al no tener a nadie afectivamente cerca, que pueda frenar su desencadenada imaginación, se torna cada vez más incapaz de ver las cosas con cierta objetividad.

Visto desde otro ángulo, se puede decir que el modelo cognitivo que caracteriza la armadura psíquica del Detective está conformado por los elementos de su experiencia que sus puntos ciegos le ocultan, y por los que esa misma ceguera enfatiza. Esos aspectos de la experiencia potenciados cobran para el Detective una dimensión desproporcionada. Como diría Becker, el Detective "fetichiza" esos elementos, adueñándose de ciertos talentos especiales y desarrollando en ese ámbito sus habilidades particulares. Sin embargo, los puntos ciegos de su atención dejan de lado aspectos clave de su experiencia, que permanecen ocultos en las sombras.

El perfil cognitivo de los puntos ciegos y de los aspectos enfatizados del Detective es el siguiente:

ASPECTOS ENFATIZADOS	PUNTOS CIEGOS
El detalle revelador	Lo obvio.
Sorpresas: todo lo novedoso, extraordinario o inesperado.	Los significados evidentes son "sólo apariencias"
Amenazas a sus posibilidades.	El contexto que confiere significado.
Significados ocultos.	El verdadero significado de los hechos.
La clave: el detalle que se acomoda a su modelo.	Lo que es irrelevante a su modelo preconcebido.
Un enemigo hecho a su imagen y semejanza: iracundo, débil, etc.	Sus propios sentimientos hostiles, debilidades e impulsos; cómo siente a los demás, sobre todo en el campo afectivo.
Los errores de los demás.	Sus propios errores

¿Cómo arraigan estos subterfugios en la personalidad de un individuo? ¿Dónde aprende el Detective sus actitudes paranoicas? En síntesis, ¿cómo nos armamos de un modelo de distracción? Para obtener respuesta a estas preguntas tenemos que remontarnos a los primeros encuentros que el niño tiene con el mundo que lo rodea y a las pautas de interacción que modelan nuestros esquemas básicos.

El estilo paranoico nos ofrece un ejemplo ilustrativo adecuado, porque ha sido muy bien estudiado y descrito, tanto en sus formas benignas como en sus manifestaciones extremas. Pero, como veremos, ese estilo de atención nos revela un proceso de desarrollo universal: todos hemos aprendido ciertas formas de aliviar nuestra angustia, reduciendo o limitando la atención y bloqueando experiencias dolorosas.

Microsucesos en OK Corral

Michael, de nueve meses de edad, y su madre tienen una pelea. El objeto de la disputa es un trocito de cartón, una de las piezas del rompecabezas con que está jugando el pequeño. Su madre le da el cartón; Michael, lentamente, se lo lleva a la boca. Y ahí comienza el conflicto.

—¡No, esto no se come! —exclama la mamá, quitándole la piecita de cartón

Michael, de inmediato, se pone a gritar con todas sus fuerzas.

—No me grites —le advierte su madre con voz severa. Pero le devuelve la pieza del rompecabezas. Observa a su hijo que vuelve a llevarse el pedacito de cartón a la boca y le retira la mano con un enfático "¡No!"

—¡Uh-h-h! —protesta Michael.

Su madre le suelta la mano y Michael, con un murmullo de satisfacción, mastica el cartoncito.

—¿Y? —le pregunta la madre con gesto resignado—. ¿Es rico? ¿No ves que es sólo un pedazo de cartón?

Esta escena es de un video en el que se han grabado horas de interacción entre Michael y su madre, realizado por el psiquiatra Daniel Stern. El Dr. Stern ha analizado centenares de interacciones de este tipo, a las que ha denominado "microsucesos", entre muchas otras madres y sus niños pequeños. Al microsuceso relatado al principio de este capítulo, Stern le puso como título: Tiroteo en OK Corral, una irónica referencia a la escena final de la película *Duelo de titanes*. La escena le resulta muy familiar. En filmaciones de Michael y su madre realizadas a lo largo de un período de dos años, Stern encontró sesenta y tres episodios similares.[14]

Stern ve a los bebés y sus madres como una especie de "pareja". Michael y su madre han repetido ese "tiroteo" desde que el niño tenía unos cuatro meses de edad o, probablemente, aún antes. Se trata de una rutina estándar: Michael se pone algo en la boca, su madre le dice que lo deje; el niño se enoja y grita, y ella cede.

Stern compaginó un video con esas secuencias, mostrando cómo se repetían con un cubo de madera, con zapatos rojos, con los anillos plásticos de un juguete. En todas las escenas la madre le dice a Michael que no, que eso es "puaj". La ira de Michael toma diversas formas: arroja cosas, grita o vuelca algo.

Stern considera que, a través de la reiteración de esas actitudes, Michael está aprendiendo algo: si se impone con toda su fuerza, obtiene lo que quiere. Este modelo, dice Stern, será reforzado, con variaciones progresivas, a lo largo de la vida de Michael.

Los psicólogos del desarrollo afirman que es a través de este tipo de interacción temprana como adquirimos los hábitos que modelan nuestras reacciones básicas. Las mismas codifican los esquemas con implicancias de largo alcance, respecto de cómo registramos y reaccionamos en la vida. Muchos de esos esquemas tienen que ver con la atención; los esquemas atencionales, como hemos visto, modelan la estructura profunda de la personalidad.

La socialización de la atención es parte del curso normal del crecimiento. Pero hay algunos modelos cognitivos particularmente reveladores —inculcados al margen de la conciencia tanto del niño como de sus padres— que pueden llegar a conformar la coraza atencional de las defensas. La psicóloga infantil Selma Fraiberg describe el comienzo de uno de esos esquemas en el hijo de una madre adolescente deprimida.[15]

Durante gran parte del día, la madre oscilaba entre malhumor depresivo y ataques de furia. Pero ya estuviera deprimida o enojada, a su hijo no le prestaba atención.

La Dra. Fraiberg hizo una observación sorprendente. Cuando el niño estaba en la habitación con extraños, los miraba a la cara pero ignoraba a su madre sin dar señales de reconocimiento. No la miraba ni le sonreía. Cuando se sentía angustiado, no la llamaba. Había aprendido a evitar a su madre, a ignorar su presencia, una defensa que le servía de bastión contra el dolor del abandono materno. Visualmente, la borraba de su mundo. Lo qué más llamaba la atención es que eso sucediera en un momento tan temprano de la vida: el niño sólo tenía tres meses de edad.

Con el tiempo, esa técnica de evitación fácilmente podía terminar transformada, en la adultez, en una forma de laguna, es decir, en un bloqueo del dolor a través de una u otra forma de desatención. Las observaciones realizadas con otro bebé de tres meses de edad y su madre nos muestran detalles sobre los tipos de interacción que inducirían a un niño tan pequeño a desarrollar, aun en forma incipiente, una defensa. Estas observaciones fueron realizadas por Stern en su estudio sobre los microsucesos; el nombre de la beba era Jenny.[16]

La madre de Jenny era una mujer animada y extravertida que, en el primer encuentro, impresionó a Stern como una persona "invasiva, controladora y sobreestimuladora". Al parecer, la madre necesitaba un alto nivel de excitación "en el momento en que 'ella' lo quería". Cuando Stern inició la observación de Jenny y su madre, ambas habían desarrollado la siguiente rutina: cada vez que sus miradas se encontraban, la madre, con excesiva vehemencia, comenzaba a hacerle muecas divertidas a su beba y a hablarle de una manera atropellada y en una media lengua infantil casi ininteligible. Todo eso era demasiado para Jenny, que optaba por apartar la vista.

Su madre interpretaba esa actitud como una señal de que tenía que incrementar el nivel de su interacción con la pequeña. Buscaba de nuevo los ojos de Jenny y seguía con sus morisquetas y monerías. Jenny volvía a apartarse, escondiendo la cara en la almohada. La madre seguía persiguiendo a la pequeña, acercándose más aún, hablándole en voz todavía más alta y haciéndole cosquillas. Stern dice que observar esa invasión pasivamente y sabiendo que no debía intervenir le resultaba "casi físicamente doloroso; me generaba sentimientos de impotente indignación… se me cerraba el estómago o me empezaba a doler la cabeza".

Jenny hacía una mueca de disgusto, cerraba los ojos y apartaba la cabeza para evitar la invasión. Su madre la seguía persiguiendo con un renovado torrente de palabras y más cosquillas. Al cabo de reiterados intentos fallidos de interesar a Jenny en ese juego, la tomaba en brazos y la miraba de frente. Jenny le devolvía la mirada pero, en cuanto su madre la bajaba a la cama, la pequeña volvía a hundir su cabeza en la almohada. A medida que esa interacción proseguía, la madre comenzaba a sentirse visiblemente frustrada, enojada y confundida. La sesión siempre terminaba con Jenny deshecha en llanto.

A Stern le resultaba inconcebible que la madre de Jenny no se diera cuenta de lo agresiva que era su actitud. Sospechaba que esa conducta se basaba en algún tipo de "hostilidad materna inconsciente". Sin embargo, fiel a su rol de investigador, se contenía y evitaba efectuar alguna intervención.

Al cabo de varias semanas de observación, el modelo básico de interacción entre Jenny y su madre se mantenía sin cambio alguno.

Pero parecía que cada vez más, la una se resignaba a la actitud de la otra. Jenny miraba cada vez menos a su madre; ésta, por su parte, se preocupaba cada vez menos por tratar de establecer un contacto con su hijita. "Empecé a preocuparme seriamente —comentó Stern— cuando, alrededor de una semana más tarde, Jenny ya evitaba casi por completo establecer contacto visual con su madre... Su rostro se mantenía impasible e inexpresivo."

Fue entonces cuando Stern comenzó a alarmarse. Su alarma se debía a que sabía que la evitación del contacto visual y de cualquier tipo de interacción cara a cara, durante la primera infancia, suele ser uno de los síntomas precoces del autismo infantil. ¿Esto indicaba que Jenny iba camino a la esquizofrenia?

Felizmente, no. Un mes más tarde, preocupado por las potenciales y serias implicancias que mostraban los videos, Stern visitó a Jenny y a su madre en su casa. Para entonces, parecía que ambas, de alguna manera, habían hecho las paces. La madre de Jenny era menos insistente en sus intentos de lograr la atención de la niña y Jenny parecía soportar mejor —e, incluso, disfrutar— las monerías de su madre. Pero, como dice Stern, la historia no terminó ahí.[17]

> En cada nueva fase evolutiva, Jenny y su madre se veían forzadas a repetir el modelo básico de incentivo exagerado y resolución de la relación, pero con distintos tipos de comportamiento y a niveles de organización más elevados. Todavía no podemos saber qué puntos fuertes y qué cosas positivas, o qué defectos y deficiencias, terminará teniendo Jenny en su vida de relación. La línea divisoria entre mecanismos tempranos para la resolución de conflictos y tempranas maniobras de defensa es muy difícil de trazar.

El dominio de maniobras de defensa como protección contra los dolores de la vida es un aspecto general dentro del proceso del crecimiento. Todo niño aprende una serie de tácticas de la atención. Un niño sano es flexible y hábil en cuanto a reconocer cuáles de esas tácticas utilizar y en qué momento. La negación, al igual que todas las otras defensas, tiene cabida aquí. Al respecto, Theodore Millon dice lo siguiente:[18]

> Estos mecanismos, esencialmente inconscientes, mejoran la incomodidad que experimenta el niño cuando no tiene capacidad para resolver sus problemas en forma directa. Cualquiera de los clásicos mecanismos de defensa —represión, sublimación o racionalización—

servirán para paliar la angustia. Su utilidad también radica en el hecho de que ayudan a la persona a mantener su equilibrio hasta tanto pueda encontrar una solución mejor. La forma normal de manejo de las situaciones podría estar caracterizada, pues, tanto por el distanciamiento como por el autoengaño... Sólo cuando la persona distorsiona y niega el mundo objetivo en forma persistente se pueden considerar esos mecanismos inconscientes como interferencias negativas...

El problema aparece, normalmente, cuando el niño se enfrenta a algún tipo de amenaza continua, persistente y reiterada: una madre hostil y dominadora, un padre abusador, el abandono afectivo. El niño se acostumbra a esperar las situaciones problemáticas y no se atreve a bajar la guardia. Confía cada vez más en la forma de defensa que ha elegido como manera habitual de controlar y proteger sus sentimientos, en un mundo carente de afecto. Lo que, en un momento, pudo haber sido una maniobra eficaz y adecuada, se convierte en un elemento permanente de su economía mental y se expande para dominar todo su espectro de experiencias. De esa manera, una adecuada maniobra de elaboración se convierte en una defensa neurótica.

Existe la creencia habitual de que las defensas y las neurosis aparecen como consecuencia de un único e intenso trauma. Pero la experiencia clínica nos dice que el estilo defensivo se aprende en forma gradual y que es el resultado de encuentros reiterados a través del tiempo. Los esquemas de atención que se aprenden en la infancia se autoperpetúan: una vez que se ha aprendido a esperar una determinada amenaza, el individuo está predispuesto a buscarla y encontrarla... o a apartar la mirada y evitarla.

Dice Millon que cuando, para un niño, las estrategias rutinarias para la elaboración de momentos difíciles ya no funcionan, éste recurrirá a maniobras de distorsión y negación cada vez más intensas. La regla básica para el manejo y la elaboración de una situación es que si no se puede hacer nada para cambiarla se modifica la forma en que se la percibe. Esta deformación defensiva de la atención es obra de un esquema de distracción. Si esto funciona para el niño como una táctica temporaria, se recobra el equilibrio y el barco se vuelve a enderezar. Pero si la situación de conflicto o de amenaza es demasiado persistente, continua o grave, el niño ya no se atreve a bajar la guardia.

En estos casos, si la exposición a la amenaza y la frustración es continua, el niño enfrenta la vida considerando que el peligro lo acecha en forma permanente. La coraza de la atención, que había adoptado para una circunstancia determinada, se convierte en parte de su actitud permanente; aun cuando, objetivamente, no exista agresión alguna, mantiene sus defensas altas a fin de defenderse del peligro que "podría" aparecer. "Las defensas, cuyo uso tenía como objetivo inicial el protegerse contra situaciones dolorosas y recurrentes —dice Millon—, ahora distraen y desorientan" al niño. A medida que el niño comienza a manejar riesgos inexistentes —pero que teme que aparezcan— su mundo cognitivo se vuelve rígido: sus defensas se mantienen activas, en un primer plano, y su autoengaño se fija profundamente.

Cómo criar un paranoico

La paranoia del Detective tiene raíces similares a las descritas por el Dr. Stern. Los esquemas de atención del adulto, ya totalmente articulados, se remontan a su infancia. A través de la repetición de microsucesos, el niño aprende una serie de determinados esquemas —y de maniobras de defensa— en las que confiará cada vez que sienta que la angustia lo amenaza.

Un ejemplo de esto es la paranoia. Uno de los paranoicos más famosos que registran los anales de la psiquiatría es Daniel Schreber, un juez alemán que enloqueció a la edad de cuarenta y dos años y cuyo caso fue utilizado posteriormente por Freud como base de su teoría de la paranoia. El elaborado modelo intrapsíquico de Freud sobre las fuerzas internas que generan esa patología parecería, sin embargo, carecer de una evidencia convincente de que la relación entre Schreber y su padre haya sido la causa directa de su paranoia. Algunos sugieren que la relación entre causa y efecto era tan evidente que la elaborada teoría freudiana sobre la paranoia resultaría una explicación superflua.

El señor Schreber padre era una especie de Dr. Spock del siglo diecinueve. Escribió una serie de libros sobre la crianza de los niños que se hicieron tan populares que algunos tuvieron hasta cuarenta reediciones y fueron traducidos a varios idiomas. El método de crianza de los niños que postulaba en estos libros hoy aparece como una receta infalible para inducir las distorsiones mentales y espirituales que, al madurar, se convierten en paranoia. En el caso de su hijo, obviamente tuvieron ese resultado.

Morton Schatzman, en un libro denominado *Soul Murder* (Asesinato del alma), documenta en detalle el método a través del cual Schreber padre armó el escenario mental para la aparición de la psicosis que sufrió su hijo en su adultez.[19] El método incluía una serie de elementos de restricción física que son realmente de pesadilla, supuestamente destinados a inculcar una buena postura, que Schreber padre imponía a sus hijos. Cuando, años más tarde, Daniel Schreber enloqueció, los ecos y recuerdos de ese tipo de aparatos se hicieron evidentes en sus delirios psicóticos.*

Paralelamente a las restricciones físicas, Schreber padre imponía a su hijo marcadas restricciones mentales. Justificaba ese reino de tiranía mental diciendo que era la forma de enseñar al niño autocontrol, lo que, en principio, no deja de ser una causa loable. No está mal —incluso, es natural— que un padre fije límites y castigue a su hijo cuando no los respeta. Pero la forma en que Schreber padre encaró esta tarea tuvo lamentables repercusiones sobre la condición mental de su hijo. Por ejemplo, en su libro, el padre de Daniel Schreber escribió:[20]

> A todo deseo prohibido —sea o no perjudicial para el niño— deberá responderse invariablemente con una negativa incondicional. Sin embargo, el solo hecho de negarle un deseo no es suficiente; *hay que asegurar que el niño reciba esa negativa con calma y*, de ser necesario, *hay que convertir esa serena aceptación en un hábito firmemente establecido*, utilizando palabras severas o amenazas. Nunca se deberá hacer una excepción... Ésta es la única forma de lograr que el niño adquiera el saludable e indispensable hábito de la subordinación y del control de su voluntad. [El subrayado es del autor.]

El efecto final de un régimen de este tipo es una doble restricción: el niño tiene que abstenerse, de alguna manera, de expresar libremente sus impulsos y sus necesidades naturales, y también tiene que sobreponerse a sus reacciones frente a esa frustración. No puede llorar, ni expresar su ira, ni enojarse, porque se le exige aceptar su frustración con calma. La única reacción que se aprueba es un resignado silencio. Y todo eso se exige a un niño que aún no ha cumplido los dos años.

Al carecer de una adecuada vía para expresar el dolor que un régimen educativo de esa índole inevitablemente genera, la otra forma de enfrentar esas exigencias es la represión de ese dolor, el borrar de la experiencia esos sentimientos. Éste es el primer paso para la formación de un paranoico: enseñarle a negar ante sí mismo sus sentimientos de ira y de dolor hacia sus padres.

Hay muchas deformaciones de la atención que pueden ser consecuencia de esa doble sentencia de no mostrar los sentimientos y de

---

* Según Schatzman, Freud parece haber ignorado el rol que ese régimen educativo de su infancia pudo haber desempeñado en la psicosis del juez Schreber.

ocultar el hecho de que uno los ha ocultado. La paranoia, como estilo de defensa, ofrece una fácil solución. Partamos de la base de un padre que exige a su hijo suprimir su ira por el abuso paterno. El niño no puede ni manifestar su ira ni admitir que fue su padre quien la generó. Para proteger al padre, el niño, de alguna manera, tiene que dejar de culparlo por los sentimientos que le ha provocado. Las tácticas de manipulación de la atención le sirven a la perfección para ocultar esa verdad fundamental.

¿Y qué mejor forma para ocultar esa verdad que negarla ante uno mismo? Y para asegurarse de que no volverá a aparecer, lo mejor será, adicionalmente, transferirla. La ira no se evapora, pero puede "parecer" que se evapora, o puede apuntar hacia otras causas y objetos. Si no desaparece del todo, enmascararla es de gran ayuda. Una posibilidad es dirigir la ira contra uno mismo: esa actitud carga al individuo, de por vida, con la convicción de su propia despreciabilidad. Otra forma es dirigirla hacia otro objeto, encontrar otro blanco que no sean los padres. Cualquiera de las dos soluciones —la negación y la transferencia— constituyen un acto de amor y de devoción: los padres salen libres de culpa del proceso y la infancia puede ser recordada como la época más feliz de la vida.

Comparemos el trueque angustia-atención de este niño con otro que no ha tenido necesidad de engañarse a sí mismo, que puede sentir libremente la ira que proviene del dolor, las injusticias y las limitaciones normales de toda infancia. Al no tener que desviar su atención de esos sentimientos, puede sentir abiertamente la ira que le provoca el haber sido herido por un adulto. No tendrá que acarrear con la carga de su ira reprimida tras un dique que la aísle de la conciencia.

Por otra parte, quienes han tenido que reprimir esa ira albergan el temor a lo que podría suceder si ese dique se rompiera. En tal caso, el mundo se tornaría terriblemente imprevisible; la ira puede matar. Así, encuentran formas de disimularla y disfrazarla. A menudo, también reprimen otros sentimientos; todo tipo de espontaneidad constituye un peligro de que los sentimientos puedan entrar, de pronto, en una erupción descontrolada.[21]

Un informe sobre niños, realizado en Denver, que se trataban porque habían sufrido abuso por parte de sus padres, muestra ese cuadro de infancia reprimida.[22] Una de las características más llamativas de esos niños era su actitud taciturna. Algunos jamás se reían. Cuando llevaban a cabo algún juego con el terapeuta, lo hacían por obligación, sin el menor asomo de placer o de alegría. La mayoría de esos niños se consideraban a sí mismos malos o estúpidos y se mostraban reacios a emprender cualquier cosa nueva, por temor a hacerla mal.

Su sentido de lo que estaba bien y de lo que estaba mal —obvio legado de sus padres— era sumamente rígido y punitivo. Sus pautas sobre lo bueno y lo malo eran totalmente inflexibles. Cuando otros niños transgredían las normas, se ponían furiosos. Pero eran incapaces de manifestar cualquier tipo de enojo hacia los adultos. Se diría que aquí ya estaba operando el proceso paranoico: habían aprendido a negar la ira que sentían hacia sus padres (o, por extensión, hacia otros adultos) y estaban más que dispuestos a transferirla hacia blancos más aceptables, más cercanos, es decir, hacia otros niños.

A pesar de que no podían expresar su ira hacia los adultos, la ira bullía en su interior y los desbordaba. Sus juegos y sus cuentos estaban llenos de una agresividad brutal:[23]

> Las muñecas eran golpeadas, torturadas y asesinadas constantemente. Muchos niños reactuaban en sus juego el abuso de que habían sido objeto. Un niño que, cuando era bebé, había sufrido tres veces una fractura de cráneo, inventaba historias sobre gente y animales que sufrían lesiones craneanas. Otra niña, cuya madre, a los pocos meses de nacer, había intentado ahogarla, comenzó la terapia lúdrica ahogando a una muñeca bebé en la bañera... Estos niños casi nunca eran capaces de expresar sus angustias en forma verbal y, sin embargo, albergaban intensos sentimientos de ira y deseos de venganza que, al mismo tiempo, iban acompañados de un terrible miedo a lo que podía sucederles si esos impulsos llegaban a estallar.

En estos niños en tan trágica situación, la negación y la transferencia —que constituyen los mecanismos clave del estilo paranoico— ya se encuentran instalados. Estas predisposiciones paranoicas no provienen sólo de hechos tan dramáticos como el abuso físico o sexual. Las mismas tendencias pueden ser impresas en la mente por formas menos obvias de tiranía. La violencia puede adoptar formas mucho más sutiles, como, por ejemplo, miradas de desaprobación, rechazo silencioso, humillación o carencias afectivas. El efecto neto puede llegar a ser el mismo, siempre y cuando se inculque la premisa básica: el padre no puede ser culpado, bajo ninguna circunstancia, por el dolor y la ira que experimenta el niño.

El niño que espera ser rechazado por sus padres puede tornarse hiperatento a cualquier señal de rechazo por parte de sus compañeros de juego. Es muy probable que distorsione comentarios inocentes, interpretándolos como hostiles. Al prever ese tipo de hostilidad, el niño se prepara para defenderse de ella enfrentando a sus compañeritos de juego con miradas frías y duras y palabras agresivas. Esto, a su vez, genera la reacción que el niño estaba preparado para recibir, ya que, gracias a su actitud defensivo-agresiva, se convierte en el blanco de una hostilidad, no ya imaginaria sino sumamente real, por parte de sus compañeros. Su desconfianza ha creado lo que preveía. El niño se encuentra con que sus compañeros de juego lo rechazan, tal como hicieron sus padres, lo cual, ante sus propios ojos, justifica el volverse cada vez más desconfiado y hostil. Así se inicia un círculo vicioso que terminará generando la actitud de desconfianza total que hemos visto en el Detective.

La receta básica para transformar la atención normal en una actitud paranoica es, en síntesis:[24]

1. Ser herido, de niño muy pequeño, sin que nadie reconozca esa situación de dolor.

2. No poder reaccionar ante ese sufrimiento con ira y, en cambio, negar los propios sentimientos ante uno mismo.

3. Demostrar gratitud hacia los padres por lo que, supuestamente, son sus mejores intenciones.

4. Olvidarlo todo.

5. En la adultez, transferir hacia terceros la ira acumulada, y no darse cuenta de que lo que parece ser la ira de ellos es, en realidad, la ira propia.

El adulto que ha padecido una infancia en la cual su atención ha sido deformada en paranoia, probablemente repetirá ese mismo ciclo con sus propios hijos. La batalla que perdió de niño, gracias al duro régimen psicológico de los padres, puede ser reavivada y reactuada y, esta vez, el niño convertido en padre emergerá victorioso.

Este proceso tiene innumerables variantes. Las que nos resultan más familiares son las que desembocan en modificaciones extremas de la atención, como la paranoia, sobre todo porque la investigación clínica ha concentrado su atención en ellas. La descripción más difundida de un estilo de percepción patológica inculcada es lo que Gregory Bateson y sus colaboradores describieron, a principios de la década del '50, como "doble vínculo" (double bind), un modelo de comunicación entre padre e hijo que culmina en la esquizofrenia.*

* Al menos, esto es lo que afirma la teoría del doble vínculo. La investigación de la esquizofrenia ha dejado de lado, en general, la teoría del doble vínculo. Su impacto mayor se ha producido en la investigación y en la terapia centrada en los modelos de comunicación intrafamiliares, como las observaciones de microsucesos realizadas por Daniel Stern.

La esencia del lazo ambivalente es un mensaje de doble filo, en el que un significado encubierto contradice el significado obvio del mismo.[25] El mensaje evidente corre en paralelo con una laguna que evita que la contradicción pase a la conciencia. El resultado es una confusión total: resulta imposible dar satisfacción a ambos mensajes simultáneamente, pero tampoco existe la posibilidad de determinar el porqué de esa imposibilidad. Es más, ni siquiera se sabe que esa imposibilidad existe. El mensaje encubierto, por lo general, es transmitido en forma no verbal por medio de actitudes, tonos de voz, gestos, tensiones musculares, etc. R. D. Laing nos ofrece, al respecto, el siguiente ejemplo:[26]

> Una madre visita a su hijo en el hospital, donde se está recuperando de un colapso mental. A medida que se acerca a él
> a) abre sus brazos para que él la abrace, y/o
> b) para abrazarlo.
> c) A medida que él se acerca, ella permanece inmóvil y se pone rígida.
> d) El hijo se detiene, indeciso.
> e) La madre le dice: "¿No vas a besar a tu mamita?" y, al ver que el hijo permanece en una actitud vacilante,
> f) agrega: "Pero querido, no debes tener miedo de expresar tus sentimientos".
> El hijo responde a su invitación de darle un beso, pero su actitud rígida y su tensión le indican, al mismo tiempo, que no debería besarla, que ella tiene miedo de una relación estrecha con él o que, por una razón u otra, en realidad no quiere que él haga lo que ella le dice que haga. El hecho de que la madre le tema a una relación estrecha con su hijo o que, por alguna otra razón, no quiera que él haga lo que ella lo invita a hacer (besarla), es algo que la madre no puede admitir abiertamente y que no es expresado ni por ella ni por su hijo. El hijo responde al mensaje tácito que le dice: "A pesar de que abro los brazos para que me abraces y me des un beso, en realidad tengo miedo de que lo hagas, pero eso es algo que no puedo admitir ni ante ti ni ante mí misma, así que espero que estés demasiado enfermo, como para hacerlo". En definitiva, transmite dos mensajes contradictorios: "No me abraces, de lo contrario, te castigaré" y "Si no me abrazas, te castigaré".

La teoría del doble vínculo propone que la experimentación reiterada de mensajes como: "No te sometas a mis órdenes" —es decir, mensajes imposibles de satisfacer— generan un sesgo en la forma de percepción habitual del destinatario. En este caso, sostiene la teoría, el resultado es la desordenada forma de pensar característica de la esquizofrenia. La teoría del doble vínculo ha inspirado la idea, más general, de que los estilos de comunicación existentes dentro de la familia inculcan en el niño, durante su crecimiento, una típica deformación de su percepción.

El modelo paranoico es sólo una de las muchas estrategias de la atención para calmar la angustia. Aún se desconocen, en gran medida, los detalles específicos de qué es lo que, durante la primera infancia de un niño, le inculca un estilo de atención específico que conservará a lo largo de toda su vida. Sólo ahora los investigadores están comenzando a elaborar los parámetros generales de este proceso para unos pocos modelos extremos: la esquizofrenia, la paranoia y la compulsión. Pero la diversidad de estilos de atención abarca un espectro mucho más amplio que los pocos que han sido señalados como patológicos.

De las estrategias de la atención, dentro de su espectro normal, sabemos muy poco. Y menos aún de las experiencias específicas que las modelan. Por ahora, sólo podemos señalar fuerzas generales dentro de una familia que la convierten en una modeladora particular de hábitos de la atención y, por lo tanto, de realidades personales. En la próxima parte de este libro, analizaremos estas fuerzas. Como veremos, la familia constituye el primer modelo que encontramos en la vida acerca de cómo prestar atención a una realidad compartida... y de cómo mantener a raya la angustia a través de una serie de trampas o maniobras de la atención. Al aprender a integrar esa experiencia colectiva, asumimos también las distorsiones que contiene ese esquema particular de la atención: las tácticas de autoengaño operan tanto en la relación entre nosotros como dentro de uno mismo.

Hasta aquí, el tópico central ha sido la forma en que el trueque atención-angustia genera lagunas de diversos tipos en la mente del individuo. De aquí en adelante, analizaremos los mecanismos que hacen que esos autoengaños se conviertan en algo compartido. Para ello, tenemos que partir de la suposición de que es posible que distintos individuos puedan, de alguna manera, sincronizar sus esquemas, al menos hasta cierto grado; es decir, que coincidan en cómo interpretar los hechos.

Esta suposición no es tan disparatada. En cierto modo, toda comunicación es un intento de lograr ese tipo de orquestación. Cuando se comparte una visión común, cuando dos mentes "funcionan en el mismo sentido", de alguna manera sus esquemas mentales, al menos en cierta medida, son similares y operan más o menos en forma paralela.

Una conversación es, precisamente, un calibraje de este tipo. Como me dijo el psicólogo cognitivo John Seely Brown: "Cuando hablamos, lentamente voy ajustando el modelo mental que usted tiene de mí, y usted ajusta el modelo mental que yo tengo de usted. Cuando me formula una pregunta, aparece la posibilidad de corregir algunos sutiles errores de comunicación. Al preguntar, usted implícitamente revisa su comprensión de una cantidad de cosas. Eso me da a mí la oportunidad de diagnosticar la causa de su malentendido y corregirla. La comunicación es, fundamentalmente, un proceso de reparación".

Lo que se "repara" son los esquemas involucrados. Cuando llegamos a un acuerdo, yo capto sus esquemas y usted capta los míos. La coincidencia podrá no ser perfecta, pero estamos mucho más cerca que cuando comenzamos el ejercicio. En una relación a largo plazo, los esquemas pueden llegar a calibrarse de modo tal que una sola palabra, un gesto o el énfasis en el tono de voz basten para que nuestro interlocutor comprenda de inmediato lo que queremos decir. Cuanto mayor sea la cantidad de esquemas compartidos, menor será la necesidad de hablar o explicar.

En nuestras relaciones más íntimas y perdurables —con nuestra pareja, nuestros amigos y colegas— es con las que también estamos más dispuestos a compartir esquemas de defensa. Debido al significado psicológico decisivo que para nosotros tienen esas relaciones estrechas, también hay mayor espacio para sentimientos angustiantes —por ejemplo, el temor a la pérdida— que en una relación más casual. Y donde existe ese tipo de temores, no tardan en aparecer las lagunas para reconfortarnos.

Así, cuando los dos integrantes de una relación estrecha perciben las mismas áreas sensibles, pueden manejar ese peligro acordando, tácitamente, desviar su atención de esos puntos dolorosos. Cuando la distorsión de la atención es mutua y sincronizada, se crea una laguna compartida. De esa manera, toda relación, en cierta medida, es susceptible de incluir una serie de engaños y sus consecuentes decepciones compartidas. Creo que estos esfuerzos de deformar la realidad se producen en forma automática, en razón del mismo tipo de microsucesos que el Dr. Stern documentó en su serie de videos sobre las actitudes entre padres e hijos.

Es también cierto que las lagunas que se verifican en una relación, no necesariamente tienen que ser compartidas. El psicoanalista Ernest Schachtel describe, refiriéndose a uno de sus pacientes, una laguna de ese tipo. Durante la sesión de análisis, la mujer, dice el Dr. Schachtel, se quejaba de que "nunca había logrado mirar realmente a su pareja".

Por más que fijara su vista en él, tenía la clara sensación de que, en realidad, nunca lo lo había "visto".[27]

A lo largo del tratamiento, fue surgiendo claramente que la actitud básica de la mujer hacia su pareja era la de complacerlo y aferrarse a él por temor a cometer algún error y perderlo. Cuando estaba con él, vivía asediada por el temor de que, si lo miraba, podía leer en su rostro alguna expresión de reprobación. De modo que, cuando lo observaba, esa mirada era altamente selectiva: no veía su rostro tal como era sino que sólo lo estudiaba para descubrir signos de aprobación o desaprobación, amor o enojo. Esa laguna fue creando un punto ciego: a pesar de que había visto su rostro innumerables veces, tenía la sensación de que no lo conocía.

Una angustia como la que sentía esa mujer puede ser compartida o complementada por temores distintos, pero igualmente intensos —y los puntos ciegos correspondientes— en la pareja. Al respecto, el sociólogo Erving Goffman observa que, en cierta medida, los lazos de una relación se fortalecen a través de tácitos puntos ciegos. "En una pareja bien consolidada —comenta— se espera que cada uno de sus integrantes pueda tener ciertos secretos para el otro, que pueden estar relacionados con temas financieros, vivencias del pasado, flirteos actuales, aspiraciones y preocupaciones personales, cosas que han hecho los hijos, la verdadera opinión que le merecen familiares o amigos comunes, etcétera."[28]

Estos puntos de reticencia, estratégicamente ubicados, dice Goffman, posibilitan mantener un statu quo deseado. Por supuesto que esa protección se torna tanto más segura si recurre a un contubernio o acuerdo espurio muy elemental: tú no hablas y yo no pregunto. Y esta connivencia sólo es posible si ambos, de alguna manera, saben qué temas evitar.

Lilly Pincus y Christopher Dare, ambos especializados en terapia familiar, observan que, en general, a lo largo de un tratamiento, a medida que van conociendo a una pareja se encuentran con que existe una especie de contrato matrimonial no escrito. Dicen que se trata de un acuerdo entre el inconsciente de cada uno y tiene también que ver con las obligaciones mutuas de satisfacer ciertas ansiedades nunca expresadas y aplacar miedos que jamás se mencionan. En general, la estructura de ese acuerdo toma, más o menos, la siguiente forma:[29]

"Voy a tratar de ser algunas de las muchas cosas importantes que esperas de mí, aun cuando algunas de ellas sean imposibles, contradictorias y locas, siempre y cuando tú seas algunas de las cosas importantes, imposibles, contradictorias y locas que yo espero de ti. No hace falta expresar verbalmente qué son esas cosas, pero nos fastidiaremos, nos pondremos de mal humor, nos deprimiremos o nos pondremos difíciles si no cumplimos con ese trato."

Para que estas confabulaciones puedan funcionar en forma óptima, deben hacerlo al margen de la conciencia. Por lo tanto, se encuentran en una zona fuera del alcance de la atención y están marcadas en la conciencia sólo por un punto ciego protector. Dado que lo que conduce a la creación de esos puntos ciegos son necesidades psicológicas primarias, existe una cierta urgencia para que esa connivencia oculte a la atención lo que realmente está sucediendo. Cuando se corren esos velos y la atención se fija en esas realidades, se exponen necesidades personales profundas, sensibles e, incluso, dolorosas. Esto quizás explique, en parte, por qué un divorcio es algo tan traumático.

En una pareja bien consolidada, cada uno de sus integrantes ignora ciertas áreas de experiencia compartida, pues, de no hacerlo, pondría en peligro esa sensación de bienestar que ofrece una relación segura y confortable que, en estos casos, ambos comparten. Ella no hace comentario alguno sobre las miradas que él dirige en la playa a las mujeres mas jóvenes; él nunca menciona su sospecha de que ella simula sus orgasmos. A través del tiempo, esas actitudes de discreción se pueden convertir en lagunas: no perciben y no se dan cuenta de que no perciben.

Pero por debajo de la superficie de ese acuerdo tácito e inconsciente de atención desviada, puede haber un sumidero de ira, resentimiento y dolor que, a veces, pasa inadvertido pero del que en ningún caso se puede hablar. Frente a una separación de la pareja, la connivencia de preservar el statu quo a expensas de una atención abierta lúcida, desaparece.

Los sentimientos negativos emergen con toda su fuerza una vez que los integrantes de la pareja ya no están comprometidos con su pacto mutuo de ignorarlos.

Las tácitas alianzas de atención parcializada que encontramos en la relación de pareja pueden considerarse el prototipo de la dinámica que caracteriza a prácticamente cualquier tipo de grupo humano. Creo que, en general, los individuos que integran un grupo comparten una gran cantidad de esquemas, la mayoría de los cuales se comunican sin que se los formule verbalmente. Entre estos esquemas tácitos compartidos están aquellos que indican qué merece que se le preste atención, qué tipo de atención se le presta y qué es lo que hay que ignorar o negar. Cuando se toma esa decisión sobre qué ignorar o negar, a fin de paliar la angustia, entra en funcionamiento un sistema de defensa compartido.

En la quinta parte de este libro analizaremos la forma mediante la cual, al aprender a ver las cosas de la misma manera, los individuos que integran un grupo también aprenden, conjuntamente, cómo "no" ver. Es decir, cómo ciertos aspectos de una experiencia compartida pueden quedar ocultos tras un velo de autoengaño colectivo.

El yo colectivo

El yo grupal

Nietzsche dijo que la locura es la excepción en el individuo pero la norma en los grupos. Freud coincidió con él. En su obra *Psicología de las masas y análisis del yo* escribió: "Un grupo es impulsivo, cambiante e irritable". Con no poco desprecio por las actitudes de las multitudes, Freud veía al hombre inserto en un grupo como regresando a un estado infantil a consecuencia de su pertenencia al mismo.

Freud cita a Le Bon, un comentarista francés que se ocupó de la psicología grupal, para resaltar que, cuando diversos individuos se unen en un grupo, asumen "una especie de mente colectiva que les hace sentir, pensar y actuar de modo muy diferente" de como lo harían en forma individual. Freud dice que un grupo "es conducido casi exclusivamente por el inconsciente".

Basándose siempre en Le Bon, Freud continúa:[1]

> Un grupo es extraordinariamente crédulo y abierto a influencias, carece de facultad crítica y lo improbable no existe para él. Piensa en imágenes, que van surgiendo por asociación... y jamás se controla la concordancia de las mismas con la realidad a través de alguna entidad objetiva y confiable. Los sentimientos de un grupo siempre son muy simples y exagerados, de modo tal que el mismo no conoce la duda ni la incertidumbre.

Por "grupo", Freud entendía algo que casi se caracterizaba como una turba, pero también incluía cualquier gran organización, como una iglesia o un ejército, y utilizó ambas organizaciones como ejemplos para ilustrar su teoría. Lo que diferencia al grupo de una muchedumbre reunida al azar son los esquemas compartidos: un entendimiento común, "un interés común por un objetivo, una inclinación emocional similar en determinada situación", como dice Freud. Cuantas más cosas en común comparte el grupo, más elevado es su grado de "homogeneidad mental" y "más marcadas son las manifestaciones de una mente grupal".

El sello distintivo de una persona como miembro de un grupo es, según Freud, la sustitución de su yo por un yo grupal. La psicología del grupo, decía Freud, involucra "una disminución de la personalidad individual consciente, la focalización de los pensamientos y los sentimientos en una dirección común". Esto se traduce en el dominio de los esquemas compartidos sobre los esquemas personales.

El arquetipo del grupo, según la teoría de Freud, es la "horda original", una banda de primitivos "hijos" regida por un "padre" fuerte. Los esquemas particulares que constituyen la mente grupal, según su visión, serían los dictados por el padre, un líder fuerte y carismático. Los miembros de un grupo de ese tipo, decía Freud, se despojan de su intelecto y se someten al de su jefe; éste , sin embargo, es autónomo. La mente grupal es, pues, la mente del líder magnificada. En la mente grupal, "el individuo renuncia al ideal de su yo y lo sustituye por el ideal del grupo, encarnado en el líder".

Para Freud, el prototipo de la familia primitiva es el modelo de todos los grupos. En la amplia variedad existente en cuanto a lo que configura un grupo —efímero o perdurable, homogéneo o hetero-géneo, natural o artificial, etc.—, Freud observaba la misma dinámica en acción: en la medida en que existe un consenso común, los miembros del grupo comparten una misma perspectiva: los esquemas del grupo.

En su prólogo al libro de Freud, el psicoanalista estadounidense Franz Alexander se apresura a agregar que lo que describe Freud es más cierto para grupos con un líder único y autoritario que para "sociedades libres y democráticas, constituidas por individuos más independientes y autogobernados". Esta salvedad modifica la dinámica en un detalle fundamental: para que los miembros de un grupo compartan un esquema, no necesitan adoptar el de un líder físico que los domine. Un ideal abstracto o una serie de esquemas inherentes al mecanismo del grupo puede desempeñar ese rol. De modo que, con un líder claramente definido o sin él, los miembros de un grupo adhieren a un consenso común.

Si un grupo puede compartir esquemas, también puede tener lagunas comunes. Erik Erikson señala esa posibilidad. Dice haberle preguntado a Anna Freud, en cierta oportunidad, si los mecanismos de defensa que ella elaboraba podían ser compartidos. La conclusión fue que, efectivamente, son "compartidos... [por] individuos y familias, como también por... unidades más grandes". Erikson observa que lo que Freud quería significar con "ego" —el *ich* alemán— se traduce más adecuadamente por "yo". A continuación, Erikson sugiere que, cuando los individuos interactúan, puede crearse un "nosotros" que conlleva el mismo peso que el "yo": un inductor de experiencias compartidas. En un grupo, el "nosotros" es el yo colectivo.

Un grupo puede conformarse con extraordinaria espontaneidad. En el lugar del hecho de un accidente de tránsito, todo tipo de transeúntes que, por casualidad, se encuentran cerca del lugar se convierten en un grupo coordinado, unos ayudando a las víctimas, otros llamando a las autoridades, otros ordenando el tránsito, y otros colaborando de distintas maneras. La conformación de un grupo de este tipo depende del grado en que sus integrantes compartan esquemas referidos a qué hacer ante una situación específica. Emergencias algo más exóticas —por ejemplo, un elefante que se escapa del zoológico o un parto inesperado en un avión en pleno vuelo— quizá no generen una respuesta tan bien coordinada. Es la activación de esquemas compartidos lo que da la cohesión al "nosotros"; cuanto mayor sea la capacidad de manejo de la situación y el conocimiento que se comparte, más estable será el grupo.

El "yo compartido" ofrece una sensación de definición y realidad a quienes integran el grupo, en virtud de su pertenencia al mismo. Al igual que el yo individual, el yo grupal implica una serie de esquemas que definen al mundo en relación con el grupo, dan sentido a la experiencia colectiva y definen qué es y qué no es pertinente.

Caemos con tanta facilidad en la integración grupal porque, como Freud observó, lo hemos practicado desde que éramos niños en el seno de nuestra familia. Un grupo es una pseudofamilia: la familia constituye el modelo del grupo; sus mismas dinámicas actúan en cualquier colectivo unificado, con todos los mecanismos del yo familiar. Y el yo familiar, en cierto modo, recrea las dinámicas del yo personal.

Al igual que en el caso individual, el yo grupal puede ser, en parte, llamado a integrar una conciencia compartida, mientras que otra parte queda consignada a un inconsciente compartido, es decir, a un área de experiencia común que nunca es verbalizada o expuesta pero que, sin embargo, ejerce su influencia sobre el grupo como unidad.

El yo grupal ha sido muy bien descrito por el psicoanalista Wilfred Bion, en términos de una "mentalidad grupal" que él ve como fondo común compartido, formado por los deseos, las opiniones, los pensamientos y las emociones de sus integrantes. Cualquier contribución a la mentalidad grupal deberá adecuarse a las contribuciones hechas por otros, ya que el yo grupal sólo incorpora aquellos esquemas que son compartidos. El aspecto más crucial de esta mentalidad grupal, dice Bion, está dado por las suposiciones básicas acerca de cómo manejar la información generadora de angustia, es decir —en los términos que venimos utilizando en esta obra— por las lagunas.

Otro experto en el tema de los grupos, Robert Bales, describe el inconsciente grupal en términos muy similares. Bales ha observado cómo los miembros de un grupo llegan a compartir una vida de fantasía unificada; lo que una persona dice tiene un significado inconsciente para los demás. De esa manera puede existir un sistema de comunicación a dos niveles: uno abierto, que trata la tarea grupal obvia y evidente; y otro encubierto, que maneja las angustias no verbalizadas —aunque comúnmente aceptadas— del grupo.

Un consultor empresarial cita, como ejemplo del inconsciente grupal en acción, la interacción de los vicepresidentes de una empresa que había sido adquirida recientemente por otra compañía.[2] Estos hombres estaban preocupados porque temían perder su puesto o ser bajados de categoría y habían desarrollado una mentalidad de "estado de sitio", esperando que, en cualquier momento, les llegaran las malas nuevas.

Mientras los vicepresidentes aguardaban la llegada de los directores ejecutivos de la empresa, a fin de dar comienzo a una reunión, uno de ellos empezó a relatar un incidente que había vivido últimamente mientras volaba en un pequeño avión. Durante el viaje, la aeronave empezó a tener problemas y, en un momento dado, el piloto le pidió que cambiara de asiento para equilibrar el peso. El tema central del relato era la angustia que había sentido y lo vulnerable que uno se llega a sentir en determinadas situaciones. De inmediato otro de los vicepresidentes contó una escena de pánico entre los pasajeros de un avión que se había incendiado, momentos antes de levantar vuelo, y que a él le tocó vivir personalmente. Esa historia condujo a otra, cuyo protagonista se había visto atrapado en el fuego cruzado entre francotiradores durante un viaje a Beirut.

La conversación siguió con una tónica similar hasta la iniciación de la reunión. El consultor la interpretó como una referencia tácita a la fragilidad de la posición de cada uno de los vicepresidentes y a la aprensión que todos ellos sentían frente a un supuesto desastre inminente. Este tipo de entendimiento tácito resulta posible en virtud de los esquemas mentales compartidos por el yo grupal.

En un grupo, al igual que con el yo individual, los esquemas dan forma al flujo de la información. En cualquier unidad de este tipo, los esquemas relevantes son los que comparten todos sus miembros, es decir la subserie de esquemas que constituyen el "nosotros".

Quiero demostrar aquí que el "nosotros" es tan vulnerable al autoengaño como el yo individual. La fuerza motivadora que actúa tras la formación de las ilusiones compartidas por un grupo, es la misma que opera en el yo individual: el impulso de minimizar la angustia.

El yo familiar

Una pareja sostiene una acalorada discusión sobre quién de los dos debería recoger los juguetes de los chicos, que quedaron tirados en la vereda, frente a su casa. Uno acusa al otro de que no le importa nada de lo que puedan pensar los vecinos y de estropear las relaciones con ellos, dados los inconvenientes que podrían acarrear esos juguetes desparramados en un lugar de paso. La discusión en sí misma revela la profunda preocupación de la pareja por mostrar su mejor cara frente a los vecinos y mantener una buena relación con éstos.

Este ejemplo ha sido presentado por David Reiss, un psiquiatra que se dedica al estudio de familias.[3] Sostiene que esos momentos en la vida de una pareja o de una familia permiten al observador atento detectar los esquemas tácitos compartidos, que definen cómo esa pareja o ese grupo familiar se ve a sí mismo y el mundo que los rodea; lo que se revela es lo que puede ser denominado un "yo familiar".

La discusión antes mencionada, dice Reiss, puede surgir a partir de una suposición compartida como, por ejemplo: "La gente de este vecindario se fastidia mucho si los juguetes de los chicos quedan tirados en la vereda", o "La gente de este vecindario es rígida y puntillosa". El complemento de este concepto es algo así como: "Nosotros somos muy sensibles a la opinión de los demás". Todos éstos son esquemas que se establecen en el yo familiar.

Los diversos yo familiares pueden ser clasificados de acuerdo con una amplia variedad de dimensiones. Por ejemplo, el sociólogo Robert Merton hizo una diferenciación entre los residentes en pequeñas ciudades, a los que denominaba "locales", y los que vivían en las grandes urbes, clasificados como "cosmopolitas".[4] La dicotomía puede hacerse extensiva, con gran facilidad, a los grupos familiares. Una familia cosmopolita, al igual que el individuo de esta tipología, vuelve su mirada hacia la gente, actividades e intereses que están más allá de los confines de su vecindario o de su ciudad. Sus amigos, lugares de trabajo y colegios están dispersos. Se mudan con frecuencia, ya sea por razones laborales u otros motivos.

Las familias "locales", en cambio, están muy arraigadas a su lugar. Su historia familiar suele remontarse a varias generaciones que vivieron en la misma localidad. Sus amigos, colegios y lugares de trabajo se encuentran todos en las inmediaciones. A menudo, su vida laboral no sólo se desarrolla cerca del hogar sino que también depende de los contactos y de las amistades. La familia local desarrolla rutinas específicas y mantiene tradiciones con respecto a sus hábitos de compra, su vida social y sus actividades recreativas. La familia cosmopolita, en cambio, tiene hábitos menos firmemente establecidos y más abiertos a la exploración y la novedad.

Las respectivas realidades de esas familias frente a su entorno reflejan esas diferencias. Para la familia local, el vecindario más inmediato está marcadamente definido por amplios esquemas que codifican una rica historia: los comercios y tiendas locales no sólo existen para ellos en su forma actual, sino que mantienen su presencia tal como han sido y se han desarrollado a través de los años. La familia cosmopolita, en cambio, conoce a su vecindario en forma más superficial; hay extensas áreas que ignora y, por lo tanto, genera menor cantidad de esquemas. Pero el mapa de su mundo es mucho más amplio, e incluye barrios de otras ciudades que les resultan tan familiares como el que habitan en la actualidad. Cada esquema, tanto local como cosmopolita, tiene sus característicos puntos ciegos y aspectos particulares.

Durante una década y media, Reiss y sus colaboradores estudiaron diversas familias, a fin de determinar la naturaleza de sus perspectivas compartidas y de qué manera esas visiones operaban para regular y definir la vida familiar. Los resultados de sus estudios permiten vislumbrar las fuerzas que dan forma a los esquemas en la familia.

Según la teoría de Reiss, la familia comparte un yo grupal que, a su vez, modela sus vidas. Las experiencias familiares compartidas, dice, "guían y modelan la forma en que una familia encara sus problemas específicos". Esta interpretación familiar permanece oculta entre bambalinas, como una estructura escondida que dirige la vida familiar. Las perspectivas compartidas desempeñan para la familia el mismo rol que juegan los esquemas a nivel individual.

La familia, cuando funciona como un grupo integrado, es una especie de mente consensuada. Como tal, desempeña las mismas funciones que las que hemos visto en la mente individual: recaba información, la interpreta y la distribuye. En ese esfuerzo, los esquemas compartidos actúan para guiar, seleccionar y censurar información a fin de satisfacer los requerimientos del yo grupal.

En la familia, operan dinámicas similares a las que operan en la mente individual. Más precisamente, también aquí hay un trueque entre atención y angustia: la familia, como grupo, elige e ignora información incongruente con su yo compartido, en un esfuerzo por proteger su integridad y su cohesión.

Tomemos como ejemplo a la familia que Reiss llamó "los Brady". La familia concurrió al centro del Dr. Reiss para encarar el tratamiento de Fred, el hijo de 27 años, que padecía de depresión suicida. El padre de Fred, un conocido y exitoso cirujano, había muerto veinte años atrás; la madre tenía sesenta y tantos años. Poco después de la muerte del padre, el hermano menor de éste —un tímido empleado de oficina— se fue vivir con ellos a su departamento. Las pertenencias del padre quedaron siempre en su sitio; los tres integrantes de la familia, por momentos, se referían al muerto como si estuviese presente. La idea que aún prevalecía era que ellos seguían integrando "la familia del cirujano", con su estabilidad y su prestigio. "Evidentemente —observa Reiss—, estaban preservando una ilusión compartida respecto de ellos mismos."

Dentro de la familia, la madre era la especialista en recabar información. Era la única que miraba televisión y leía los diarios; cuando estaba en casa, era ella quien contestaba todas las llamadas telefónicas. El rol de la madre era defender a la familia contra intrusos, que era la forma en que ellos calificaban a toda persona extraña al núcleo familiar. Cuando alguien pretendía visitarlos, era la madre quien trataba con esos potenciales visitantes y se encargaba de alejarlos, a fin de preservar a los hombres de la casa de involucrarse con el mundo externo. Cuando llamaban a la puerta, era ella la que, automáticamente, atendía. La madre era, de hecho, un guardaespaldas de la atención familiar. Esto le permitía desempeñar la decisiva función de definir y seleccionar lo que ella consideraba información relevante y de proveer las interpretaciones respectivas en cada caso:[5]

> Por ejemplo, al cabo de muchos meses de internación en el hospital, Fred obtuvo un alta parcial, lo que le permitió comenzar su primer trabajo, como auxiliar de uno de los técnicos del laboratorio del hospital. Nunca logró desempeñarse bien en esa tarea, pero la madre solía enfatizar sólo sus aspectos de tipo médico y presentaba el trabajo de su hijo, ante la familia y el terapeuta, como una prueba de que Fred pronto volvería a la universidad, estudiaría medicina y se recibiría de médico. Fred y su tío aceptaban de

buen grado esa interpretación de la realidad, altamente selectiva, que hacía la madre, dado que esa actitud materna daba a ambos una sensación de vigor familiar, prestigio y permanencia.

Para preservar, como grupo, esa sensación de autoestima, la familia Brady debía depurar la información a fin de proteger los valiosos esquemas familiares de estabilidad y prestigio. Para lograr esa depuración, era necesario ignorar o reinterpretar todos los datos que contradecían esos esquemas. El rol de recopiladora de información desempeñado por la madre simplificaba esa tarea; sin ayuda de nadie, la madre podía eliminar, con absoluta eficacia, toda información que pudiera llegar a socavar el concepto que la familia tenía de sí misma. Si todos los miembros de esa familia se hubieran desempeñado con la misma dedicación a la recopilación de datos, los riesgos de contradicciones habrían sido mucho mayores.

Si una familia puede ser considerada como una especie de mente conjunta, en el caso de los Brady esta mente era, sin duda alguna, deficiente. Aun cuando la distorsionada dinámica de la familia de un esquizofrénico no constituye la mejor base para una teoría general, Reiss la utiliza de todos modos como un punto de partida general para describir el manejo de la información en la familia. Los Brady eran una de cientos de familias que pasaron por una serie de pruebas, cuidadosamente diseñadas. Es a partir de esos datos además de estudios como el del caso Brady, como Reiss elabora su teoría.

El procesamiento de la información en una familia, dice Reiss, se desarrolla en tres fases interrelacionadas. En la primera, la familia recopila una cantidad determinada de la información que tiene a su disposición, al igual que el individuo focaliza su atención en forma selectiva. La selección e interpretación de esa información, como hemos visto en el caso de los Brady, está sujeta a toda la distorsión que ejercen los esquemas compartidos. Por último, la información que ha sido recopilada e interpretada selectivamente es distribuida entre los integrantes de la familia a medida que los esquemas compartidos son reafirmados mutuamente.

Muchas familias, como los Brady, disponen de uno o dos "especialistas en información" —por lo general, los padres, aunque no siempre ocurre así—, cuya tarea es seleccionar e interpretar. Otra alternativa es que todos, o la gran mayoría de los miembros de la familia, recaben información, luego comparen sus notas y las interpreten en forma congruente con los esquemas que comparten. Las familias difieren entre sí con respecto a cómo manejan la información; el estilo en que se realizan las tareas de recopilación, adecuación y distribución reflejan el carácter de la vida familiar.

A fin de evaluar los esquemas compartidos de una familia común, Reiss y sus colaboradores recurrieron a la Asociación de padres y maestros (Parent-Teacher Association - PTA) para reclutar 82 familias de clase media, que vivían en Washington, D.C., e incluirlas en sus estudios. Cada una de esas familias concurrió al centro de estudios del Dr. Reiss, donde fueron sometidas a una cantidad de pruebas para la medición de su desempeño en cuanto a percepción. La batería de test se refería a las principales fases de procesamiento conjunto de la información. El ensayo buscaba obtener un análogo de laboratorio acerca de cómo las familias perciben —o ignoran— la información en la vida cotidiana.

En una de esas pruebas, por ejemplo, se proporcionaba a la familia un rompecabezas en el cual había secuencias de círculos (c), triángulos (t) y cuadrados (c^2). La secuencia de esas formas estaba regida por un esquema subyacente, que toda la familia tenía que tratar de descubrir. Una secuencia típica era cccttt; su esquema subyacente podía ser expresado por la regla: "Una secuencia ininterrumpida de círculos, seguida de una secuencia ininterrumpida de triángulos". Esta regla es una especie de esquema. El ensayo permitía observar cómo la familia formaba un esquema compartido de este tipo.

Para adivinar el modelo subyacente, se pidió a la familia que creara otra secuencia según la misma regla. Cada miembro de la familia estaba sentado a una mesa especial, separada por una división desde la cual no era posible ver a los demás. Cada uno escribió su idea en una hoja de papel y se la pasó al coordinador del ensayo, quien luego de evaluarla como correcta o incorrecta, la pasaba a los otros miembros de la familia. Todo esto se desarrollaba en silencio. Cuando cada integrante de la familia terminaba de analizar, en forma individual, las ideas de los demás y de elaborar una segunda idea propia, pulsaba un interruptor para encender la luz de finalizado. Cuando todos concluyeron ese proceso, se pasó a evaluar la prueba.

No todas las familias arribaron a una decisión unánime sobre la regla subyacente. Para medir la dinámica general de cada familia, se tuvo en cuenta si la decisión había sido unánimemente grupal o no, y cómo los miembros habían arribado a sus decisiones. Por ejemplo, la familia "Friedkin" (incluida en otro estudio, realizado entre familias con un integrante afectado seriamente por algún problema físico o mental), en la realización de este simple test reprodujo su problema general. Las características de esta familia eran las siguientes:

El señor Friedkin, un exitoso hombre de negocios, desempeña a la vez el rol de padre y de madre frente a sus cinco hijos adolescentes; la señora Friedkin es una mujer obesa, crónicamente deprimida y desorganizada. A lo largo de los distintos pasos del test, la señora Friedkin actuó en forma autónoma, sin prestar atención ni a la retroalimentación dada por el coordinador del estudio ni a las ideas presentadas por su familia; su pensamiento era caótico y aislado. Las dos hijas que participaron del ensayo no llegaron a captar el modelo subyacente pero, finalmente, se pusieron de acuerdo sobre una misma sugerencia.

En un momento dado, pareció que el señor Friedkin había dado con el modelo subyacente correcto, pero ninguno de los demás miembros de la familia coincidió con su idea. Finalmente, terminó por ignorar las pruebas que fundamentaban su propia y correcta idea para plegarse a la teoría desarrollada por sus dos hijas. Al decidirse por esa alternativa, el señor Friedkin logró unanimidad con sus hijas, al precio de tener que renunciar a su propia respuesta acertada. El esquema conjunto final alcanzado de esa manera era defectuoso, pero servía para preservar una sensación de unidad; este trueque es algo que, como veremos más adelante, tienen en común todo tipo de grupos.

El estudio clínico de la familia Friedkin demostró que los esquemas revelados durante el ensayo eran característicos de su interacción cotidiana. La señora Friedkin estaba segregada de la vida familiar, era una marginada social en su propio hogar. El padre y los hijos habían conformado una alianza y compartían su propia visión del mundo. Su necesidad de experimentar una sensación de unidad se satisfacía, en ocasiones, a costa de adoptar esquemas que no encajaban en una realidad más objetiva.

"Las familias difieren en cuanto a la visión compartida de su mundo social —escribe Reiss—. Algunas, por ejemplo, muestran una imagen confiable y firme, en un mundo ordenado y manejable; otras ven su mundo social como mutante, imprevisible y potencialmente peligroso."

Para Reiss, la visión colectiva de las distintas familias resultaba evidente a través de la forma en que interpretaban el experimento mismo:[6]

Las familias participantes del ensayo parecían tener interpretaciones compartidas sobre el entorno del laboratorio, que habían elaborado previamente o de manera casi inmediata en el momento de llegar. Algunas sentían que la situación era segura y controlable; otras la percibían como angustiante y peligrosa. La mayoría parecía no reconocer la subjetividad de sus puntos de vista. Por el contrario, estaban convencidas de que sus conceptos eran objetivos, concretos y basados en evidencias. Las familias temerosas pensaban que nosotros, los investigadores, estábamos tramando alguna trampa, mientras que las familias seguras confiaban en nosotros, a pesar de que no tenían ninguna prueba irrefutable de que no fuésemos en realidad unos estafadores.

La batería de test diferenciaba a las familias de acuerdo con diversas dimensiones, cada una de las cuales ponderaba un aspecto del paradigma familiar. Por ejemplo:

- *Coordinación* es el grado en que la familia opera como un grupo unificado. Cuando encaran un desafío, las familias con alto grado de coordinación cooperan y se comunican a menudo y con claridad, compartiendo información crucial.
  Las familias con un bajo nivel de coordinación se dividen, comparten poca información y sus miembros no cooperan entre sí.
- *Conclusión* evalúa cuán abierta o cerrada es una familia frente a nueva información. Una conclusión que se demora permite a la familia, cuando se encuentran frente a un desafío, reunir nuevos datos y considerar soluciones alternativas. Las familias que llegan a conclusiones apresuradas se cierran a toda nueva información y responden al desafío con conclusiones impuestas en forma apresurada, sin tener en cuenta otras opciones.

Si bien no está del todo claro cómo se origina ese tipo de paradigmas familiares, la información presentada por Reiss demuestra que, en general, existe un alto grado de correspondencia entre los miembros de una familia.[7] A pesar de que, de ninguna manera, cada uno de los integrantes de un grupo de este tipo presenta todos los aspectos del estilo de atención familiar, los miembros de una misma familia se parecen considerablemente en cuanto a su manera de absorber y utilizar la información. ¿De qué manera preservan y transmiten las familias esos esquemas compartidos?

Los rituales familiares como memoria grupal

La suma del total de esquemas compartidos, dice Reiss, constituye un "paradigma familiar". El mismo no sólo reside en la mente de cada miembro, sino también en la interacción que se produce entre ellos. Los modelos de comunicación habituales y recurrentes de una familia están cuidadosamente organizados para servir como una especie de memoria grupal. Algunas interacciones —celebraciones, discusiones, salidas— de las cuales participan todos los integrantes de una familia son las fuentes de aprovisionamiento claves del paradigma. Pero, en cierta medida, también lo son todas las interacciones cotidianas y rutinarias de la vida familiar. En cada caso, el paradigma familiar está insertado en la actividad diaria como un regulador invisible de lo que sucede en ese grupo.

A esas secuencias dictadas por los paradigmas, Reiss las denomina "modelos de regulación". En la mente compartida de la familia, estos reguladores tienen su análogo en los mecanismos inconscientes de la mente individual. La familia en general no tiene conciencia de ellos, a pesar de que desempeñan un rol fundamental en la forma en que modelan la conciencia familiar: [8]

> El reservorio de los paradigmas familiares puede ser imaginado como la memoria de sus integrantes tomados individualmente, es decir, lo que cada uno de los miembros recuerda de la historia familiar, sus mitos, héroes, valores, secretos y suposiciones, combinados para conformar un paradigma coherente. Los modelos de interacción en una familia... pueden considerarse como medios de expresión (y no tanto de ocultamiento) de la naturaleza de los paradigmas familiares; en cierto modo, concretan un plan que ha sido modelado o teñido por uno de esos paradigmas. Asimismo, se puede afirmar... que el comportamiento mismo es el sitio, el medio, el

lugar de almacenaje del paradigma, como asimismo una manera de expresarlo y concretar el plan que el mismo modela.

El siguiente ejemplo de un modelo regulador de la interacción proviene de un estudio de microeventos recogido durante una terapia familiar. Una secuencia típica es la siguiente:[9]

$$
\text{Cada vez que el esposo}
\begin{cases}
\text{se rascaba la oreja} \\
\text{se frotaba la nariz} \\
\text{golpeaba el piso con su pie izquierdo}
\end{cases}
$$

durante una discusión con su esposa

$$
\text{uno de los niños}
\begin{cases}
\text{pedía ir al baño} \\
\text{pegaba al hermano} \\
\text{comenzaba a llorar}
\end{cases}
$$

Con este esquema, las disputas matrimoniales nunca terminaban de resolverse, pues los padres debían interrumpir la discusión para atender al niño.

Estos modelos son utilizados por los chicos para lograr, a su criterio, una finalidad positiva. Un niño que percibe que sus padres no se llevan bien, a menudo teme que resolverán sus disputas divorciándose y disolviendo la familia. Para evitar esa posibilidad, el niño interviene, como en este ejemplo, a fin de que la disputa no llegue a un final de ese tipo. En este modelo regulador, los hijos preservan la integridad familiar cortando la discusión paterna.

A veces un ritual familiar puede servir para ocultar un temor, una parte del esquema familiar que es compartido por todos pero resulta demasiado amenazante como para ser tratado abiertamente. Este tipo de drama encubierto se puede observar en la familia A, una familia muy problematizada de Nueva Inglaterra, constituida por siete personas, que fueron observadas detenidamente por el terapeuta Eric Bermann.[10] El señor A padecía una gravísima afección cardíaca y debía someterse, a corto plazo, a una operación de alto riesgo y de resultado incierto. El ritual de la familia para manejar ese temor comenzó a elaborarse en torno de Roscoe, el cuarto de los cinco hijos.

Roscoe era el chivo expiatorio de la familia. El niño había sido un "accidente"; la señora A, después de haber tenido tres hijos, esperaba liberarse paulatinamente de sus obligaciones como madre y ama de casa, pero la llegada de Roscoe cortó abruptamente sus ilusiones. El nacimiento del pequeño resucitó en la madre una ira reprimida en su infancia: de niña se había visto obligada a organizar su vida en torno al cuidado de un hermano menor, porque su madre trabajaba. El pobre Roscoe tenía que soportar el peso del resentimiento acumulado de su madre.

Sin embargo, Roscoe no pasó a convertirse en la víctima de la familia sino hasta que comenzaron los problemas cardíacos del señor A. A medida que el terror de la familia aumentaba, fue apareciendo un modelo característico de interacción, en el cual Roscoe desempeñaba el rol de villano y su hermano mayor, Ricky, el de acusador. Por ejemplo:[11]

> Ricky descubrió que Roscoe había encontrado un cangrejo en un arroyo cercano. Frente a toda la familia, acusó a su hermano de poner arena en el balde de agua en el cual se encontraba el cangrejo. Todo el grupo aceptó la veracidad de lo dicho por Ricky y consideró como cierto que la arena colocada en el balde podía matar al cangrejo. La señora A ordenó a Roscoe devolver el cangrejo al arroyo y, además, lo puso en ridículo ante los demás diciendo que "se suponía que amabas a los animales". Rituales similares, aunque no idénticos, tenían lugar en forma regular. Se afirmaba que Roscoe arruinaría sus zapatos nuevos, que rompería el terrario, que enseñaba a hacer pruebas peligrosas al perro de la casa, y así constantemente. Cada episodio tenía componentes similares: Roscoe se ocupaba de algo que realmente le interesaba; alguien —a menudo, Ricky— lo acusaba de dañar o poner en peligro ese "algo"; uno de los padres escuchaba la acusación y luego condenaba a Roscoe, muchas veces obligándolo a una humillante rendición.

Un paradigma familiar puede tener un doble nivel de conciencia: uno dentro de la conciencia colectiva y otro fuera de esa conciencia, aunque también compartido. Al observar a esta familia, Bermann vio ese modelo como la forma utilizada por la familia A para manejar el terror sepultado de lo que ocurriría si la intervención quirúrgica del señor A fracasaba. Los ataques contra Roscoe representaban un simbólico contraataque colectivo contra un mundo lleno de incontrolables fuerzas asesinas. De acuerdo con esta interpretación, el incidente con el cangrejo es particularmente revelador: se identifica una víctima y un asesino, el asesino es castigado y la víctima es puesta a salvo. Por un breve instante, la familia desvía una muerte que está encarnada en la enfermedad del padre y a la que todos tienen terror. La posibilidad de desquitarse con Roscoe ofrece a la familia un alivio simbólico del miedo que no se atreven a enfrentar abiertamente.

En síntesis, la familia es una especie de mente grupal, de muchas de las propiedades de la mente individual. La experiencia de criarse en una familia determinada deja sus huellas en los hábitos de la atención del niño, a veces con consecuencias desafortunadas, como hemos visto en el caso del estilo paranoico. Pero ese modelo no es sino un extremo de un proceso por el que todos pasamos, a medida que nuestra familia nos socializa para interactuar con la realidad del mundo.

La familia estructura una realidad a través de los esquemas conjuntos que sus integrantes terminan por compartir. La imagen que tiene la familia de sí misma es un subgrupo de esquemas compartidos; la suma total constituye el paradigma familiar. La topografía del universo privado de una familia está implícita en rutinas y rituales, como también en cómo los distintos miembros reciben, interpretan y comparten (o no) la información. Nos queda por explorar la forma en que la familia resuelve la tensión que existe entre angustia y atención y la susceptibilidad resultante a las ilusiones compartidas.

El juego de la familia feliz

El actor Hume Cronyn se crió, a principios de este siglo, en el seno de una acaudalada familia canadiense.[12] Vivían en una mansión de estilo eduardiano ubicada en London, Ontario, y en ese hogar se observaban las estrictas normas que regían para ese nivel social y esa época. El padre sufría de esclerosis cerebral que, en su etapa temprana, le provocaba ocasionales ataques espasmódicos. Pero tener espasmos era algo que no se adecuaba a las convenciones sociales de ese nivel, de modo que las mismas eran, simplemente, ignoradas.

"Mientras viva —recuerda Cronyn— no olvidaré aquella noche, durante la cena, cuando mi padre tuvo un espasmo y su mano, involuntariamente, golpeó contra la fuente hirviente que contenía un plato preparado con queso y huevos. Mi padre perdió el conocimiento pero todos nosotros permanecimos sentados en nuestro sitio. El mayordomo se acercó, lo incorporó, lo limpió con todo cuidado y le sirvió otro plato.

"Al cabo de unos minutos, papá recuperó el conocimiento. Miró sorprendido a su alrededor y se dispuso a comer, mientras todos reanudamos la conversación en el punto exacto en que la habíamos interrumpido. Pero cuando mi padre fue a tomar el tenedor, se quedó mirando atónito su mano derecha, que estaba totalmente escaldada. Él no tenía la menor idea del origen de esa quemadura."

"No conocí a ninguna familia —escribe R. D. Laing— que no marcara ciertos límites sobre qué se puede decir y con qué palabras decirlo." O sea que cada familia tiene su propio estilo en relación con qué aspectos de la experiencia común pueden exponerse y cuáles deben ser ocultados o negados. Cuando una experiencia es compartida abiertamente, la familia también tiene un vocabulario "autorizado", relativo a qué se puede y qué no se puede decir sobre la misma.

El proceso que describe Laing es exactamente el de los esquemas en acción: dirigen la atención hacia "aquí", apartándola de "allí"; marcan cómo analizar tal o cual cosa. Comentamos sobre lo alegre que está la hermanita hoy, pero damos un rodeo alrededor del hecho de que la madre está deprimida y alcoholizada diciendo que hoy "el tiempo la tiene mal". Cuando el padre padece un espasmo, hacemos de cuenta que no sucedió nada.

Estas normas pueden operar en la mente colectiva de la familia con la misma efectividad subliminal con que lo hacen en la mente individual. Laing nos da un ejemplo al respecto:[13]

> Una familia tiene por norma que el pequeño Johnny no debe tener pensamientos obscenos. Johnny es un buen chico. Ni siquiera es necesario que le digan que no tenga pensamientos obscenos. Nunca se le ha enseñado a no tener pensamientos obscenos. Nunca tiene pensamientos obscenos.
>
> De modo que, según la familia, e incluso según el pequeño Johnny, no hay una norma que prohíba tener pensamientos obscenos, ya que no es necesario tener normas que prohíban algo que nunca ocurre. Además, en la familia nunca se habla de la posibilidad de una norma contra pensamientos obscenos porque, dado que no hay pensamientos obscenos y, por lo tanto, tampoco hay una norma que prohíba los mismos, no hace falta hablar sobre este tema lamentable, abstracto e irrelevante e, incluso, vagamente obsceno.

Laing codifica el funcionamiento de esas normas invisibles sobre las normas de la siguiente manera:[14]

Norma A: No lo hagas.
Norma A.1: La norma A no existe
Norma A.2: No discutas la existencia o no-existencia de las normas A, A.1 o A.2.

Las lagunas familiares son el resultado de normas referidas a aquello que no puede ser percibido, a tal grado, que no se percibe que no se lo puede percibir. Son para el grupo lo que las distintas defensas son para el individuo. Mientras modelan y limitan la experiencia, ese accionar no resulta evidente porque operan al margen de nuestra conciencia.

"Si obedeces esas normas —dice Laing a modo de ilustración—[15] no sabrás que existen. No hay una norma que prohíba hablar sobre meterse el dedo en la boca, o meterlo en la boca del hermano, de la hermana, de la madre, del padre o de cualquier otra persona... Pero puedo decir que nunca he puesto mi dedo en una serie de lugares...

[no mencionables]. ¿Qué lugares? No los puedo mencionar ¿Por qué no? No lo puedo decir."

El máximo exponente de la laguna familiar es lo que Laing denomina "El juego de la familia feliz", un prototipo de cómo un grupo se confabula para asegurar que sus integrantes se sientan cómodos. Laing lo describe de la siguiente manera: [16]

> La negación es exigida por otros; es parte del sistema transpersonal de la confabulación, mediante el cual nos acomodamos a los demás y los demás se acomodan a nosotros. Por ejemplo, hace falta una confabulación para jugar a la familia feliz. Individualmente soy desdichado. Ante mí mismo niego que lo soy. Niego que me estoy negando algo a mí mismo y a los demás. Ellos tienen que hacer lo mismo. Me tengo que confabular con su negación y su confabulación, y ellos se tienen que confabular con la mía.
>
> Así somos una familia feliz y no tenemos
> secretos entre nosotros.
> Si somos desdichados
> tenemos que mantenerlo en secreto,
> y somos desdichados porque lo tenemos que mantener en secreto
> y desdichados porque tenemos que mantener en secreto
> al hecho
> de que lo tenemos que mantener en secreto
> y de que estamos todos manteniendo ese secreto.
> Pero dado que somos una familia feliz, como se podrá ver,
> este problema no aparece.

Cuanto más horrendos sean los secretos que una familia guarda para sí, mayor es la probabilidad de que recurra a estratagemas como la de la familia feliz para mantener una cierta apariencia de estabilidad. El psiquiatra Michael Weissberg advierte que uno de los síntomas de una familia en la que existe incesto puede ser que la misma aparezca como "demasiado" feliz.[17] Weissberg dice al respecto: "Algunas señales de alarma están dadas por la familia perfecta, donde todos comparten todo, pero donde la madre queda afuera porque está deprimida, enferma o tiene algún otro problema emocional que la aísla". Un síntoma paralelo es la hija demasiado perfecta. A menudo ha asumido responsabilidades de tipo paterno o materno a una edad muy temprana. Se desempeña muy bien en el colegio, es cortés y bien educada, y se muestra ansiosa por complacer a los demás. Weissberg cuenta que una víctima del incesto obtenía siempre las mejores calificaciones en el colegio y preparaba la cena para toda la familia desde los diez años de edad.

Este tipo de juegos permite la negación abierta de una verdad terrible, tácitamente conocida por todos. La culpa, la vergüenza y el temor son los orígenes más importantes de esa confabulación. El temor a ser abandonado por la pareja o por los padres —por más espantosamente mal que ellos los traten— inducen a esposos y a hijos a inventar, alegremente, coartadas para los más horrendos abusos y así distorsionar su percepción de una evidente crueldad.

Quizá los secretos más tristes sean aquellos que encontramos en familias en las que el abuso, el incesto o el alcoholismo se desarrollan bajo un manto de niebla generado por el tipo de confabulación mencionado. Estas familias pasan a menudo por un ciclo de negación y de culpa. La negación se ocupa de desmentir que sucede algo anormal o, en todo caso, que sólo fue un desliz que no se volverá a repetir. La culpa puede tomar la forma de un sentimiento de culpabilidad por parte de la víctima; la literatura psiquiátrica documenta exhaustivamente que tanto esposas golpeadas como víctimas de incesto sienten con frecuencia que merecen el maltrato del que son víctimas.

En estas familias suele operar una muy fuerte defensa colectiva. Abundan las pruebas más diversas sobre lo que ocurre, pero son ignoradas o se las desactiva a través de explicaciones varias. Una víctima de incesto, ahora ya adulta, recuerda con profunda ira:[18] "Nunca le dije [a mi madre] lo que hacía mi padre, pero... ¡por Dios, sólo con lavar mi ropa habría tenido que darse cuenta! Había bombachitas ensangrentadas, pijamas sucios de semen, sábanas manchadas. Estaba todo a la vista. Pero ella decidió no ver".

La telaraña de la negación puede extenderse más allá de la familia, hacia amigos, parientes, e incluso frente a la policía, al médico y al asistente social. Tomemos el caso de "Margaret", la mujer de un líder político de una ciudad mediana ubicada en el centro-oeste de los Estados Unidos, que se sintió desolada al enterarse de que su esposo molestaba a su hijita de cinco años. El caso fue relatado por Sandra Butler.[19] Durante años, Margaret sufrió momentos desgarradores. Su esposo negaba que sus "juegos" con su hija fuese algo fuera de lo normal. Su cuñada le aseguraba que "eso era lo habitual" en su familia y que Margaret no debía preocuparse por el asunto. Cada vez más alterada, Margaret fue internada en un hospital, durante seis semanas, con un colapso nervioso.

Algunos años más tarde, el hijita del matrimonio, de catorce años de edad, le dijo que su padre la había violado, mientras estaban de campamento. Al recurrir a un abogado, éste le aconsejó que enviara al niño a un internado. Cuando Margaret pidió ayuda a los tíos de su marido, éstos insistieron en que ella estaba exagerando y que manejara la situación "como una persona civilizada", es decir, que no hiciera nada. Pidió ayuda al director del colegio de sus hijos, pero éste le dijo que no disponía de personal capacitado para tratar "ese tipo de problemas". Si los chicos iban a pedir ayuda, dijo, el colegio haría lo que estuviera a su alcance. Pero los niños se sentían demasiado avergonzados como para hablar del tema.

Cuando Margaret, finalmente, recurrió a la policía, el comisario le dio una respuesta brutal. Su consejo fue: "Consígase una pistola y, si vuelve a tocar a sus hijos, vuélele la tapa de los sesos a ese hijo de puta". Pero no le ofreció ningún tipo de ayuda. Por último, totalmente desesperada, Margaret asistió a una reunión de diáconos de la iglesia a la que concurría su familia. En el momento de abrirse el espacio para la discusión de problemas generales, Margaret se puso de pie y contó su historia. "La única respuesta que obtuvo fueron algunas tosecillas nerviosas, ruido de gente moviéndose, incómoda y molesta, en sus asientos...y nada más", según dice Sandra Butler en su relato.

Si bien puede que la historia de Margaret esté un poco exagerada, señala claramente el ambiente social que alienta a una familia a jugar a que "somos todos felices". Este juego mantiene las cosas a un nivel confortable para todo el mundo. Weissberg, que dirige el servicio de urgencios psiquiátricas en un hospital universitario, observa que los clínicos comparten la misma tónica que quienes iniciaron ese juego: "No quieren encontrar en sus pacientes situaciones que puedan ser percibidas como dramáticas, criminales o fuera de control. El clínico puede llegar a adherir al erróneo concepto acerca de que lo que no saben, no detectan y no diagnostican, no los podrá lastimar".[20]

"Esto es sumamente desgraciado —agrega—, dado que casi todas las víctimas y los victimarios emiten múltiples señales de que tienen problemas, como si realmente ansiaran ser descubiertos. Por ejemplo, más de la mitad de los individuos que se suicidan van a ver a su médico en el mes previo al hecho; el 80 por ciento de los suicidas que mueren a causa de una sobredosis de calmantes o barbitúricos utiliza medicamentos obtenidos bajo receta médica reciente."

Weissberg cuenta el caso de la hija de un médico, cuya madre la llevó a un traumatólogo por un tobillo dislocado; la radiografía reveló una fractura. Siete meses más tarde, la hija fue a ver a otro médico, con otra fractura. Sólo cuando una tercera fractura la obligó a recurrir a un nuevo médico, se sospechó que se trataba de un caso de abuso físico. La madre, finalmente, admitió que arrojaba a su hija contra la pared como castigo por su indisciplina. Los amigos y parientes de la familia conocían el origen de las lesiones, pero nadie intervino.

De modo similar, la esposa de un abogado inventaba excusas y explicaciones para justificar magulladuras y otros problemas médicos durante su embarazo. Tanto su obstetra como sus amigos optaron por ignorar la posibilidad de que su esposo la golpeara, hasta que abortó a causa de los golpes sufridos cuando su marido la arrojó por las escaleras.

Otro caso fue el de la "precoz hija de trece años de un sargento del ejército" que visitó reiteradas veces al médico de la familia a causa de infecciones en el tracto urinario. Su padre siempre la acompañaba. Lo más absurdo era que el médico le aseguraba al padre que su hija no tenía actividad sexual alguna. La realidad era que el padre, desde hacía años, mantenía relaciones íntimas con su hija.

Es sorprendente la importante cantidad de casos de abuso infantil que se producen, a pesar de que los niños tienen contacto con alguna autoridad —maestra, psicóloga, oficial de policía, asistente social— que habría tenido que detectar los indicios de abuso y hacer algo al respecto. Por lo general, un padre o una madre que llevan a un hijo a una sala de guardia con magulladuras y fracturas —consecuencia de una paliza— adjudican las heridas a un accidente, y el personal del hospital acepta esa explicación sin más trámite.

Weissberg da los siguientes ejemplos de lo que dicen esos padres para evitar ser descubiertos:[21]

DICE	EN REALIDAD SIGNIFICA
Nunca tengo problemas con mi bebé.	Ayer tuve que irme de casa porque temí que podía llegar a estrangular al chico.
No tengo idea de cómo se pueden haber producido esas magulladuras... Habrá sido un accidente.	Estaba furioso... y le di una paliza.
No tenía idea de que mi marido hacía eso.	Tengo terror a la soledad y temo que mi marido me abandone si critico su conducta.

Weissberg observa que, a menudo, se da crédito a esas mentiras y justificaciones debido a la angustia que genera el reconocer la realidad. La negación es la salida más fácil. "La negación termina con la angustia que se produce cuando un tercero reconoce la existencia de algún tipo de abuso; y también protege al observador, evitándole tener que decidir qué actitud tomar al enfrentarse a un caso de abuso."

El paralelo entre la mente familiar y la mente individual es total: también aquí observamos un trueque atención-angustia. El autoengaño, bajo el disfraz de la familia feliz, mantiene la angustia a raya. Las implicancias de este paralelo para comprender la dinámica grupal son importantes, dado que, como determinó Freud, la familia constituye el prototipo para la psicología de todos los grupos.

Nada huele mal
en Dinamarca

Lo que mejor ilustra el mecanismo de las defensas colectivas y las ilusiones compartidas en acción, dentro de un grupo no-familiar, es el concepto del "pensamiento grupal" o *"groupthink"*, desarrollado por Irving Janis.[22] Casos célebres de pensamiento grupal incluyen grandes fiascos como la invasión de la Bahía de los Cochinos y el caso Watergate. En ambos hechos, un grupo pequeño y unido de individuos clave en la toma de decisiones conspiraron, tácitamente, para ignorar información decisiva, porque la misma no encajaba en su visión colectiva. El resultado de ese tipo de decisiones parcializadas puede provocar un desastre total.

El pensamiento grupal, tal como lo presenta Janis, no constituye un argumento contra los grupos ni contra las decisiones tomadas dentro de ellos, sino un llamado de atención frente a una patología colectiva, un nosotros que se ha distorsionado. Los grupos constituyen un antídoto sensato contra los riesgos que implica una decisión tomada por un único individuo, expuesto a la influencia de subjetividades personales. Una persona sola es vulnerable a oscilaciones emocionales o a puntos ciegos que pueden aparecer a raíz de prejuicios sociales, o a la incapacidad de comprender todas las complejas consecuencias de una decisión en apariencia simple. En un grupo es posible tratar distintos aspectos de un tema, considerar otros puntos de vista, recopilar y evaluar información adicional. Cuando funciona en forma óptima, un grupo puede tomar mejores decisiones que cualquiera de sus miembros en forma individual. Pero el "pensamiento grupal" distorsiona y tergiversa el pensamiento del grupo.

Un ejemplo es la triste historia de Pitcher, una pequeña ciudad minera de Oklahoma. En 1950, un ingeniero en minería que vivía allí, instó a los habitantes de la ciudad a que abandonaran el lugar. Un accidente minero había socavado los terrenos en que estaba asentada la ciudad y, en cualquier momento, podían desmoronarse. Al día siguiente, en una reunión del Club de Leones, las autoridades de la ciudad se burlaron de esa advertencia. Cuando uno de los miembros del club, ironizando la recomendación del ingeniero, apareció munido de un paracaídas, todos se echaron a reír estrepitosamente. El mensaje "esto no puede suceder aquí", implícito en esa hilaridad, se vio dramáticamente refutado algunos días más tarde: varios de los hombres que habían participado en aquella reunión y sus familias murieron en el derrumbe.

Janis presenta la historia de Pitcher como una introducción a su concepto del pensamiento grupal. El nombre del término, que en inglés (*groupthink*) tiene, con toda intención, connotaciones orwellianas, denota el deterioro de la eficiencia mental, la atención y el criterio de un grupo que suele aparecer como consecuencia de presiones y restricciones implícitas.

Debido a la sutileza de sus mecanismos, el pensamiento grupal resulta difícil de detectar y contrarrestar. A medida que los individuos/miembros del grupo se sienten cómodos e identificados con él, ese mismo sentimiento de comodidad que existe entre todos ellos puede tener como consecuencia una reticencia a expresar opiniones que pudieran llegar a destruir ese clima de unión y pertenencia. Janis lo describe de la siguiente manera: [23]

> ...El líder no procura en forma deliberada que el grupo le diga exactamente lo que él quisiera escuchar, sino que es muy sincero cuando pide opiniones honestas. Los miembros del grupo no se transforman en aduladores. No tienen miedo de decir lo que piensan. Sin embargo, limitaciones muy sutiles, que el líder, sin darse cuenta, puede llegar a reforzar, evitan que el individuo/miembro ejerza en pleno su capacidad crítica y exprese abiertamente sus dudas, cuando la mayoría de los demás individuos/miembros parecerían haber llegado a un consenso.

Tal como sucede con las defensas, el impulso de caer en el pensamiento grupal tiene por objetivo minimizar la angustia y preservar la autoestima. El pensamiento grupal describe los mecanismos que aplica la mente grupal para preservar la ilusión de la familia feliz. Al respecto, Janis observa lo siguiente:[24]

> Cada individuo, como integrante del grupo, se siente sujeto al mandato de evitar críticas incisivas que podrían acarrearle un choque con sus colegas del grupo y destruir la unidad del mismo... Cada miembro evita interferir con el consenso emergente, autoconvence de que los argumentos

contradictorios que tenía en su mente deben estar equivocados, o que sus dudas son tan insignificantes que ni siquiera vale la pena mencionarlas.

Los diversos dispositivos para reforzar la autoestima requieren de una ilusión de unanimidad con respecto de todos los juicios importantes. Sin esa unanimidad se perdería la sensación de unidad del grupo, comenzarían a surgir terribles dudas, la confianza en la capacidad del grupo para la resolución de problemas se iría reduciendo y no tardaría en aparecer todo el impacto emocional del estrés generado por la toma de decisiones difíciles.

Sin embargo, la argamasa que mantiene unido al grupo puede también llegar a ser, en un momento futuro, causa de su disolución. Una caricatura publicada en *The New Yorker* ilustra precisamente esto. Un rey está sentado en la sala principal de su castillo medieval, rodeado por sus caballeros. El rey dice: "Entonces, estamos todos de acuerdo. Nada huele mal aquí en Dinamarca. Hay mal olor por todos lados, menos aquí".

La angustia y la autoestima desempeñan el mismo rol en el "nosotros" que en el "yo"; estimulan la deformación de la realidad a fin de preservar un alto grado de autoestima y disminuir la angustia. Por ejemplo, en Japón, una cultura que concede gran importancia a la unidad grupal, una reunión —y las potenciales posibilidades de discrepancia— pueden ser un tema delicado. Arthur Golden, que trabajó en la redacción de una revista japonesa editada en idioma inglés, describe una típica reunión de trabajo en ese país:[25]

> En primer lugar, un colaborador, al que se le había encargado analizar una propuesta, presenta su informe. El jefe (cuya tarea es aprobar o rechazar propuestas, no presentarlas él mismo) asiente y carraspea. Todo el mundo tiene la mirada clavada en el suelo. Finalmente, el jefe pregunta: "¿Bien, qué piensan ustedes?". Nadie contesta. Entonces, pregunta a cada uno de los asistentes, en forma individual. Teniendo presente el ideal de unidad del grupo, cada uno contestará con algo muy ambiguo como, por ejemplo, "Creo que está bien". Más silencio y más asentir de cabezas.
>
> Finalmente, alguien suspirará, se rascará la cabeza o enviará una señal por el estilo, para indicar que, a pesar de que quizá no sea una circunstancia que él mismo habría elegido, percibe que puede existir una opinión que discrepa con la presentación original y siente la necesidad de expresársela al grupo… Una vez que una opinión es aceptada, se convierte en la opinión del grupo y ya no se la asocia con quien la originó. Esta convención ayuda a mantener intacta la unidad del grupo, al no poner en evidencia a ningún individuo/miembro en razón de su desempeño o iniciativa.

Janis desarrolló su concepto del pensamiento grupal a partir de sus investigaciones, realizadas en grupos tan diversos como un pelotón de infantería y ejecutivos en un grupo de capacitación en liderazgo. En todos los grupos que estudió, Janis detectó, en cierta medida, un trueque entre la preservación de un sentimiento de confortable solidaridad y la disposición a enfrentar los hechos y expresar puntos de vista que desafían los esquemas compartidos del yo grupal. El "nosotros" es susceptible de sufrir las mismas deformaciones totalitarias que el yo individual.

Por ejemplo, Janis cuenta su experiencia como asesor en un grupo de fumadores empedernidos, que habían concurrido a una clínica para poder dejar el tabaco. En la segunda reunión del grupo, los dos miembros dominantes del mismo declararon que era prácticamente imposible dejar de fumar. La mayoría estuvo de acuerdo con esa afirmación y se volvió contra el único miembro del grupo que se atrevió a contradecir tal opinión.

En el curso de la reunión siguiente, el mismo hombre que había sido el disidente solitario, dijo: "Cuando me incorporé a este grupo, estuve de acuerdo en seguir las dos normas básicas exigidas por la clínica: hacer un consciente esfuerzo para dejar de fumar y concurrir a todas las reuniones". Siguió diciendo que había aprendido del grupo que sólo era posible seguir una de esas normas. "Por lo tanto —concluyó—, decidí que voy a seguir concurriendo a todas las reuniones, pero he vuelto a fumar dos atados por día." Cuando terminó de hablar, los demás miembros del grupo lo aplaudieron, radiantes. Lo volvían a aceptar en su seno. Pero cuando Janis trató de señalar que el objetivo del grupo era dejar de fumar, sus compañeros del mismo ignoraron sus comentarios, y reiteraron que era imposible cortar con una adicción tan arraigada como fumar.

El grupo era extremadamente amistoso; sus integrantes buscaban alcanzar una coincidencia total sobre cada tema, sin ningún tipo de irritantes altercados que pudieran perturbar el clima de armonía reinante. Pero ese grato y confortable consenso estaba construido en torno a una ilusión: que cada integrante del grupo tenía una adicción irremediable al cigarrillo. Nadie cuestionaba esa premisa. La primera víctima del pensamiento grupal es el pensamiento crítico.

Tanto en un grupo de terapia psicológica como en una reunión de asesores presidenciales, la dinámica del pensamiento grupal es la misma. Una característica habitual es que la conversación se limite a unas pocas líneas de acción, mientras que se ignora el espectro total de alternativas posibles. No se presta atención a los valores implícitos en ese espectro de alternativas, ni nadie se detiene a considerar las desventajas de las opciones elegidas inicialmente. Las alternativas ignoradas nunca son traídas a colación, por grandes que sean sus ventajas. Nadie recurre a la información de expertos que podrían ofrecer una sólida estimación de pérdidas y ganancias; todo dato concreto que contradiga o desafíe la opción inicial es ignorado o rechazado de plano. Sólo se permite la expresión, amplia y total, de los esquemas compartidos con los que todos se sienten cómodos. Janis resume esa ley de la siguiente manera:[26]

> Cuanto más amigable sea el espíritu de equipo entre los integrantes de un grupo, mayor es el peligro de que el pensamiento crítico e independiente sea reemplazado por el pensamiento grupal, el cual, muy probablemente, generará acciones irracionales.

Fórmula para el fracaso

Resulta una ironía de la historia que el peor fracaso de John F. Kennedy —el desembarco en la Bahía de Cochinos— fue consecuencia de una sugerencia presentada originalmente por Richard M. Nixon, su contrincante en la elección presidencial. Nixon, mientras era vicepresidente de Eisenhower, había propuesto que el gobierno de los Estados Unidos entrenara a un ejército secreto de exilados cubanos para combatir a Castro. A Eisenhower le gustó la idea y dio instrucciones a la CIA para entrenar un ejército preparado para la lucha de guerrilla integrado por exiliados cubanos.

Cuando Kennedy asumió la presidencia del país, la CIA trabajaba en un elaborado plan para la invasión militar a Cuba y estaba entrenando a un ejército clandestino. Dos días después de que Kennedy asumió el mando, Allen Dulles, jefe de la CIA, le informó detalladamente sobre ese plan. Durante los ocho días siguientes, un pequeño grupo de asesores presidenciales evaluó la operación. En abril el plan se puso en práctica: mil cuatrocientos exilados cubanos concretaron el asalto a la Bahía de Cochinos.

El ataque resultó un desastre, del principio al fin. Ni uno solo de los cuatro buques con aprovisionamiento llegó al lugar. Al segundo día, veinte mil soldados cubanos cercaron a la brigada de asalto. Al tercer día, los sobrevivientes de la brigada estaban internados en campos para prisioneros. Sin embargo, hasta el momento preciso de la invasión, Kennedy y sus asesores estaban seguros de que el operativo derrocaría a Castro.

Ante el fracaso del ataque, Kennedy quedó atónito. "¿Cómo pude ser tan estúpido de permitir que esto se llevara adelante?", se preguntó.

Janis ofrece una respuesta detallada a esta pregunta, basado en testimonios de miembros del círculo más cercano a Kennedy, en los que se recuerda lo sucedido durante aquellos ocho días de debate, antes de que la brigada se hiciera a la mar. A esas reuniones asistieron algunos de los asesores clave de Kennedy —Rusk, McNamara, Bundy, Schlesinger y Robert Kennedy— y los tres jefes de las Fuerza Armadas, además de Allen Dulles y Richard Bissel, de la CIA.

En las reuniones, fue Bissel quien presentó el plan de invasión. Kennedy conocía a Bissel desde hacía años y sentía gran respeto por él; dado que el presidente parecía estar tan de acuerdo con Bissel, sus asesores también dieron su apoyo. El resultado fue una cantidad de especulaciones erróneas en aspectos cruciales, que condujeron al consenso acerca de que la invasión era una buena idea. Cada uno de esos errores podía haberse evitado, si se hubiera recurrido a la información de que disponían uno u otro miembro del grupo; habría bastado con pedirla o que ellos la presentaran. Nadie hizo nada de nada; todos estaban dominados por el pensamiento grupal.

El grupo supuso, por ejemplo, que la invasión desencadenaría el levantamiento armado interno en toda Cuba, a cargo de un movimiento clandestino adverso al gobierno de Castro, lo que conduciría al derrocamiento de éste. Sabían que el éxito del operativo dependería de ese levantamiento, dado que la fuerza de invasión, por sí misma, era demasiado reducida como para enfrentar al ejercito cubano (había 200.000 soldados cubanos contra 1.400 invasores). Bissel y Dulles aseguraban que un levantamiento de esa índole se produciría inevitablemente, y el grupo se basó en esa afirmación para seguir desarrollando el proyecto.

La verdad es que la CIA nunca había vaticinado nada por el estilo. Tampoco nadie —ni siquiera el secretario de Estado, Dean Rusk— pidió su opinión a los expertos en asuntos cubanos del Departamento de Estado, que monitoreaban y evaluaban a diario la vida política cubana. Nadie presentó los resultados de una encuesta muy seria, realizada el año anterior, que demostraba que la gran mayoría del pueblo cubano apoyaba a Fidel Castro. La encuesta había tenido amplia difusión en círculos gubernamentales y casi todos los que la habían estudiado llegaron a la conclusión de que había muy pocas posibilidades de generar algún tipo de resistencia interna contra Castro. "Esta prueba —dice Janis— fue totalmente olvidada o ignorada por los especialistas políticos que integraban el grupo."

Otra de las suposiciones en que se basaba la invasión era que, si la brigada fracasaba en sus primeras batallas, podría retirarse a los montes Escambray y resistir allí. Sin embargo, resultó que esas montañas sólo podían llegar a ser una base para la retirada en el caso de que se desembarcara en un sitio ubicado al pie de las mismas, considerado previamente pero luego desechado. La Bahía de Cochinos, elegida finalmente como lugar de desembarco, estaba ubicada a ochenta millas de las montañas y separada de ellas por una maraña de selva y pantanos. "Este error —dice Janis— habría podido ser corregido fácilmente si alguien del grupo se hubiera molestado en estudiar un mapa de Cuba, que se puede encontrar en cualquier atlas."

¿Cómo es posible que un grupo tan brillante y bien informado pueda haber llevado adelante un plan tan defectuoso y mal concebido? Janis lo adjudica a la evolución de una cantidad de esquemas grupales ilusorios y a los mecanismos que el grupo desarrolló para proteger esas ilusiones contra cualquier información que las contradijera. Mientras que los esquemas eran suposiciones presentadas en forma totalmente abierta, el hecho de que se trataba de ilusiones no era parte de la conciencia compartida por el grupo. Los mecanismos que los protegían no formaban parte de la conciencia grupal.

A pesar de que los individuos/miembros podían haber tomado conciencia de algún tipo de información que no apoyara las premisas grupales, o de la forma en que cierta información era mantenida al margen de la conciencia compartida; la conciencia colectiva relegaba esos datos al olvido. En este sentido, la zona de información al margen de la conciencia constituía el equivalente grupal de la mente inconsciente individual. El pensamiento grupal descrito por Janis opera en el inconsciente grupal así como los esquemas de distracción actúan en el inconsciente individual.

LA ILUSIÓN DE LA INVULNERABILIDAD

Al estudiar las fuerzas que conducen al pensamiento grupal en este caso, Janis señala varios de los errores cometidos por Kennedy y sus asesores. Para empezar, trabajaron bajo una "ilusión de invulnerabilidad", la sensación de que cualquier cosa que planearan estaba destinada a tener éxito. Kennedy acababa de ser elegido y el destino y la fortuna parecían estar de su lado. El clima que se vivía en la Casa Blanca, dice Schlesinger, era de gran euforia: "Todo el mundo alrededor de Kennedy pensaba que éste tenía el don de Midas y que era imposible que fracasara... Estábamos exultantes; por un momento llegamos a pensar que el mundo era manejable a nuestro gusto y que el futuro era ilimitado".

Ese mismo esquema color de rosa, dice Janis, se da en la mayoría de los grupos cuando se reúnen por primera vez como tal. El yo colectivo, recientemente adquirido —lo que Janis denomina el "sentirse nosotros"— confiere a sus integrantes la "sensación de pertenecer a un grupo poderoso y protector que, de alguna manera indefinida, abre nuevas potencialidades para cada uno de ellos. A menudo, existe una infinita admiración por el líder del grupo".

Esta sensación de invulnerabilidad es una falla grave que afecta seriamente la capacidad del grupo para evaluar en forma realista la información que maneja. Cada uno de los miembros del grupo es reacio a hacer algo que pudiera llegar a quebrar la sensación de euforia o de cohesión. El sólo hecho de criticar una decisión grupal o señalar sus riesgos —independientemente de la objetividad de ese juicio— se transforma en un ataque al yo grupal. "En las reuniones grupales —dice Janis—, esta tendencia al pensamiento grupal puede operar como una cortina de sonido tenue, que impide escuchar las señales de alarma. Todos los integrantes del grupo están, de una u otra manera, inclinados a prestar atención selectiva a los mensajes que van alimentando los sentimientos compartidos de confianza y optimismo, y a desatender todo aquello que no cumple esa función."

La ilusión de la unanimidad

Junto con la sensación de invulnerabilidad, aparece la ilusión de la unanimidad. Ambas parecerían provenir de la cómoda intimidad que existe dentro del grupo. Una vez que el mismo adopta una convicción o una decisión, lo más probable es que sus integrantes sientan que se trata de la convicción o de la decisión correcta. Después de todo, todos los miembros del grupo son gente tan formidable y maravillosa...¿Cómo podrían estar equivocados?

La interpretación más fácil es que hay consenso y unanimidad dentro del grupo. Esta ilusión se mantiene, según Janis, porque sus miembros "a menudo se inclinan, sin darse cuenta, prácticamente a evitar que emerjan los desacuerdos latentes en el momento de iniciar un curso de acción que implique ciertos riesgos. El líder del grupo y los integrantes del mismo se apoyan mutuamente, enfatizando las áreas de convergencia en su forma de pensar a expensas de la posibilidad de explorar, en profundidad, las discrepancias que pudieran interferir" con esa atmósfera de coincidencia.

Algunos años después de estos episodios, Theodore Sorensen comentó: "Nuestras reuniones se llevaban a cabo en un extraño clima de presunto consenso". En las sesiones clave, recuerda que nadie expresó ningún tipo de oposición marcada, ni se presentaron planes alternativos. Sin embargo, piensa que "si alguno de los asesores principales se hubiera opuesto a esa aventura, probablemente Kennedy la habría cancelado. Pero nadie se opuso". Al callar, quienes discrepaban con la mayoría tácitamente contribuyeron a la ilusión del consenso unánime.

Supresión de las dudas personales

¿Por qué callan quienes discrepan? Una de las razones parecería ser una censura autoimpuesta a sus dudas. Analizando el fracaso retrospectivamente, Sorensen llegó a la conclusión de que "había dudas, pero nunca se insistió demasiado en ellas, en parte por temor a ser calificado como blando o poco audaz frente a los colegas". La atmósfera de radiante unanimidad desalienta el disenso. En estos casos, presentar una objeción equivale a diferenciarse del grupo. Schlesinger, por ejemplo, escribió más tarde:[27]

> En los meses que siguieron al desembarco en la Bahía de Cochinos, me reproché amargamente haber guardado silencio durante aquellas discusiones cruciales en las reuniones de gabinete, a pesar de que mis sentimientos de culpa se vieron mitigados por la convicción de que mis objeciones no habrían servido para nada, salvo para ganarme fama de molesto y fastidioso.

En lugar de arriesgar el verse convertido en una especie de paria, quien, potencialmente disiente con el grupo, prefiere guardar silencio. Si habla puede destruir el consenso. Pero ese consenso, como hemos visto, es sólo una ilusión. La autocensura que ejercen los integrantes del grupo en desacuerdo impide que las críticas ingresen en la conciencia colectiva y permite que prospere una suposición colectiva de endeble basamento, sin que nadie la contradiga.

"Custodios" de la mente grupal

Ese "custodio" autodesignado es el integrante que asume la responsabilidad de depurar la información a fin de que se adecue a los esquemas compartidos. Esto siempre implica ejercer cierta presión social sobre los miembros que podrían expresar cierto disenso; el objetivo es asegurar que el consenso del grupo no sea puesto en peligro. A menudo esa presión es sumamente franca, como, por ejemplo, decirle al potencial detractor que se calle, cuando su opinión no coincide con la expresada por el grupo.

El custodio autodesignado es una especie de vigilante guardaespaldas, que no protege al grupo de una agresión física sino del ataque de la información. "Un custodio de este tipo —dice Janis— protege al grupo contra los pensamientos que podrían llegar a dañar su confianza en la sensatez de las políticas y decisiones con las que se ha comprometido."

En el grupo de hombres de la Casa Blanca, el hermano del Presidente, Robert Kennedy, asumió ese rol frente a Schlesinger. Robert Kennedy había oído que Schlesinger tenía serias reservas con respecto al plan de invasión. En una reunión, habló en un aparte con Schlesinger para preguntarle cuáles eran sus dudas. Después de escucharlo, con actitud fría y distante, Kennedy le dijo: "Usted podrá estar en lo cierto o estar equivocado, pero el Presidente ya tomó la decisión. No insista con sus argumentos. Ha llegado el momento en que todos tenemos que ayudarlo en esta causa lo más que podamos".

La "ayuda" que ofrece el custodio al grupo es de valor muy dudoso: mantiene la ilusión de la unanimidad, al precio de una evaluación eficiente de los datos de que se dispone. El custodio autodesignado conspira activamente para preservar las ficciones que se han generado en el seno del yo grupal, un acto equivalente a la represión como mecanismo de defensa del individuo.

RACIONALIZACIONES

Mucho de lo que los miembros de un grupo se dicen unos a otros para justificar una medida que se tambalea es nada más que una racionalización, una línea argumental en la que todos aúnan esfuerzos para armar y creer. Las racionalizaciones sirven para construir confianza y confirmarle al grupo la calidad moral, la seguridad, sabiduría y validez de las decisiones que ha tomado. La decisión del asalto a la Bahía de Cochinos se basaba en un pantano de racionalización, que evaluaba como seguro y sencillo lo que constituía un plan sumamente arriesgado y audaz. Esas racionalizaciones impidieron que el grupo analizara información elocuentemente negativa para su plan, como, por ejemplo, el hecho de que el ejército de Castro superaba a la fuerza invasora en una proporción de más de 140 a 1.

ANTEOJERAS ÉTICAS

El esquema del grupo incluye una convicción tácita de que su accionar es correcto y moral, suposición que permite a sus miembros ignorar el status moral y las consecuencias de sus decisiones. Esta convicción proviene del credo grupal de que "somos sabios y buenos", lo cual muestra un aspecto de la imagen de invulnerabilidad que el grupo tiene de sí mismo. "Y, después de todo, si somos buenos, todo lo que hagamos, sea lo que fuere, también será bueno", suelen decir los miembros del grupo. Estas anteojeras éticas ayudan al grupo a evitar sentirse avergonzado o culpable de lo que, de otra manera, podrían considerarse medios u objetivos cuestionables. Sus acciones pueden seguir adelante, cómodamente protegidas por una sensación de rectitud y probidad. La endeble suposición era que, si el gobierno de los Estados Unidos decretaba que algo era lo mejor para la gente, esa decisión forzosamente debía ser "moral". Tal suposición fue lo que avaló el ataque a la Bahía de Cochinos, hecho que se ha repetido en diferentes episodios de la política exterior de los Estados Unidos.

ESTEREOTIPOS

Un estereotipo es la lente, groseramente desenfocada, a través de la cual un grupo ve a otro. El estereotipo puede ser positivo o negativo, pero es invariablemente inexacto. Un estereotipo es un esquema que, una vez fijado, se preserva, sin parar mientes en los hechos que lo contradigan y magnificando todo aquello que lo ratifica. Los estereotipos son autoconfirmantes. En la decisión del desembarco en la Bahía de Cochinos, el estereotipo que mostraba a Castro como histérico e inepto permitió al grupo de la Casa Blanca subestimar la respuesta de los cubanos frente a la invasión. Los estereotipos son sumamente tenaces; los miembros del grupo se mantendrán aferrados a ellos pese a toda las pruebas en contrario. Las imágenes que cualquier grupo tiene de su "enemigo" siempre se basan en estereotipos: el criterio de valor que está implícito en el término "enemigo" es incompatible con el conocimiento de cualquier tipo de aspectos del otro, que podrían hacerlo aparecer como no tan diferentes de nosotros mismos.

El autoengaño al que conduce el pensamiento grupal puede ser evitado. De hecho, el presidente Kennedy, llamado a la realidad por el episodio de la Bahía de Cochinos, deliberadamente alentó el pensamiento crítico y el disenso abierto entre sus asesores, durante el manejo de la crisis de los misiles cubanos. El pensamiento crítico y el disenso son los antídotos contra las ilusiones compartidas, y aseguran que los esquemas grupales estén más en consonancia con la realidad o, en el peor de los casos, que se cometan errores como consecuencia de criterios honestos y no como producto del pensamiento grupal.

El pensamiento grupal en las organizaciones

El pensamiento grupal es una patología particularmente peligrosa para las empresas. Por ejemplo, al tomar una decisión de marketing o de desarrollo de producto, un eficiente grupo de ejecutivos que queda preso en la trampa del pensamiento grupal puede llegar a cometer errores muy costosos. Sin embargo, la realidad también ofrece a esos ejecutivos un cierto reaseguro. Sus decisiones serán juzgadas directamente por el mercado, en lo que respecta a su sensatez y viabilidad. En este aspecto, las empresas se benefician con el "elemento corrector" que es el éxito o el fracaso en ese mercado, el cual enfrenta al grupo con una realidad que, incluso si se está dominado por el más vigoroso de los pensamientos grupales, resulta difícil de ignorar. Los gobiernos y otras entidades políticas no tienen muchas veces esa medida directa y específica para cotejar la calidad de sus decisiones.

La realidad empresarial está llena de ejemplos de actitudes tipo familia feliz y pensamiento grupal. Un juego de familia feliz muy común en las empresas es el contubernio que se crea para negar la incompetencia de un colaborador con mucha antigüedad, a veces alcohólico. Se lo desplaza con toda gentileza hacia un puesto de poca relevancia y su ineptitud es discretamente ignorada. Este tipo de encubrimiento suele terminar en forma abrupta cuando en la empresa aparece una nueva conducción. Los nuevos directivos no comparten el sentido de familia que indujo a la confabulación original; sólo ven la incompetencia.

El psicólogo Harry Levinson, que se ocupa de psicología de las organizaciones y es un agudo observador de la vida empresarial, señala que el individuo transmite a su lugar de trabajo la dinámica grupal que aprendió en su familia:[28]

> Todas las organizaciones repiten el modelo de la estructura familiar básica... Nuestras experiencias tempranas con nuestros padres, se repiten

en todas nuestras relaciones siguientes con figuras de autoridad. La vida familiar, tal como la hemos vivido en nuestra primera infancia, determina nuestras suposiciones acerca de cómo se distribuye el poder y, a medida que vamos creciendo, formamos grupos de acuerdo con ese mismo modelo... Si todo el mundo sabe cuáles son las reglas, las cosas se desarrollan sin problemas. Dado que la empresa y la familia comparten una psicodinámica similar, se suele encontrar los mismos tipos de problemas en la empresa —o en cualquier otro tipo de organización— que los que se descubren en la psicoterapia individual.

El pensamiento grupal, al igual que el juego de la familia feliz, es un peligro inherente a la estructura de las organizaciones. El éxito o el fracaso de un empleado depende, en gran medida, de cómo es evaluado por sus superiores. Esto hace que el empleado junior esté más que dispuesto a apoyar las opiniones de quienes, jerárquicamente, están por encima de él, mediante el uso de todas las herramientas que ofrece el pensamiento grupal. Otra tendencia estructural hacia el pensamiento grupal, proviene de la cultura del lugar de trabajo, donde las personas que trabajan juntas, día tras día, terminan formando un grupo estrechamente vinculado.

Tomemos como ejemplo a los grupos que, en algunas organizaciones, se conocen como "círculos de calidad", conformados por empleados cuyo objetivo es romper con la burocracia y ayudar a los colaboradores de la empresa a impulsar cambios en la forma de trabajo y en la metodología laboral. En uno de estos grupos, formado en una planta productora de baterías propiedad de una gran empresa del sur de los Estados Unidos, participaron profesionales especializados en psicología organizacional.[29] Estos grupos de trabajo habían sido formados para llevar a cabo tareas como la preparación del presupuesto anual, asignación de tareas, evaluación del control de calidad y evaluación del desempeño de sus colegas. También se los alentó a encarar la resolución de otros problemas, a medida que se fueran presentando.

Durante una de las reuniones de un grupo en el laboratorio de control de calidad, el tema a tratar era la queja presentada hacía poco, sobre la demora excesiva en la realización de las inspecciones. Mientras el laboratorio de control de calidad llevaba a cabo las pruebas para detectar eventuales defectos, se suspendían los procesos productivos para evitar descartes; los obreros que se veían obligados a esperar estaban indignados.

El "círculo de calidad" encargado de analizar y resolver ese problema pronto logró un consenso: los obreros que se habían quejado "esperan que dejemos todo de lado para dedicarnos a lo suyo" y "no entienden cuánto tiempo llevan estas pruebas". Los miembros del grupo sentían que estaban en lo cierto y que las quejas recibidas eran injustificadas y poco razonables. El tema fue dejado de lado, sin que se tomaran en serio dichas quejas y sin buscar una solución al problema.

Según los psicólogos que actuaban como observadores, se llegó a esa resolución a través de la aplicación de tácticas propias del pensamiento grupal: racionalización y estereotipos compartidos. La racionalización fue que no había problemas con su propio trabajo, no obstante la información negativa indicaba lo contrario. El estereotipo era que no se podía esperar que "los estúpidos obreros del área de producción" comprendieran las intrincadas complejidades del trabajo en el área de control de calidad. En consecuencia, la queja fue ignorada.

En otra reunión, en la cual dio la casualidad que estaba presente el gerente, el problema era una falla de calidad en la carcaza de las baterías. Al comienzo de la reunión, la discusión era abierta y animada y los integrantes del grupo se expresaban con total libertad. Sin embargo, en un momento dado, el gerente tomó la palabra y dijo: "Lo que yo pienso que se debería hacer es...." y controló el resto de la reunión. Una vez que el gerente asumió la conducción del grupo, los integrantes del mismo guardaron silencio, pero la expresión de sus rostros revelaba a las claras que, a pesar de que se adecuarían a las recomendaciones del gerente, no estaban de acuerdo con él.

En este caso, la autocensura condujo a la ilusión de unanimidad. A pesar de que los miembros del grupo, en forma encubierta, no coincidían con el gerente, nadie expresó abiertamente su discrepancia. Esta falta de participación indujo al gerente a creer que su posición estaba respaldada por un consenso general. Lo que era esencialmente, su opinión individual se convirtió en una decisión grupal.

Hay cierta evidencia de que líderes empresariales muy fuertes fomentan sin querer el pensamiento grupal.[30] En un simulacro de toma de decisiones de la empresa, algunos voluntarios representaron, en un juego de roles, a ejecutivos de Modern World Electronics, para discutir si debía o no encararse la fabricación de un horno de microondas. Todos los miembros del grupo tenían valiosa información que aportar, que sólo ellos conocían.

El supuesto jefe de cada grupo, que dirigía las discusiones, era evaluado por el ansia de poder que lo motivaba. Quienes están fuertemente motivados por el poder hacen cosas con el solo objetivo de impactar a los demás y no con la finalidad de alcanzar un estándar interior de excelencia (característica distintiva de la motivación para alcanzar un logro) o de disfrutar de la compañía de los demás (el motivo de la afiliación). Como líderes, quienes poseen un alto grado de motivación por el poder disfrutan de ejercer la autoridad única y exclusiva para saborear ese poder. Toleran mal las interferencias y se enfurecen cuando alguien los desafía o contradice sus opiniones.

Los líderes con grandes ansias de poder responden muy bien ante los subordinados que procuran congraciarse con ellos. En un grupo dirigido por ese tipo de líder, el eje de la cohesión se desplaza desde una posición horizontal hacia otra vertical: en lugar de sentirse cerca de los demás miembros del grupo, los integrantes del mismo tienden a formar un vínculo de lealtad con el líder.

En el simulacro, el líder motivado por grandes ansias de poder pedía menor cantidad de datos concretos a los demás integrantes del grupo, y también recibía menos propuestas. Una vez que el líder expresaba su punto de vista, los miembros del grupo se plegaban al mismo, respetando su opinión. La cuestión no era tanto que los líderes cercenaran el disenso —muchos se mostraban sumamente democráticos en su conducción del grupo— sino que reforzaban, de forma muy sutil, la adhesión a sus propias opiniones. El pensamiento grupal resultante era cuestión de gradaciones: una iniciativa algo reducida en los miembros del grupo, una notable falta de oposición a las opiniones del líder y una sumisa adhesión a su postura.

Quien se desempeñe en el ámbito empresarial habrá vivido momentos como los arriba descritos y podrá aportar gran cantidad de ejemplos de su propia experiencia. Por supuesto, no todos los grupos son víctimas del pensamiento grupal, pese a que, de tanto en tanto, hasta el grupo más saludable puede presentar síntomas de esta índole. La alternativa sana, por supuesto, es un grupo que equilibre su sentido de unidad con una gran apertura a todo tipo de información relevante, aun cuando deba arriesgar algún fracaso.

Lo que se desea enfatizar es que el grupo, al igual que el individuo, es vulnerable al trueque entre angustia y atención. En un grupo, los sentimientos de confortable unanimidad constituyen el extremo opuesto a la angustia. Si ese clima de cohesión se desmorona, las cosas pueden llegar a ponerse muy tensas. Cuando un grupo mantiene su nivel de confort levantando barreras contra la información que podría ponerlo en peligro, entra a operar una defensa colectiva. Este proceso de proteger la imagen que el grupo tiene de sí mismo, constituye el exacto paralelo de la distorsión de la realidad que hace el individuo a fin de sostener los esquemas que pertenecen a su identidad. Lo que sucede a nivel individual, se traslada indefectiblemente al nivel grupal.

Sexta Parte

La construcción de la realidad social

La construcción de la realidad por excelencia

En la película *Starting Over,* Jill Clayburgh, que desempeña el rol de una maestra, hace de blanco en el Tiro al maestro durante una kermés organizada en el jardín de infantes. Clayburgh está sentada, muy correcta y atildada, sujetando una sombrilla, mientras alienta a los pequeños participantes a tirar las pelotas contra ella. Burt Reynolds, el amante de Clayburgh (con quien había tenido una disputa), aparece en escena. Reynolds toma algunas pelotas y ataca el blanco con gran determinación, hasta que Clayburgh cae dentro del tanque de agua sobre cuyo borde estaba sentada. Clayburgh se mantiene calma y controlada, pero cuando Reynolds la zambulle por cuarta vez, grita, exasperada:

—¡Basta ya! ¡Terminemos ya con esta mierda de juego!

Un silencio mortal cae sobre los padres y niños presentes.

—¡Dijo una mala palabra! —exclama, consternado, uno de los niños.

—¡No, no dijo nada! —le contesta de inmediato la madre al pequeño, y lo aleja apresuradamente hacia otro de los stands de la feria de juegos.

En el ámbito social, un concepto similar al de los esquemas es el concepto de los "marcos" de Erving Goffman.[1] Un "marco" referencial es una definición compartida de una situación, que organiza y gobierna los eventos sociales y nuestra participación en ellos. Un marco, por ejemplo, es: "Estamos viendo una obra de teatro", o "Ésta es una promoción de venta a domicilio" o "Tengo una cita". Cada una de estas definiciones de un hecho social determina qué actitudes son apropiadas para ese momento y cuáles no lo son; qué percibir y qué ignorar; en síntesis, qué implica la situación que se está desarrollando. Cuando el marco es una kermés organizada en un jardín de infantes, una mala palabra está decididamente fuera de lugar.

Un marco es la cara pública de los esquemas colectivos. Al compartir una comprensión determinada de los conceptos "teatro", "ventas" y "cita", podemos participar de la acción y desempeñar nuestro rol en forma fluida y armónica. Un marco referencial se origina cuando los participantes activan esquemas compartidos con respecto a determinada acción o situación; si alguien no comparte el esquema correspondiente, los resultados pueden ser bochornosos. Goffman presenta el siguiente ejemplo de un esquema no compartido, tomado de una columna de chismes de un diario de San Francisco:[2]

> Un tipo está tirado boca abajo en la calle Powell, impidiendo el tránsito; el atascamiento de vehículos ya ocupa varias cuadras. Una anciana dama baja de un tranvía de cable, también detenido, se acerca al hombre y comienza a practicarle masajes y respiración artificial. El hombre se vuelve hacia ella, diciendo: "Mire, señora, no sé a qué juega usted, pero, en lo que a mí se refiere, estoy tratando de arreglar este cable del tranvía…"

En áreas sociales cuyo marco de referencia conocemos, actuamos sin inconvenientes, con soltura y dominio de la situación. Un recién llegado o un novato que no ha conseguido aún dominar los esquemas de un marco determinado, como el niño pequeño que todavía no tiene buenos modales, tiene el mismo status que un visitante extranjero a un país desconocido o alguien que no sabe nada de determinado deporte. Cuando estos individuos participan de la acción, todos los demás deben adecuarse a la forma en que él traba o dificulta la actividad que se está realizando.

Los marcos referenciales pueden ser subdivididos en "guiones", es decir, la secuencia de actos y respuestas que se desarrollan dentro de cada marco referencial. Tomemos, como ejemplo, un guión de restaurante:[3]

> Supongamos que yo le cuento que fui a un restaurante, pedí un plato de langosta, pagué la cuenta y me fui. ¿Qué comí? No hablé de comer, pero se supone que comí langosta. La gerencia del restaurante, ¿obtuvo algún dinero por ello? Por supuesto, a pesar de que no dije nada de la gerencia del restaurante. ¿Fue buena la atención de la camarera? ¿Qué camarera?
>
> Cuando hablo de un restaurante, evoco en la mente de mi interlocutor todos los conocimientos que éste tiene de menúes, camareras, bebidas y propinas. Es un guión de restaurante. Puede haber guiones de avión, guiones de hotel y guiones de aula escolar.

Un guión codifica los esquemas para un hecho determinado; orienta la atención en forma selectiva, señalando lo que es relevante e ignorando todo lo demás; es decir, el mismo mecanismo que se utiliza al programar una computadora.* Un programa de computación tiene la capacidad de realizar un sinfín de inferencias sobre las respuestas posibles a una situación determinada, casi todas ellas absurdas. Un guión permite que esas inferencias sean canalizadas por vías que confieren sentido a una situación o a un hecho determinado.

Existen guiones para cada marco referencial, y un marco referencial para cada uno y todos los sucesos en los que las personas interactúan con un cierto grado de entendimiento compartido. Estos sucesos pueden ir desde el simple hecho de acercarse a una persona en la calle y cruzarse con ella (¿Pasa por la izquierda o por la derecha?¿Establece contacto visual o no? En caso afirmativo ¿por cuanto tiempo? ¿Le dirige la palabra o no?) hasta un procedimiento tan complejo como el lanzamiento de un transbordador espacial, con un sinnúmero de rutinas menores pero fundamentales.

El enfoque de Goffman se basa en el capítulo "La percepción de la realidad" del libro *Principios de psicología* de William James, tan frecuentemente citado, en el cual su autor plantea la pregunta: "¿En qué circunstancias pensamos que algo es real?"[4] En su respuesta, James señala el rol fundamental que desempeña la atención selectiva al crear submundos de realidad, cada uno de los cuales tiene "su propio y diferente estilo de existencia". "Cada mundo —afirma James—, mientras se le presta atención es real a su propio modo; lo que ocurre es que esa realidad se interrumpe al dejar de prestársele atención".

Lo que James quiere decir con el término mundo, explica Goffman, es "el mundo habitual de una persona en particular". Cuando este mundo se comparte, se crea un marco referencial. Nos internamos en uno de esos mundos —es decir, ingresamos en un marco referencial— cada vez que nos adecuamos a una u otra definición de una situación. El fenomenólogo Alfred Schutz cita dos ejemplos al respecto:[5]

> ... el cambio radical de actitud ocurre si, frente a un cuadro, nos obligamos
> a que nuestro campo visual se limite a visualizar lo que se encuentra dentro
> del marco y nos metemos en el mundo de ese cuadro. Vivimos un instante

---

* Quienes realizan estudios sobre inteligencia artificial, cuando tratan de armar programas de computación que permitan a la máquina imitar al individuo, estudian esos guiones con gran detenimiento.

diferente si, al escuchar un chiste, estamos, por un breve período de tiempo, dispuestos a aceptar como una realidad el mundo ficticio de la broma, en relación con el cual nuestro mundo cotidiano asume un carácter absurdo.

Por supuesto que nuestro mundo cotidiano es, en cierto sentido, una realidad tan arbitraria como cualquier otra en la que nos podamos introducir. Nuestro mundo está impregnado de una importante sensación de ser la realidad por excelencia, gracias al tonelaje agregado de nuestros esquemas colectivos.

La idea de que la realidad social es el producto de esquemas compartidos constituye una novedad para la sociología. Pero su formulación no difiere mucho de otras nociones habitualmente aceptadas; simplemente, ofrece un concepto que está más de acuerdo con la comprensión de cómo el individuo analiza la realidad.

Esta idea es muy cercana a la sugerida por Peter Berger y Thomas Luckmann en su clásico *The Social Construction of Reality* (La construcción social de la realidad). Berger y Luckmann coinciden con William James en que, si bien existen múltiples realidades, "hay una que se presenta como la realidad por excelencia": la realidad cotidiana. Al respecto, estos autores dicen:[6]

> El lenguaje utilizado en la vida cotidiana, continuamente me brinda las objetivaciones necesarias y posiciona el orden dentro del cual las mismas tienen sentido y dentro del cual la vida cotidiana tiene un sentido para mí. Vivo en un espacio geográficamente delimitado, utilizo herramientas, desde un abrelatas hasta un automóvil deportivo, que están diseñados siguiendo el lenguje técnico de mi sociedad. Vivo en una red de relaciones humanas, que incluyen desde mi club de ajedrez hasta los Estados Unidos de América, que también están ordenadas por medio del lenguaje. Es así como el lenguaje marca las coordenadas de mi vida en la sociedad y llena esa vida de objetos significativos.

Si Berger y Luckmann exploraran en mayor profundidad qué es lo que organiza el lenguaje, la respuesta sería: los esquemas. El lenguaje no es sino esquemas hechos audibles; los actos sociales son esquemas hechos visibles. Si, en el párrafo citado, se reemplazara el término lenguaje y sus equivalentes por el concepto esquemas, su sentido no se modificaría. Sin embargo, las implicancias serían diferentes.

Berger y Luckmann observan que la realidad cotidiana es un "mundo intersubjetivo", es decir, un mundo que puede ser compartido con otros. Yo sugiero que el medio para concretar ese compartir es la activación mutua de esquemas comunes, es decir, un marco. Ese marco ofrece un punto de referencia, una perspectiva compartida para la situación del momento.

Los marcos referenciales —las normas incorporadas en la estructura de una situación—, a menudo, son difíciles de desmenuzar. Resultan más fáciles de detectar cuando están desmenuzados, rotos. En este sentido, los actos de desviación social —el psicótico que deambula por una tienda de departamentos retirando productos de un sector y llevándolos a otro—, al violar las normas, las descubre.

Pirandello utiliza en sus obras recursos que cumplen la misma función: explota los marcos de referencia que rodean a una representación teatral, señalándolos. Por ejemplo, al comienzo de *Esta noche se improvisa*, las luces de la sala se van apagando, la audiencia hace silencio a la espera que empiece la obra, y no pasa nada. Desde la parte posterior del escenario se escuchan voces excitadas, parecería haberse producido algún tipo de alboroto. La obra comienza:[7]

> Un caballero de la platea: [*mira a su alrededor y pregunta en voz alta*] ¿Qué está pasando ahí arriba?
> Otro, desde la galería:
> —Parece una pelea.
> Un tercero, desde un palco:
> —Quizá todo esto sea parte del espectáculo.

Por supuesto que este diálogo es parte del espectáculo, y cuando la obra fue representada por primera vez, en 1930, su efecto fue impactante. En la actualidad, este tipo de desestructuración introspectiva de un marco de referencia se ha convertido en un truco utilizado con frecuencia. Joseph Heller recurre a él en su obra *We Bombed in New Haven* y Genet lo aplica en *The Blacks*. También en literatura se suele utilizar este tipo de fraccionamiento. *Goedel, Escher, Bach* es una meditación introspectiva sobre el tema de la introspección. En *Lost in the Fun House*, de John Barth, aparece este pasaje al promediar la novela:[8]

> ¡El lector! Sí, es a ti, obstinado e inservible sinvergüenza, obseso de la letra impresa, a quien me dirijo ¿A quién si no desde el interior de esta monstruosa ficción? ¿Así que me has seguido en tu lectura hasta aquí? ¿Tan lejos? ¿Puede saberse por qué deshonroso motivo? ¿Cómo es que no vas al cine, miras la televisión, o simplemente te quedas mirando las paredes...?

El marco confiere el contexto, y nos dice cómo leer lo que está sucediendo. Cuando los labios de una persona se apoyan sobre los de otra, ¿se trata de un beso o de un intento de resucitación boca a boca? Un marco ofrece un foco central de atención "oficial", acorde con la temática de lo que se está desarrollando. Si la temática se centra en torno de técnicas de respiración artificial, queda descartado el disfrute sensual del contacto físico. El mundo nos ofrece una vasta cantidad de marcos, muchos más de los que podemos llegar a atender en un momento dado. El marco referencial es algo altamente selectivo; aparta la atención de todas las otras actividades que se producen simultáneamente y que no corresponden a ese marco.

Como lo demuestra la mujer de la sombrilla blanca de Neisser, que pasa inadvertida al cruzar la cancha durante un partido de básquet, lo que está al margen del marco referencial puede fácilmente pasar desapercibido (al menos en la conciencia, aunque puede quedar registrado en el inconsciente). A fin de sostener una conversación íntima en una calle poblada de transeúntes y de ruidos, es necesario concentrarse intensamente en lo que se hace e ignorar todo el bullicio, las imágenes y los sonidos que nos rodean. De hecho, cualquier tipo de marco consta de un foco reducido, en el que los esquemas relevantes concentran la atención, y de una amplia área de irrelevancias ignoradas.

Goffman demuestra esto con un caso extremo, en el siguiente pasaje de *A Nun's Story*, de Katherine Hulmes:[9]

> La primera vez que vio desmayarse a una novicia en la capilla, quebró todas las reglas y la miró, con sobresaltada atención. Ninguna de las monjas o novicias dirigió siquiera una mirada a esa figura de blanco que, arrodillada en medio de ellas, de pronto se había caído de bruces, con su breviario dando ruidosamente contra el suelo... Luego Gabrielle vio que la monja a cargo del cuidado de la salud de la comunidad se acercaba y tiraba levemente de la manga de la monja más próxima, la cual se levantó de inmediato y ayudó a llevar a la novicia desmayada hasta la salida, pasando al lado de unas cien cabezas que en ningún momento se volvieron, al lado de cien pares de ojos que no apartaron la mirada del altar.

Todos los marcos referenciales, dice Goffman, tienen esas vías duales: una corriente de actividad es abierta y reconocida, mientras que la vía paralela es ignorada y tratada como si estuviera fuera del marco. Por definición, todo lo que está fuera del marco no merece que se le preste atención. Dado que ambas vías están abiertas al mismo tiempo, la vía secundaria necesita ser mantenida constantemente fuera de foco. Además, la vía predominante debe ser elegida de entre todo el conglomerado de aspectos que conforman la actividad.

Un conjunto de secuencias, a menudo, está ligado por lo que Goffman (tomando la definición de Bateson) denomina "corchetes", convenciones que marcan los límites de un marco en el tiempo y en el espacio. Anuncian cuándo y dónde se está produciendo un hecho limitado por un marco referencial, como el principio y el final de una sesión de psicoterapia. La vía de la "desatención" permite la realización de actos que, forzosamente deben desarrollarse al margen de la actividad principal (como, por ejemplo, un bostezo). Pero los mismos deben ser silenciados para no interferir con el marco.

Estas vías paralelas —dentro y fuera del marco— crean una estructura de conciencia social que es una réplica de la división que se produce en la mente entre consciente e inconsciente. Lo que está fuera del marco referencial también está al margen de la conciencia consensuada, inmerso en una especie de submundo colectivo. Como veremos, la zona definida por la vía que está fuera del marco puede servir como velo para ocultar hechos sociales que perturban o inquietan, creando un punto ciego social.

El mundo social está lleno de marcos referenciales que dirigen nuestra atención hacia determinados aspectos de la experiencia y la apartan de otros. Pero estamos tan acostumbrados a que canalicen nuestra conciencia, que muy raras veces nos percatamos de ello. Tomemos, por ejemplo, los marcos referenciales de los roles laborales y sociales.

La tiranía y la libertad de los marcos referenciales

Los marcos referenciales aparecen y desaparecen a medida que una sociedad evoluciona. Tomemos como ejemplo el marco relacionado con la actividad laboral. Damos por descontado la existencia de una jornada laboral como la que conocemos actualmente, la convención arraigada de la jornada de ocho horas en la oficina o en la fábrica. Por supuesto, existen ligeras variaciones a este modelo —horario flexible, semanas de cuatro horas, el teletrabajo—, pero todas estas modalidades son consideradas desviaciones de una norma firmemente establecida. La misma, sin embargo, no es sino algo fabricado por la sociedad, un subproducto de la Revolución industrial.

En las sociedades tradicionales, el trabajo y el descanso están integrados. El comprador y el vendedor se reúnen para tomar un café antes de comenzar sus negociaciones; cuando un amigo pasa por el lugar de trabajo, la tarea puede ser interrumpida para "hacer sociales". El marco referencial del trabajo, tal como lo conocemos ahora, es una particularidad de la sociedad moderna. Fueron los dueños de las fábricas inglesas de los siglos diecisiete y dieciocho quienes, en gran medida, inventaron nuestro marco referencial de la jornada laboral. Todavía a principios del siglo dieciocho, en Gran Bretaña, la modalidad habitual de trabajo ofrecía un alto grado de flexibilidad e independencia: ya fueran campesinos o comerciantes, la mayoría de la gente trabajaba en su casa. El ritmo de trabajo, en general, se desarrollaba en ciclos de trabajo intenso interrumpidos por tiempo libre dedicado al ocio.

En el siglo dieciocho cuando se observó un cambio fundamental en la economía británica: los comerciantes que, hasta entonces, se habían limitado a comprar y distribuir mercadería, por ejemplo, telas tejidas artesanalmente en los hogares, ahora comenzaban a coordinar todo el proceso de producción y comercialización. Mientras que, hasta entonces, la producción era realizada por familias rurales que hilaban y tejían en sus hogares, el lugar de trabajo se centralizó. Así nació la hilandería, el prototipo de la fábrica moderna.

Un historiador del trabajo comenta lo siguiente sobre este cambio:[10]

> El hombre que trabajaba en su casa… era, en muchos aspectos, su propio patrón… La fuerzas que regulaban su destino estaban, en cierto modo, fuera del ámbito de su vida cotidiana; no invadían su hogar, su familia, sus hábitos y movimientos, sus horarios de trabajo y sus horarios para comer…. En el mundo moderno, la mayoría de las personas se tienen que adaptar a algún tipo de disciplina y adecuarse a las órdenes que dicta otra gente… Es necesario recordar que la población que fue lanzada al ritmo brutal de la fábrica, hasta entonces había ganado su sustento en relativa libertad, y que la disciplina imperante en las primeras fábricas era particularmente salvaje.

La fábrica fue el escenario de una reestructuración del trabajo de largo alcance. Como dice Shoshana Zuboff,[11] el trabajo fue redefinido en términos de "desarrollar normas rígidas a fin de definir en qué consiste, legítimamente, la experiencia cotidiana del trabajo, e imponiendo por la fuerza esta nueva realidad a toda una clase social…. Las nuevas exigencias de velocidad y regularidad no podían tolerar el ritmo antieconómico de la vida campesina".

El empleador asumió el derecho de controlar los movimientos de sus empleados y la utilización de su tiempo durante las horas de trabajo. Como observa Zuboff, quizá lo más opresivo para el trabajador de aquellos tiempos fuera que el empleador también pretendía dictar de qué manera "se organizaba y distribuía, a lo largo del día, la concentración de la atención del trabajador". Por ejemplo, un observador dice que[12] "si el trabajador ve a un amigo… no puede palmearle el hombro e invitarlo al bar más cercano… El sistema fabril y las maquinarias trajeron la bendición de un trabajo más liviano, pero también la maldición de una mayor concentración de la atención, durante períodos de tiempo prefijados. Cuando las máquinas comenzaron a determinar su ritmo, el trabajo determinó un nuevo nivel de concentración de la atención del trabajador.

El empleador pasó a quedar definido como el dueño del tiempo y de la atención del trabajador durante las horas de trabajo: era él quien decidía el ritmo y el contenido de sus actividades. El marco referencial de la jornada laboral estaba adquiriendo su forma moderna, y era el gerente quien iba conformando y construyendo las características de cada trabajo.

Los nuevos marcos referenciales relativos al tiempo y a la actividad laboral fueron tomando forma a través de un proceso gradual. Veamos, por ejemplo, esta descripción, hecha alrededor de 1831, de lo que, con el tiempo, se ha convertido en la hora del almuerzo y las pausas para el café de nuestros tiempos:[13]

> La disminución de las pausas en el trabajo ha registrado una gradual invasión. Al principio se concedía una hora para almorzar; pero uno de los grandes fabricantes, presionado por sus compromisos, quería que su gente regresara cinco minutos antes. Esta modalidad fue adoptada, de inmediato, por otras hilanderías. Los cinco minutos se convirtieron en diez. Se descubrió también que la merienda podía ser ingerida mientras la gente seguía trabajando. De esta manera se ahorraba tiempo, se incrementaba la producción y el producto manufacturado podía ser ofrecido a un precio menor... Y así, lo que al principio fue parcial y temporario, se ha vuelto generalizado y permanente.

Esta regulación del tiempo del trabajador, demuestra Zuboff, constituyó un cambio de fondo con respecto a la situación en los siglos anteriores. En el siglo dieciséis, el tiempo era algo impreciso, estacional, la noción de un tiempo estrictamente medido era vista como algo cruel e inhumano. Uno de los personajes de Rabelais dice: "Nunca me someteré a las horas. Las horas han sido hechas para el hombre y no el hombre para las horas". A pesar de que existían algunos relojes públicos, en ellos el minutero era considerado superfluo.

A fines del siglo dieciocho, el marco referencial del trabajo estaba limitado por el minutero: el mercado para relojes de todo tipo floreció a medida que crecía la demanda de una fuerza laboral sincronizada. Al comprar el tiempo del trabajador, el empleador también comenzó a controlar la atención del individuo. Lo que se buscaba era nada menos que la diligente y silenciosa atención a la tarea que se tenía entre manos, un cambio de ciento ochenta grados con respecto a la rutina flexible a la que estaba acostumbrado el trabajador.

Ésta era la causa principal por la que no resultaba nada fácil reclutar y retener a los trabajadores. Por ejemplo, Zuboff describe cómo, en 1830, cuando se construyó una hilandería en Nantucket, se presentó al principio una multitud de mujeres y niños para trabajar allí (los hombres de la ciudad se dedicaban a la caza de ballenas). Sin embargo, al cabo de un mes, tanta la gente había dejado su lugar de trabajo, que la planta tuvo que cerrar. Tres décadas más tarde, una planta instalada en Lowell fijó la norma de que las puertas de la fábrica se mantendrían cerradas durante el día. Los maquinistas se exasperaron ante la idea de no poder ir y venir a voluntad durante la jornada laboral, y se unieron para protestar contra esa norma.

El gran innovador del ámbito laboral, Henry Ford, utilizó la línea de montaje para incrementar su apuesta sobre el control del ritmo de trabajo de sus operarios. La línea de montaje trivializaba una tarea desglosándola en una serie de secuencias aisladas y repetidas, realizadas a un ritmo fijado por las necesidades de la planta, a fin de maximizar su producción. Este nuevo marco referencial de trabajo tropezó con una nueva oleada de resistencia. A pesar de que Ford pagaba los mejores salarios del sector, el agotamiento de la gente en su fábrica era tan grande que, en 1913, por cada 100 obreros adicionales que la empresa necesitaba agregar a su plantilla, tenía que incorporar 963.

El marco referencial del trabajo, en el curso del presente siglo, ha pasado por dos transformaciones fundamentales: más disciplina en el ordenamiento de las secuencias y programación en el tiempo de tareas, y un horario de trabajo más fragmentado e inflexible. Por ahora, damos por descontado que éste es el marco referencial del trabajo. Al respecto, el sociólogo Harold Wilensky escribe lo siguiente:[14]

> El reloj registrador de horarios, los reglamentos internos, la presencia de una cantidad de supervisores y otros especialistas del control, la atención cuidadosamente focalizada en la cantidad y calidad de lo producido se suma en un todo para conformar una marcada exigencia de disciplina en el trabajo... Ya casi hemos olvidado la rutina sostenida que se nos pide en la oficina, en el negocio y en la fábrica: estamos acostumbrados a ella.

Nuestra actitud hacia el marco referencial del trabajo, en gran parte, ya no necesita ser impuesta a través de una disciplina abierta o encubierta. Como observa Zuboff, "uno simplemente la aprende al ser sometido a las fuerzas que, sutilmente, dirigen nuestra atención y modelan nuestra experiencia dentro de la organización. Uno ya viene adaptado, o se adapta o se va. No hay derramamientos de sangre en el logro de este tipo de disciplina. Es un proceso civilizado".

En forma similar a lo que sucede con el trabajo, el rol social también es una especie de marco referencial que dirige y limita sutilmente cómo —y en qué medida— se atiende a la persona que cumple ese rol. El contorno del marco referencial del rol social puede ser observado en la limitación de la atención que se considera apropiada en nuestro proceso de percibir a la persona que cumple determinado rol: la unidimensionalidad de los individuos en sus roles nos exige que ignoremos al resto de ellos.

Sartre describe la obligación del comerciante de limitar su espectro de comportamiento y de atención de acuerdo con lo que corresponde a su rol:[15]

> Su condición es, en su totalidad, una condición ligada a lo ceremonial. El público les exige que desempeñen su tarea como una ceremonia; está la danza del almacenero, del sastre, del rematador, a través de la cual procuran persuadir a su clientela de que no son sino un almacenero, un rematador o un sastre. El almacenero que sueña ofende a su comprador, porque entonces, el almacenero no es totalmente un almacenero. La sociedad le exige que limite su función a la de almacenero, así como el soldado en posición de firme se convierte en un objeto-soldado en una relación directa con su rol, que no ve absolutamente nada, porque su función, en ese momento, es no ver; es la norma y no su interés momentáneo lo que determina el punto al que viajará su mirada (la vista "fija a diez pasos"). Existen numerosas previsiones que aprisionan al hombre en lo que es, como si viviéramos en un miedo permanente de que pudiera escapar de su rol y, de pronto, eludir su condición.

Sostener un rol exige la restricción mutua de la atención, tanto del que desempeña el rol como la de su audiencia. Para sostener la premisa de que se trata, simplemente, de un camarero o un almacenero o un empleado de estación de servicio, nos abstenemos de llamar la atención sobre aspectos más personales de su ser: que parecería estar nervioso, o que ha aumentado de peso, o que es un tramposo. Al igual que el objeto-soldado de Sartre, también él desvía su mirada para ignorar los mismos aspectos de nosotros, o de cualquier cosa que esté más allá del espectro de su rol. Se puede mantener una conversación superficial, pero debe conservar ese nivel de superficialidad: si la misma llegara a transgredir los límites del rol, se convertiría en inadecuada o, incluso, en una impertinente invasión.

Sartre afirma que la unidimensionalidad de la gente en sus roles sociales es sintomática de una alienación cada vez más amplia en nuestra condición moderna. Si bien hay algo de verdad en su posición, la misma no reconoce los beneficios que pueden surgir de la unidimensionalidad del marco referencial.

Uno de los beneficios de esa superficialidad es la autonomía interna. La burbuja de privacidad que permite la unidimensionalidad significa que la persona tiene la libertad de fantasear, reflexionar, soñar despierta... En síntesis, dirigir el resto de su atención a intereses y placeres privados, aun en medio de su vida pública. Si bien cada rol plantea una serie de exigencias, ellas por lo general están enmarcadas en una rutina tal, que dejan un amplio margen de libertad en el campo psicológico. Esta libertad interior durante una rutina prosaica es tanto más posible cuanto mejor aislado esté el individuo por sus defensas de la atención. El almacenero tiene la libertad para soñar, precisamente porque no tiene necesidad de compartir sus sueños.

Esta libertad desaparecería si el desempeño de su rol le exigiera un intercambio más pleno y "auténtico" con cada persona que trata en el desempeño de su rol. La cortés superioridad del camarero evita que aquellos a quienes sirve le invadan su esfera personal, así como, a la inversa, brinda a sus clientes la ilusión de privacidad en público. Los esquemas correspondientes a esos roles desvían la atención en forma tal que, dentro de las limitaciones que impone un rol, exista un cierto margen de libertad.

Por otra parte, si dejamos caer la máscara del rol, corremos el riesgo de ser tapados por ella... o de escondernos detrás de la misma. En cualquiera de los dos casos, el individuo está enterrado en su rol. Este aprisionamiento se debe, en gran medida, a los estándares de la atención correspondientes. El camarero está fuera de lugar si hace comentarios sobre los problemas de una pareja a la que sirve, a pesar de que puede llegar a oír gran parte de su diálogo. El terapeuta sabotea su marco referencial si descarga sus problemas en el paciente, aun cuando los mismos estén muy presentes en su mente.

Un marco referencial relativo a qué se puede prestar atención y a qué no constituye también una barrera. Los roles ejercen cierta tiranía cuando esas barreras atencionales ocultan los sentimientos intensos y las preocupaciones profundas de los involucrados. Esta tiranía es el metamensaje de la película *My Dinner with André*. André Gregory describe una barrera de este tipo:[16]

> ...Recuerdo bien aquella noche: habían pasado unas dos semanas desde la muerte de mi madre y yo estaba bastante mal; salí a cenar con tres amigos relativamente íntimos, dos de los cuales habían conocido bastante bien a mi madre y los tres me conocían a mí desde hacía varios años. Y pasé toda aquella velada sin ser capaz, ni por un momento, de acercarme a lo

que más profundamente sentía... No era que yo quisiera estar sentado ahí, pasando una melancólica velada, hablando de todo el dolor por el que estaba pasando y cosas por el estilo... De verdad que no, para nada. Pero... pero el hecho de que nadie fuera capaz de decirme: Qué triste lo de tu madre, o ¿Cómo te sientes? me hizo muy mal... Todos hacían como si nada pasara.

La tiranía del rol que observa Sartre comienza cuando el marco referencial oculta las preocupaciones humanas genuinas y relevantes. A esa altura, las anteojeras que provee el rol, permiten a la persona que desempeña ese rol deshumanizarse en lugar de liberarse. Wally Shawn y André Gregory se lamentan:[17]

ANDRÉ: ...si nos permitiéramos ver lo que hacemos cada día, probablemente nos encontraríamos con que es demasiado nauseabundo. Lo que quiero decir es que la forma en que tratamos a los demás... Tú sabes, todos los días, varias veces al día, entro en el edificio de departamentos en que vivo. El portero me llama señor Gregory, y yo lo llamo Jimmy. El mismo intercambio, probablemente, se produce entre tú y el tipo del negocio donde compras los comestibles todos los días; más o menos, debe ser lo mismo... Verás, pienso que en ese momento en el que entro en mi edificio se comete un asesinato. Porque ahí está ese hombre, digno e inteligente, un hombre de mi misma edad, y cuando yo le digo Jimmy, se convierte en un niño y yo sigo siendo el adulto....

WALLY: Es cierto. Eso es muy cierto. Cuando yo era profesora de latín, la gente solía tratarme como... cuando iba a una fiesta de profesionales o literatos. Me trataban... bueno... en el mejor sentido de la palabra, como a un perro. Es decir, esa gente ni siquiera podía concebir que yo pudiera ser capaz de participar, de igual a igual, en una conversación con todos ellos. Es decir, ocasionalmente entablaba alguna conversación, pero cuando me preguntaban qué era lo que yo hacía, cosa que sucedía más o menos al cabo de cinco minutos... bueno, ya sabes la cara que ponían... No importaba si estaban disfrutando de mi conversación, o estaban flirteando conmigo o lo que fuera... De pronto aparecía esa expresión en su rostro, tú sabes, como si del techo cayera un enrejado, ya sabes, esas puertas de hierro de los castillos medievales...

Ese "enrejado que se cae" es, simplemente, el desvío de la atención. Esas actitudes de rechazo surten el efecto de deshumanizar al destinatario, de cambiar la focalización de la persona hacia su rol. Esto es lo que mantiene una relación chapoteando en lo playo: no se traspasa el rol para llegar a la persona que hay dentro del mismo. Esta incapacidad de traspasar el rol, de percibir a la persona, puede estar al servicio de un trueque atención-angustia. Preferimos no ver, preferimos ignorar, en lugar de enfrentar a la persona, y prestamos atención sólo al rol, que ofrece una salida fácil o, incluso, un momento agradable. Es, como dice Zuboff, un proceso civilizado.

La mirada bien educada

Los marcos referenciales definen el orden social. Nos dicen qué es lo que está pasando, cuándo hacer qué y a quién. Dirigen nuestra atención hacia la acción que se encuentra dentro del marco y la apartan de lo que, si bien es accesible a la conciencia, es irrelevante.

Por ejemplo, en el Medio Oriente, la gente se clava la mirada de modo casi descarado. Recuerdo que estaba caminando por una calle de Jerusalén, el primer día de mi visita a esa ciudad. Cuando me acercaba a alguien en la vereda, mi visión periférica tenía la sensación de que me estaban observando. Mi cautelosa mirada, en el momento de cruzarme con la otra persona, se encontraba con que ésta me estaba mirando con total desparpajo.

Mi primera reacción fue de incomodidad. ¿Pasaba algo raro conmigo? ¿Era tan obvio que yo era un turista? ¿Había algo extraño en mi aspecto?

Comencé a devolver el vistazo. Y cada vez que lo hacía, quien se cruzaba conmigo sostenía la mirada. Luego me di cuenta de que todo el mundo hacía lo mismo. Judíos ortodoxos, con gorros de piel y largos sobretodos, desafiaban con su mirada a sacerdotes coptos vestidos con blancas túnicas. Mujeres árabes, tras sus velos, miraban de frente a mujeres israelíes con traje de fajina del ejército.

La cosa no era conmigo; se trataba de una regla básica acerca de cómo comportarse en público. En el Medio Oriente, es costumbre que la gente se mire de frente cuando se cruzan en la calle. En los Estados Unidos, la norma es totalmente diferente. Cuando dos extraños se acercan en la calle, cada uno echa una mirada furtiva al otro como para no chocarlo. Cuando están a unos ocho pasos de distancia, cada uno de ellos aparta la vista, mirando hacia otro lado en el momento en que se cruzan.[18]

Al seguir sus propias normas con respecto a la mirada, la gente de

Jerusalén me hizo tomar conciencia de una carencia. Estábamos operando en marcos referenciales que no concordaban.

Cada cultura es un conjunto de marcos de referencia. En la medida en que los marcos difieren de cultura a cultura, los contactos entre la gente de distintos países pueden resultar un fiasco. Por ejemplo, la coima, en muchos países, es parte normal de una transacción comercial, cosa que saca de quicio a los estadounidenses.

Pero los estadounidenses tienen un estilo franco y directo que los mexicanos pueden llegar a considerar débil o traicionero, mientras que los japoneses lo ven como grosero y de mala educación. En muchos países asiáticos, la palabra "no" se utiliza muy poco; pero "sí" puede significar sí, no o quizás. Un libro para ejecutivos de habla inglesa sobre cómo manejar sus transacciones con los japoneses lleva como título *Never Take "Yes" for an Answer* (Nunca consideres un "sí" una respuesta).

En la India, nadie quiere ser portador de malas noticias, así que mienten: dicen el tren "está por venir" cuando la verdad es que lleva cinco horas de retraso. Cuán tarde es "tarde" varía también considerablemente de una cultura a otra: cinco minutos constituyen una demora aceptable para una cita comercial en los Estados Unidos, pero treinta minutos son una demora normal en los países árabes. En Inglaterra, entre cinco y quince minutos de demora es lo "correcto", si uno está invitado a cenar; un italiano puede llegar dos horas tarde y un etíope más tarde aún, y un javanés podría, directamente, no responder a la cita, ya que muchas veces sólo aceptan este tipo de invitaciones para evitar hacerle pasar un mal rato al anfitrión si rechaza la misma. La lista de malos entendidos de tipo cultural podría prolongarse hasta el infinito.

El apartar la mirada, en nuestra cultura, "amortigua" nuestra vida pública. Nuestros encuentros son manipulados por marcos de atención tan profundamente arraigados en nuestra estructura social que, por lo general, sólo los notamos cuando los mismos son violados: si un transeúnte no aparta la mirada cuando nos cruzamos con él en la calle, percibimos su mirada frontal como descarada o invasiva y nos sentimos muy incómodos. A medida que nos movemos de una relación a otra —mirar la mercadería en un negocio, cruzarnos con un extraño, viajar en un ascensor repleto de gente—, nuestra privacidad es protegida por un velo invisible que nos oculta de la vista de los demás.

Los marcos referenciales para la interacción pública definen aquellas instancias en las que es aceptable prestar atención abiertamente. El "¿En qué puedo ayudarle?" de un vendedor o una vendedora es una de esas instancias, como lo es el oportuno "¿Qué tal, cómo está?" de un conocido superficial con quien nos cruzamos en la calle, o la breve mirada de un ocupante del ascensor al que subimos al hacernos sitio. Si en cualquiera de esos casos nos sentimos observados con demasiada intensidad, nos empezamos a sentir incómodos. Ser objeto de la detenida observación por parte de otra persona, más allá del grado adecuado, viola nuestro derecho a sentirnos invisibles, un derecho protegido por los marcos referenciales que rigen el prestar atención en público.

El educado manejo de la atención es una parte importante de lo que denominamos "tacto". Todos dependemos del tacto del prójimo para poder transitar por la rutina cotidiana sin problemas. Goffman, en su libro *The Presentation of Self in Everyday Life* (La presentación del yo en la vida cotidiana), describe la etiqueta de la atención que rige la vida pública:[19]

> Cuando una interacción determinada tiene que desarrollarse en presencia de terceros, a menudo nos encontramos con que éstos, con tacto, demuestran desinterés y desatención a lo que estamos haciendo y no se involucran, de modo tal que cuando no es posible lograr un aislamiento físico a través de paredes o de la distancia, al menos se obtiene un aislamiento eficaz gracias a las convenciones. De esa manera, cuando dos grupos de personas están sentados en nichos contiguos en un restaurante, se espera que ninguno de ellos haga uso de la posibilidad real de escuchar lo que habla el otro.

Los marcos referenciales no sólo dirigen la interacción, sino que también dictan de qué manera debe considerarse a la gente en sus distintos roles. Goffman utiliza la metáfora del teatro para describir la dinámica del rol social. Cuando estamos desempeñando un rol, aquellos a quienes nos dirigimos constituyen nuestra "audiencia". También aquí los modales de la atención son cruciales para ayudarnos a desempeñar el papel que nuestros roles nos exigen:[20]

> Nos encontramos con que existe una elaborada etiqueta que siguen los individuos en su carácter de miembros de la audiencia. La misma implica: poner de manifiesto un grado de atención e interés adecuado; la disposición de controlar la propia performance a fin de no introducir demasiadas contradicciones, interrupciones o demandas de atención; la inhibición de todo acto o expresión que pudiera generar un momento incómodo. Y, por sobre todo, el deseo de evitar una escena improcedente.

Cuando los actores cometen algún tipo de error y exhiben una clara discrepancia entre la impresión que se pretende dar y la realidad puesta de manifiesto, la audiencia puede, con mucho tacto "no ver" el error o, por el contrario, aceptar de buen grado las disculpas por el mismo que se ofrecen. Y en momentos de crisis para los actores, toda la audiencia puede llegar a confabularse, tácitamente con ellos, a fin de ayudarlos a salir del paso.

En ninguna circunstancia se evidencia tanto este tipo de confabulación tácita como cuando se rompe con el orden social. En la novela *The Catcher in the Rye,* Holden Caulfield provoca un escándalo en la capilla del colegio, tirándose un sonoro pedo. El episodio no es ignorado; una risita desencadena una serie de carcajadas. El hecho capta la atención de toda la concurrencia y se convierte así en un acto de rebelión contra los marcos represivos del orden social de la escuela.

Lo desentonado de este tipo de interrupción puede estropear la apariencia de corrección, para cuya creación nos hemos confabulado, al interactuar los unos con los otros, cosa que sólo se logra cuando se activan, en forma sincrónica, marcos similares. Cuando nuestros marcos referenciales no coinciden, el orden público se tambalea. Goffman ofrece una lista de ese tipo de afrentas al orden en su metáfora del teatro:[21]

Por empezar, uno de los actores puede, accidentalmente, poner de manifiesto incapacidad o falta de respeto al perder, por un momento, el control muscular de su cuerpo. Puede trastabillar, tropezar o caer. Puede eructar, bostezar, cometer un error de dicción, rascarse o estar flatulento; puede, accidentalmente, chocar con el cuerpo de otro actor… puede tartamudear, olvidar su letra, mostrarse nervioso, culpable o tímido; puede ceder a la tentación de estallar, fuera de lugar, en carcajadas o manifestaciones de ira o algo similar que, momentáneamente, lo incapacite para interactuar con los demás. Puede mostrarse demasiado involucrado e interesado, o demasiado poco… El escenario podrá no estar acondicionado como corresponde o haber sido preparado para otra obra, o haberse desacomodado durante la actuación, contingencias imprevistas podrán hacer que los actores entren y salgan de escena fuera de tiempo o que se produzcan embarazosos silencios durante la interacción.

La principal estrategia para superar esas falencias es ignorarlas lisa y llanamente. En lugar de recurrir a la negación, la alternativa es no darle importancia y por lo general reírse de los errores. La risa reconoce que hubo una disrupción del marco referencial pero, al mismo tiempo, demuestra que la misma no es lo bastante seria como para afectar la performance. En cualquiera de los dos casos, el recurso es la negación: por un lado, de la gravedad de la disrupción o, por el otro, de que la disrupción se haya producido. La ficción social puede continuar, imperturbada.

Lo que consideramos como "buenos modales" son, vistos desde esta perspectiva, marcos referenciales para una mayor fluidez de las relaciones en público. Cuando los individuos que interactúan no comparten los mismos esquemas acerca de cómo actuar de modo apropiado en una situación dada, el resultado es el bochorno, la incomodidad, los roces sociales o una franca angustia. Una columna periodística sobre "Cómo actuar frente a modales rudos", trata este tema:[22]

> ¿Lo vio? ¿La vio? ¿Vio eso? Hablar durante toda la obra de teatro. No respetar el orden de la fila en la caja del supermercado. Fumar durante la comida. Hablar interminablemente en el teléfono público, cuando hay cinco personas esperando. Debería darles vergüenza. ¡Alguien tendría que hacer algo!
>
> A veces alguien hace algo… o quizá no, porque éstas son las transgresiones menores con que nos encontramos en la vida diaria. ¿Por qué actúan como actúan ciertos individuos, y cómo deberíamos reaccionar frente a esas actitudes?
>
> "Sin duda, uno no va a decir: pedazo de idiota, yo estoy antes que usted —manifiesta el Dr. Leonard Berkowitz, un profesor de psicología de la Universidad de Wisconsin—. No es muy constructivo y, además, uno podría desencadenar una reacción violenta.
>
> "En cuanto a aquéllos contra quienes va dirigida la contravención —continúa Berkowitz—, la mayoría de nosotros no está demasiado seguro de las reglas sociales, de modo que no sabemos muy bien si es correcto objetar frente a una acción determinada. Además, no queremos generar roces ni problemas."

Los esquemas que constituyen las normas sociales para el comportamiento en público —vale decir, los modales— son pasibles de violación. Muchas veces no estamos demasiado seguros respecto de cuál es el marco referencial correcto para un momento dado. Esta inseguridad mantiene a toda una pequeña industria de especialistas y expertos y las columnas de consultas y consejos en todo tipo de publicaciones. Los esquemas sociales están arraigados y ocultos en la estructura de la vida grupal; cuando nos vemos ante la necesidad de formularlos, nos enfrentamos con su naturaleza implícita. Los especialistas a que podemos recurrir para pedir asesoramiento nos ofrecen una fuente de autoridad.

Dentro de estos términos, la socialización de un niño equivale a incorporarlo a los marcos referenciales corrientes y válidos:[23] "Todo sistema social, a fin de poder sobrevivir, necesita socializar a quienes acaban de incorporarse al mismo enseñándoles los diversos esquemas de atención (de percepción, convicción, comportamiento, y así sucesivamente). Esta tarea requiere energía, vale decir, atención. De modo que podemos afirmar que la supervivencia de un sistema social depende del balance correcto del debe y el haber de la atención".

En otras palabras, se necesita una inversión inicial de atención para introducir a un individuo a los distintos aspectos de un marco referencial. Cuanto más complejo sea ese marco, mayor será la inversión requerida: capacitar a una nueva secretaria, enseñar modales a un niño, instruir al novato en la etiqueta de la corte real, todo eso requiere esfuerzo.

Cuando ese esfuerzo ya no se hace, el marco referencial que depende del mismo se va diluyendo. Por ejemplo, en ciertos medios sociales era costumbre que los niños trataran de usted a sus padres. Este marco de formalidad ya sólo sobrevive en contadas comunidades y va muriendo irremediablemente.

La robustez de un marco referencial depende por completo de su fuerza para reclutar nuevos usuarios y lograr que quienes lo conocen lo activen en el momento adecuado. La lenta evolución de las costumbres y tradiciones sociales es la historia del surgimiento y desaparición de los marcos referenciales.

Los marcos referenciales son inculcados, en parte, en forma encubierta y, en parte, en forma directa. Esta última modalidad se describe muy claramente en este pasaje de Charlotte Selver:[24]

> El otro día visité a unos amigos. Entre los invitados había un matrimonio con su hija, una niña de ocho años de edad... Entró en la habitación y se sentó en el sofá, con una pierna sobre el asiento y la otra colgando. La madre le dijo: "Pero Helen, ¿cómo estás sentada? Quita tu pierna del sofá. ¡Una niña nunca se sienta así!". La niña bajó la pierna y, en ese movimiento, su pollera se le corrió por encima de las rodillas. ¿Qué dijo la madre?: "¡Helen, bájate la pollera! ¡Se te ve todo!". La niña se sonrojó, miró sus piernas, se estiró la pollera y preguntó: "¿Por qué? ¿Qué hay de malo en eso?". La madre, con expresión consternada, le contestó: "Eso no se hace".

A esta altura, el clima en la habitación era de lo más incómodo. La niña no sólo había bajado las piernas sino que las mantenía cerradas, apretando fuertemente una contra la otra. Había levantado los hombros y tenía los brazos apretados contra su cuerpito. Se mantuvo en esta posición hasta que no aguantó más. De pronto, se estiró y bostezó con todas sus ganas. Y, de inmediato, la madre la volvió a reprender, indignada.

¿Qué pasará con esa niña? Mantendrá su posición incómoda durante algunos minutos hasta aflojar de nuevo. A la siguiente amonestación de su madre, la mantendrá durante algunos minutos más, y así sucesivamente, hasta que, por último... la madre habrá alcanzado su objetivo: habrá enseñado a su hija a que se comporte en forma socialmente aceptable.

Esta forma de educación que enseña la restricción de los movimientos constituye un paralelo perfecto de lo que ocurre con la atención, a medida que los niños aprenden sus marcos de referencia sociales. Los modelos de atención socialmente aceptados son canalizados cuidadosamente. Es esencial que los niños aprendan qué cosas se pueden ver y cuáles hay que ignorar. El niño de cuatro años podrá preguntar, muy suelto de cuerpo, a un tullido: "¿Por qué camina usted así?"; o al obeso: "¿Por qué es usted tan gordo?" El niño de nueve años ya habrá aprendido a no preguntar, el adolescente a apartar la mirada, y el adulto a simular que no ha visto nada. Los esquemas sociales domestican la atención.

Al definir qué es y qué no es pertinente en un momento dado, los marcos referenciales pueden ser utilizados en forma defensiva. Cuando sucede algo que provoca angustia, a menudo se lo maneja manteniéndolo al margen del marco referencial. La gente logra armonizar con exquisita precisión el uso defensivo de los marcos, evitando la angustia por medio del desvío de la atención. No hace falta que se nos diga qué cosas hay que simular que no suceden; todos lo sabemos de inmediato, sin que nadie diga nada.

Tomemos como ejemplo un incidente en un ferrocarril británico, descrito por Paul Theroux. En el vagón viajan Theroux, un matrimonio mayor y algunos matrimonios jóvenes con niños, que evidentemente van al campo a pasar el día. De pronto, un grupo de *skinheads* (cabezas rapadas), tatuados, con aros en las orejas, camperas de cuero, botas con tachas y cabezas rapadas, irrumpe en el vagón, riendo y gritando, diciéndose los unos a los otros "váyanse a la mierda". Los bien educados ingleses hábilmente aplican la técnica de ignorar lo que sucede:[25]

Hacían un ruido infernal —realmente, partían los tímpanos— pero los ingleses del otro lado del pasillo seguían comiendo su vianda. El matrimonio mayor y los matrimonios jóvenes parecían no oír nada. Seguían comiendo sus sándwiches y todos guardaban silencio…. "El pronóstico meteorológico dijo que el tiempo iba a ser bueno", susurró uno de ellos.

La conspiración del silencio frente a la conducta inapropiada de los intrusos estaba funcionando adecuadamente, hasta que una niñita, en voz alta, dijo:

—Papito…¿Estos hombres dijeron: "Váyanse a la mierda"?

—No sé, querida. Por favor, déjame leer mi diario.

Su voz se percibía tensa y nerviosa, como si hubiera estado reteniendo el aliento. Yo, por cierto, había dejado de respirar…

—¿Oíste, papito? Lo volvió a decir. Dijo: "Váyanse a la mierda".

—Cállate, querida. Sé buenita.

—Y aquel otro también dijo "mierda".

—Basta ya, mi amor. —El hombre hablaba en voz baja.

No quería que nadie oyera…

De todos modos, probablemente nadie lo habría oído.

Los cabezas rapadas seguían gritando y corriendo por el vagón…Uno de ellos, un muchacho de unos trece años, también tatuado y con la cabeza afeitada, luciendo un arito en la oreja, gritaba desaforadamente: "¡Mierda, vete a la concha de tu madre o te reviento!".

La invasión del vagón de ferrocarril por los cabezas rapadas fue un asalto. Si bien no causaron daños físicos, lograron destrozar, con gran eficacia, los marcos referenciales de los demás pasajeros. Su ataque es un ejemplo de vampirismo de la atención. Al irrumpir en escena de una manera imposible de ignorar, los *skinheads* invaden los marcos referenciales de todos los presentes. Esta misma imposición la logra un niño molesto, borrachos agresivos, individuos maníacos y cierto tipo de psicóticos. Todos violan los tácitos marcos que aseguran el orden en los lugares públicos.

Lo que tratamos al margen del marco de referencia no tiene por qué ser algo tan amenazador; puede ser, simplemente, algo que preferimos no percibir. Por ejemplo, una mujer en su octavo mes de embarazo escribió una carta a la redacción de un diario narrando lo que le sucedió al viajar en un tren repleto de gente, de New Jersey a Manhattan, un húmedo y caluroso día de verano. En la carta cuenta que, cuando el tren entró en la estación donde ella esperaba,[26]

...toda esa gente tan pulcra y atildada que me rodeaba empezó a tratar de llegar primero a las puertas, no fuera cosa que se quedaran sin asiento. Logré evitar la mayoría de los codazos, pero, a pesar de mis cuidados, recibí un golpe bastante fuerte. Miré a mi agresor y le pedí: "Por favor, no empuje". No hubo respuesta.

...Viajé parada frente a dos "caballeros" cómodamente sentados, que de inmediato se pusieron sus anteojeras para no verse obligados a tomar nota de mi estado y así conservar sus sacrosantos asientos.

...Supongo que nunca voy a entender la absoluta apatía de esa gente, en apariencia bien educada, culta y exitosa. ¿Están tan egoístamente enfrascados en sus propios asuntos que quienes los rodean no tienen cabida en su estructura mental? ¿Les gustaría que sus propias esposas o madres embarazadas tuvieran que viajar de pie y tratando de mantener el equilibrio, como lo tuve que hacer yo?

Otro ejemplo para este tema es el estudio del Buen Samaritano.[27] En el Seminario Teológico de Princeton, cuarenta estudiantes esperaban su turno para dar un breve sermón de práctica. Con intervalos de quince minutos, los seminaristas iban, uno por uno, hasta otro edificio para dar su charla. En camino hacia allí, todos pasaron al lado de un hombre que, tirado en un portal, gemía fuertemente. Seis de cada diez de los seminaristas que pasaron al lado de ese hombre siguieron de largo, ignorándolo. La mitad de ellos iba a hablar, en su sermón, sobre la parábola del Buen Samaritano, el hombre que ayudó a un extraño tirado a la vera del camino. Pero resultó que los seminaristas que habían trabajado sobre dicho pasaje bíblico no se mostraron, de ninguna manera, más dispuestos a ayudar al hombre del portal que sus compañeros, que tratarían un tema diferente.

Probablemente hay momentos en los que hasta el más altruista de nosotros no se detiene para ayudar al prójimo; por ejemplo, cuando se está corriendo para alcanzar un avión. En el caso de los seminaristas, uno de los principales factores que determinaron si el estudiante se detenía a ayudar o no, era el grado de apuro que llevaba. De los estudiantes que pensaban que estaban llegando tarde para su presentación, sólo uno de cada diez se detuvo; de los que consideraban que tenían tiempo de sobra, seis de cada diez se detuvieron. Pero lo que no tuvo ninguna incidencia en su forma de actuar fue que, en ese preciso momento, estuvieran reflexionando sobre la parábola del Buen Samaritano.

Cuando se trata de ayudar a los demás, la diferencia básica está dada por el marco referencial que sostiene el individuo. En el famoso asesinato de Kitty Genovese, los treinta y ocho vecinos de Kew Gardens que la habían oído gritar pero no llamaron a la policía adjudicaron al hecho un marco referencial que justificaba que no hubiesen hecho nada para ayudar: "Es una disputa entre amantes" o "Alguien llamará a la policía" o "No es asunto mío".

El hombre que está tirado boca abajo en la vereda de una calle muy transitada constituye una incógnita para los transeúntes: ¿Es un borracho? ¿Está drogado? ¿Enfermo? ¿Herido? ¿Es peligroso? ¿Podría tener un cuchillo en el bolsillo? ¿Necesita ayuda? ¿Debo tratar de ayudarlo o dejo que intervenga la policía?

Las respuestas a esas preguntas están implícitas en los marcos referenciales de cada una de esas posibilidades. Si es un borracho, el marco indica que no hay que interferir. Si está enfermo y necesita ayuda, la cosa es distinta. Pero la interpretación "Necesita ayuda" conduce a otro dilema: ¿Qué hacer? ¿Intervenir o dejar que lo haga la policía?

A raíz de la polvareda que se levantó a consecuencia de la tragedia de Kitty Genovese, los psicólogos han llevado a cabo numerosos y elaborados ensayos para descubrir cuándo una persona ayuda a otra que se encuentra en una situación apremiante. El estudio del Buen Samaritano fue parte de esos ensayos. Los mismos siempre implicaban la presencia de un actor que simulaba una emergencia, como desplomarse en el subterráneo de Nueva York, para ver en qué circunstancias la gente se acercaba para ayudarlo.

Todos esos ensayos tenían un elemento en común: los testigos del hecho eran siempre tomados por sorpresa. Estaban, en ese momento, involucrados en otro marco referencial: en camino a alguna cita u otra circunstancia de su vida cotidiana. Su encuentro con la persona que, de pronto, necesita ayuda, los enfrentaba con un desafío a su propio marco referencial activado. Dejar de hacer lo que uno está haciendo para ayudar a alguien requiere abandonar, por el momento, el propio marco para introducirse en otro.

Los marcos referenciales que impiden a la gente ayudar al prójimo incluyen la evaluación del status de la víctima (a un borracho no se lo ayuda, a un hombre bien vestido sí), o su estado (borracho o drogado, no; enfermo, sí), como asimismo la situación momentánea del potencial auxiliador. Estar apurado (como sucedió en el caso de los seminaristas) reduce la probabilidad de que se preste ayuda; a ésta se pueden agregar algunas otras circunstancias, por ejemplo, cuando se está solo o casi solo (cuanto mayor cantidad de gente haya cerca, tanto más dispuestos están los individuos a ayudar).

Quizás el factor principal que determina si la gente ayuda o no ayuda esté constituido por el conglomerado de marcos referenciales que el sociólogo George Simmel denominó "trance urbano". A principios de este siglo, Simmel afirmó que los habitantes urbanos reaccionaban menos ante la gente y las cosas que los rodeaban (y, por lo tanto, también era menos probable que se avinieran a ayudar a alguien necesitado). Esta falta de respuesta se debía, según Simmel, al trance urbano, a un estado de ensimismamiento en el que caen los habitantes de la ciudad, como adaptación necesaria frente al trajín y bullicio que los rodea.*

Según Simmel, la gran cantidad de actividades que se desarrollan en el entorno urbano basta para generar esa reserva autoprotectora de indiferencia. Más recientemente, el psicólogo social Stanley Milgran trabajó sobre la idea de Simmel hablando de una "sobrecarga de información", o sea, estímulos de una intensidad demasiado grande como para que la capacidad de atención del individuo los pueda elaborar. Milgram afirmó que las imágenes, los ruidos y sonidos, y las exigencias de una ciudad apabullan la capacidad que tiene la mente para manejarlos. La adaptación mental que se produce frente a esa sobrecarga es el olvido de todo, menos de los hechos más inmediatamente relevantes. Es decir, se registra el taxi que se aproxima pero no se nota al borracho tirado en la alcantarilla.

En relación con el modelo mental que hemos desarrollado aquí, esto significa que el umbral de conciencia del habitante urbano es más elevado: no es que no registre tanta información en su mente, sino que el precio de admisión de la misma a su conciencia es más elevado. La mayoría de los esquemas existentes en su entorno no justifican el esfuerzo de ocupar espacio en la conciencia.**

Los marcos referenciales tienen la capacidad de desviar la atención de aquellos hechos que implican urgencia. En la mayoría de los casos,

---

* También podría existir un "trance rural": la gente que vive en el campo, sin duda, también es capaz del mismo tipo de ensimismamiento.
** Esto explicaría la desorientación de la gente de campo cuando llega a la ciudad. Sus esquemas no están adaptados a filtrar la alta intensidad de hechos irrelevantes. Sus marcos referenciales son demasiado amplios, perciben demasiado.
Lo mismo se podría decir, por supuesto, del habitante de las ciudades que llega al campo: sus esquemas no están adaptados para ese entorno, que les puede producir otro tipo de confusión. Y todos pasamos por una confusión similar cuando viajamos al extranjero. Sólo después de haber pasado cierto tiempo en otro sitio —y construido los esquemas para aquello que, al principio, nos pareció exótico y extraño— nos sentimos tan cómodos como en nuestro lugar de origen.

ese olvidar implica más beneficios que costos; el espacio mental que genera un marco nos brinda el lujo de poder prestar total atención a lo que nos interesa, sin que nos distraiga el bullicioso mundo que nos rodea. Pero, tal como lo demuestran los Malos Samaritanos, este olvidar tiene un costo social.

Ojos que no ven, corazón que no siente

Si los marcos referenciales son los elementos constructivos de la realidad social, entonces, lo que vale para la mente individual también es cierto para el orden social: la información que nos pone incómodos puede ser negada convenientemente. Como en el caso de la familia y de otros grupos, cuando algunos aspectos de la realidad compartida resultan preocupantes, es posible mantener una confortable calma a través del tácito acuerdo de negar los hechos pertinentes. Si el salir del marco referencial puede llegar a enfrentarnos con información que preferiríamos ignorar, entonces el mismo marco referencial se ofrece como refugio que nos protege de confrontaciones dolorosas. Tomemos como ejemplo las mentiras piadosas.

Las mentiras, pequeñas y grandes, constituyen el lubricante de nuestra vida social. Queda tácitamente entendido que una interacción civilizada requiere de ciertos pequeños engaños oportunos: transmitimos un doble mensaje, ocultamos nuestros verdaderos sentimientos, omitimos información; además de las mentiras declaradas, mentimos por ambigüedad e insinuación. Así como una interacción social fluida requiere que no comentemos cada contravención a los buenos modales que observamos, el tacto nos dicta no hacer hincapié en cada pequeña falta de sinceridad.

Las mentiras sociales tienen su utilidad. Por ejemplo, las mentiras piadosas, como las que decimos para salvarnos de una invitación que no tenemos ganas de aceptar, protegen los sentimientos de quien nos invita. Otras mentiras preservan nuestra imagen social, por ejemplo, lo que un investigador denomina mentiras de autopresentación que "intentan presentarnos como un poco más buenos, más sensibles, más inteligentes y más altruistas de lo que realmente somos".

Las mentiras sociales se pasan por alto. Hacérselas notar a nuestra familia, amigos y otras relaciones constituye una falta de tacto. Tácita mente invitamos al otro a que mienta, gracias a un tácito código social que dice que sólo veremos lo que se supone que debemos ver; lo que no corresponde ver se mantiene al margen de nuestro marco de referencia. Sin nuestro acuerdo mutuo de observar estas normas, el barniz del consenso en las interacciones cotidianas se descascararía y su lugar sería ocupado, sin lugar a dudas, por cierto grado de resentimiento.

Las mentiras sociales sólo funcionan como lubricante cuando son recibidas con una diplomática desatención. Las interacciones personales, cara a cara, a menudo nos ofrecen la oportunidad de detectar ese tipo de mentiras, por ejemplo, estudiando diversos aspectos de las actitudes de una persona a fin de detectar discrepancias con lo que nos está diciendo.

El estudio más detallado de ese juego de transmitir y detectar mentiras sociales —y sus implicancias para un adecuado funcionamiento de la vida cotidiana— ha sido realizado por un psicólogo social de Harvard, Robert Rosenthal, y un grupo de graduados de esa universidad que habían sido alumnos suyos. Para examinar las reglas que subyacen al deducir, detectar o ignorar las pequeñas y grandes mentiras de la vida cotidiana, a fines de la década del '70 comenzaron a estudiar la naturaleza de ese engaño.[28]

Sus investigaciones partieron de lo dicho por Freud, quien, al referirse a las claves no-verbales con que podemos delatar nuestros verdaderos sentimientos, escribió lo siguiente: "Si sus labios callan, parlotea con las yemas de sus dedos y cada uno de sus poros exuda engaño". Es sabido que el cuerpo emite señales reveladoras. Una sonrisa forzada delata tristeza; un puño cerrado revela ira no verbalizada. Pero la investigación sobre el engaño realizada por el grupo de Rosenthal demuestra que ciertos aspectos del lenguaje corporal son mejores canales para mentir —o claves para detectar esa mentira— que otros. El rostro, por ejemplo, es mucho más efectivo que el cuerpo —o incluso que la palabra— para mentir.

Fue Paul Ekman, un experto en lectura de las expresiones faciales, el primero en sugerir por qué el rostro es probablemente el canal no-verbal menos revelador y, por lo tanto, el mejor mentiroso. Ekman dice que la capacidad de una persona para engañar depende de diversos aspectos del canal (como el tono de voz o la expresión facial) que utiliza. En general, cuanto mayor sea la "capacidad de transmisión" de ese canal, mejor servirá para engañar.

La capacidad de transmisión es tanto más grande cuanto mayor sea la claridad con que un canal transmite diferentes mensajes, cuanto más rápido los pueda transmitir y cuanto más visibles u obvios sean. El rostro, afirma Ekman, tiene una capacidad de transmisión máxima y, por lo tanto, está excepcionalmente bien preparado para mentir. El cuerpo, por el contrario (incluyendo, por ejemplo, los gestos), es menos controlable, más lento y menos obvio. Mientras que esto hace que el cuerpo sea un canal menos efectivo para la mentira, también lo hace más susceptible a filtraciones, es decir, esos mensajes no-verbales que, inadvertidamente, revelan un sentimiento que la persona trata de ocultar. Para obtener una visión más completa de las filtraciones, el grupo de Rosenthal extendió la lista de canales con filtraciones a cinco: el rostro, el cuerpo, el tono de voz, expresiones fugaces y discrepancia entre las mismas.

El tono de voz podrá parecernos, en primera instancia, más similar al rostro en cuanto a su capacidad de engaño que al cuerpo revelador. Igual que el rostro, la voz puede transmitir con gran facilidad muchos matices de significado, y al individuo le resulta fácil controlar su tono de voz. Sin embargo, la evidencia recogida sugiere lo contrario. Por empezar, debido a la acústica de la caja craneana, la voz que oímos mientras estamos hablando no suena igual que la que oye nuestro interlocutor. (Esto podría explicar la consternación, casi universal, de la gente cuando oye por primera vez su voz grabada.) En una cinta magnetofónica, la gente percibe inflexiones de voz y cualidades tonales que delatan sus sentimientos, pero que aparentemente pasan desapercibidas para el orador cuando el mismo habla. Por todo esto, el grupo de Rosenthal calificó al tono de voz como más revelador que el cuerpo en la jerarquía de claves para la detección de mentiras.

Otra categoría de canales reveladores, que los investigadores agregaron, incluye los muy leves cambios en el cuerpo (como la represión de un movimiento de la mano) o el rostro (una sonrisa fugaz y apenas insinuada). Ekman afirma que esas manifestaciones momentáneas son no-intencionales e incontroladas y que, por lo tanto, son más reveladoras aún que el tono de voz.

Pero incluso mucho más reveladores que esos microlapsus son las discrepancias, como un rostro sonriente y un tono de voz enojado. Esas discrepancias, dice el grupo de Rosenthal, fueron las claves más reveladoras, dado que involucran dos canales que son difíciles de controlar, sobre todo en forma simultánea. Así, el mentiroso podrá poner mucho cuidado en cómo formula verbalmente su mentira, y hasta podrá acordarse, por ejemplo, de sonreír, pero lo más probable es que no tenga habilidad para controlar, en forma simultánea, el enojo que delata su voz. Esta discrepancia es la que podrá permitir a un observador atento comprobar que está mintiendo.

Cuando Rosenthal y su colega Bella DePaulo comenzaron a estudiar las mentiras y su detección, les aguardaba una sorpresa. Una década de investigación —gran parte de la misma realizada por Rosenthal— demostró que, sin duda, las mujeres tienen una habilidad especial para leer los mensajes no verbales: cuando se les pedía que dijeran qué sentimientos reflejaba un tono de voz o un gesto determinado, las mujeres acertaban con muchísima mayor frecuencia que los hombres. Pero esa precisión femenina parecía disminuir cuando se les pedía que decodificaran las filtraciones, esa categoría de claves no-verbales que, en forma no intencional, revelan sentimientos ocultos. Cuanto más revelador era un tono de voz o cuanto más incongruente era un mensaje, menor era la precisión de las mujeres para interpretar esas señales. Los hombres mostraron un modelo opuesto: cuanto mayor era la cantidad de claves que aparecían para revelar sentimientos ocultos, tanto más mejoraba la precisión de su evaluación.

A pesar de que las mujeres eran mejores que los hombres en lo referente a lectura de las expresiones faciales, su ventaja disminuía en forma sostenida cuando se enfrentaban a los canales más reveladores. Rosenthal y DePaulo interpretan ese fenómeno como atribuible a la mayor cortesía social de la mujer. De acuerdo con la percepción femenina, prestar atención a los deslices y filtraciones de una persona equivale a ser grosero; de hecho, percibir esas filtraciones es una forma de escucha secreta.

Además de ser más corteses en cuanto a ignorar las filtraciones, la mujer también es más sincera y abierta en los mensajes no verbales que ella misma transmite. Un estudio sobre la empatía ha demostrado que la mujer transmite mejor sus sentimientos que el hombre. Parecería que la mujer, mucho más que el hombre, permite la legibilidad de sus mensajes no-verbales.

Según la opinión de Rosenthal y DePaulo,[29] la mujer es más cortés que el hombre cuando lee los mensajes no verbales. Esos autores agregan: "Quizá la mujer, en nuestra cultura, haya aprendido que el saber demasiado sobre los sentimientos de los demás puede resultar socialmente peligroso. Ese relativo rechazo a la escucha secreta por parte de la mujer es coherente con los estándares de amabilidad y disimulo social que es parte del rol sexual tradicional adjudicado a la mujer en nuestra cultura, un rol sexual que sólo ahora está comenzando a cambiar".

La interpretación de que las mujeres son más acomodaticias y más corteses debido a su tendencia a ignorar las filtraciones, irrita a otros estudiosos de los mensajes no verbales. Uno de ellos es Judith Hall, otra ex discípula de Rosenthal, experta en diferencias sexuales en la comunicación no-verbal.[30] Hall rechaza los motivos sexuales que se adjudican a la mujer en lo referente a ignorar las filtraciones.

"La necesidad de precisión en la lectura de las filtraciones —dice Hall— es algo relativamente raro en la vida cotidiana. Yo diría que no son los hombres los que han desarrollado una capacidad que las mujeres no tienen —que es la idea que subyace en la interpretación de Rosenthal y DePaulo— sino que las mujeres desarrollan determinadas habilidades sociales por encima de otras. Quizá las mujeres sólo pongan en práctica algo que representa una estrategia social inteligente. La interacción fluida y sin roces exige que la gente no perciba o comente deslices insignificantes o cada minúscula falta de sinceridad. La vida social funciona ignorando las pequeñas mentiras sociales. Parecería que en eso las mujeres son más inteligentes que los hombres."

¿Y cómo aprendemos a ignorar las mentiras sociales? En principio, hay que señalar que hemos nacido con esta capacidad. Como demuestra el cuento *El traje nuevo del emperador*, los niños pueden ser brutalmente sinceros, sin falsedad y sin reparo. Los niños no sólo se destacan por sus mentiras, sino por las mentiras que no dicen. Cuando el niño es muy pequeño, esa franqueza es disculpada. Pero a medida que se les exige que observen ciertas normas de cortesía, esa sinceridad es considerada como algo fuera de lugar. Es en ese momento cuando se les enseña a los niños a aceptar las mentiras sociales. Para funcionar sin tropiezos en el mundo adulto, los niños tienen que aprender cuándo es socialmente beneficioso tanto mentir con habilidad como dejar de detectar las mentiras ajenas.

El mundo del niño está lleno de grandes y pequeños engaños. "Algunas de las mentiras que se les dice a los niños —escribe DePaulo—,[31] no son menos absurdas que los cuentos de hadas, los dibujos animados o las comedias de televisión. Por ejemplo, a menudo se les dice que, una vez por año, un hombre gordo con un trineo vuela por los aires, arrastrado por un grupo de renos. Los hechos más graves, por lo general, son camuflados por mentiras menos pintorescas (el abuelo se tomó unas largas vacaciones) o son esquivadas, eludidas o cubiertas con un manto de silencio. Muchos avisos publicitarios también pueden ser calificados de mentiras dirigidas a los niños: por ejemplo, los que dicen que los cereales de tal marca los harán grandes y fuertes. Otras no-verdades que se dice a los niños, muchas veces son consideradas inocuas o, incluso, beneficiosas: a veces los adultos les dicen a los niños que el garabateado manchón azul trazado sobre un papel es realmente un saltamontes (y que, además, es un saltamontes precioso), o que el débil puntapié que le dieron a la pelota fue un tiro digno de un campeón."

En un artículo publicado en los Anales de la *New York Academy of Sciences*, DePaulo plantea la siguiente pregunta: "¿Qué es mejor: detectar los verdaderos sentimientos que subyacen a las expresiones de una persona, o ignorar lo que esa persona no quiere que nosotros sepamos?". En el caso de una mentira o un engaño que podría llegar a dañarnos, observa la autora, la capacidad de detectar la mentira es, sin duda, algo positivo. Y en profesiones como la psiquiatría o en el trabajo policial, esa capacidad es particularmente beneficiosa. Pero, dice DePaulo, las evidencias que hemos recogido nos demuestran que la mayoría de la gente no es muy hábil para detectar la verdad. Y, lo que es más, por lo general, a medida que la gente se va haciendo mayor, son cada vez más incapaces de detectar los verdaderos sentimientos que otros fingen o enmascaran (la diferencia en la capacidad de detectar las filtraciones, observada entre hombres y mujeres, se debe a que las mujeres lo hacen cada vez peor a medida que maduran y no a que los hombres mejoren en esa habilidad).

"Parecería —escribe DePaulo—, que lo que los niños aprenden a medida que van creciendo —probablemente gracias a la socialización— es a percibir, cortésmente, lo que otros quieren que perciban y no lo que realmente está sintiendo su interlocutor." Es decir que los esquemas sociales delimitan, cada vez más, el espectro de la atención. Además, quienes son más corteses en este sentido suelen ser más populares y demostrar una mayor comprensión social; también se sienten mejor en lo que se refiere a su vida de relación.

Según DePaulo, lo que todo esto sugiere es que, "al menos de cierta manera, en algunas situaciones puede ser mejor para nosotros ver sólo lo que los demás quieren que veamos y no lo que ellos realmente sienten. Esto es lo que los niños van aprendiendo a medida que crecen… Además, quienes no obedecen esas exigencias de la cortesía —una cortesía particularmente característica en la mujer— tienen que pagar un cierto costo personal e interpersonal.

"La cortesía como forma de decodificación —agrega DePaulo—, probablemente nos permite un manejo más fácil y fluido de la información interpersonal que el estilo inquisitivo y escéptico… La persona que comienza a dudar de las apariencias, empieza a sentir un mayor grado de incertidumbre frente a su entorno; también es posible que se sienta, en cierta medida, culpable por su desconfianza y falta de fe en los demás; y, por último, podrían terminar sabiendo que la otra persona alberga hacia ellos sentimientos que, de no conocerlos, serían mucho más felices."

El tacto —bajo la forma de una discreta desatención— es la piedra angular de la alianza social que acuerda respetar la integridad de los marcos referenciales que compartimos. Llamar la atención sobre algún canal que permite la filtración de otro tipo de realidad equivale a violar el contrato social que nos obliga a proteger mutuamente nuestra imagen pública, es decir, a una rotura de un marco referencial. En este sentido, no evidenciar ese tacto, a través de la desatención, constituye una agresión. Viola los códigos más generales que preservan el fluido funcionamiento del orden social. Goffman dice al respecto:[32]

> Cuando un individuo proyecta una definición de una situación y, a través de la misma, proclama, en forma implícita o explícita, ser una persona en extremo bondadosa, ejerce automáticamente la presión de una exigencia moral sobre otros, obligándolos a valorarlo y tratarlo del modo que las personas de esas características tienen derecho a ser tratadas... El individuo los ha informado de lo que es y cómo deben verlo.

La desdicha que sienten quienes prestan una atención exagerada a esa verdad que se filtra por entre las apariencias manifiestas es, en cierta forma, el costo social que tienen que pagar por contravenir un contrato social básico. Esto explicaría la contradicción de que quienes ven —y expresan— con mayor claridad lo que la gente realmente siente, tienen que pagar un precio por esa claridad. Pero tal paradoja es algo habitual en el ámbito del engaño social. Al respecto, DePaulo señala lo siguiente: "Las normas, regulaciones y sistemas de recompensas que, por lo general, rigen nuestro mundo verbal y no-verbal son revertidas y cambiadas. Fuentes de información que, como el rostro, son con frecuencia sumamente elocuentes, pueden convertirse en francamente engañosas; y la habilidades por las que en general, somos recompensados —como la habilidad de comprender lo que otra gente realmente está sintiendo— pueden volverse, de pronto, en contra de quien las domina. La persona que sabe cuándo tiene lugar un engaño y que sabe lo que otros realmente sienten, comprende con mayor claridad la realidad del mundo interpersonal. Pero, en cierto modo y bajo determinadas circunstancias, puede ocurrir que tener esa capacidad de comprensión de las claves sociales e interpersonales no sea demasiado beneficioso".

Las mentiras piadosas son una inocente forma de engaño social, a pesar de las buenas intenciones que puedan mover a quienes mienten. Son una forma de proteger los marcos referenciales que mueven una vida social armónica. Pero la misma dinámica puede entrar en funcionamiento para ocultar hechos que no son tan inocentes. Lo que empieza como una mentira piadosa, un inocente acuerdo de mantener hechos delicados al margen del marco referencial, puede transformarse en una manipulación social bastante menos inocente.

Preguntas que no se pueden formular

Los marcos referenciales crean la realidad social dirigiendo la atención hacia lo que más nos interesa y desviándola de los aspectos irrelevantes de esa actividad o realidad. Por lo general, esa atención selectiva resulta de gran utilidad, pero la capacidad de mantener cierta información al margen del marco de referencia puede caer presa de una confabulación que compra la comodidad social al precio de omitir importantes verdades. Esa confabulación genera lagunas que ocultan la realidad social para suprimir información negativa o dolorosa.

Por ejemplo, un abogado criminalista conocido me dice que los oficiales de policía de su distrito mienten ante la corte como rutina, sobre todo en los casos relacionados con drogas. No es que esos funcionarios cometan perjurio todo el tiempo, pero muchos lo hacen cada tanto y algunos, la mayoría de las veces. Este abogado dice saberlo porque solía beneficiarse con esas mentiras, en la época en que era asistente del fiscal de distrito.

¿El juez lo sabe?, pregunté. Según ese abogado, es posible que lo sospeche, pero el juez trata con la policía todos los días; mientras que el acusado sólo está presente durante el transcurso del juicio. Las cosas siguen un curso fluido si el juez actúa como si creyese a la policía. ¿Es posible que, en esa forma, individuos inocentes sean hallados culpables? Quizás.

Comparemos el falso testimonio policial con la mentira piadosa que mitiga los pequeños roces sociales. El primero puede tener consecuencias serias, mientras que las del segundo caso son benignas. Pero una siniestra confabulación utiliza las mismas dinámicas que una inocente mentira piadosa: el tácito acuerdo entre todos los involucrados de ignorar el hecho de que hay algún tipo de información muy importante que se está dejando de lado. El resultado final es una especie de autoengaño colectivo.

Los engaños compartidos, habitualmente, también protegen a los miembros ineptos dentro de algunas profesiones. Por ejemplo, de los 760 casos de inconducta o incapacidad médica denunciada frente a un consejo del estado de Nueva York, sólo 12 fueron derivados a través de asociaciones médicas. William Farley, un anestesista canadiense que ahora dirige un programa para la rehabilitación de médicos que sufren distintas adicciones, comentó acerca de la época en que él mismo fue un adicto.[33] Durante casi diez años, Farley, además de ser alcohólico, era adicto a una droga hipnótica llamada Dalmane. Cuando llevaba más de tres horas sin ingerir la droga, entraba en un síndrome de abstinencia, con temblores tan intensos que casi no podía insertar una aguja intravenosa, aterrando así a sus pacientes.

Los signos de su adicción eran evidentes. Se vestía con desaliño y se mostraba irritable y discutidor. Tenía los ojos hinchados y enrojecidos. Pero, según dice Farley, hubo algo que lo protegió: "La conspiración del silencio entre mis colegas. Sabían que algo andaba mal conmigo, pero nadie quería dar la voz de alarma".

Los tabúes, que constituyen un engaño social común, marcan con su silencio las zonas angustiantes. Por ejemplo, en el vestuario para caballeros de una universidad para mujeres ubicada cerca de mi casa, los profesores evitan un tema que es habitual en la mayoría de los vestuarios de hombres: lo atractivas que son las estudiantes de la institución. La posibilidad de un romance entre un profesor y una estudiante, en ese ámbito tan pacato, es algo demasiado amenazante y, por lo tanto, todo ese tema es tabú y del mismo no se habla.

Uno de los tabúes más marcados es el que implica el tema de la muerte. A menudo, a una persona que se está muriendo no se le dice que se va a morir, a pesar de que todas las señales y claves no verbales —por ejemplo, desviar la vista cuando se consuela y conforta al paciente— puede, por lo menos, sugerir esa posibilidad. Tolstoi describe muy bien esa farsa colectiva, en la que todos los involucrados actúan como si nada pasara:[34]

> Lo que atormentaba a Ivan Illych era el engaño, la mentira —que, por algún motivo, todos aceptaban— de que él no se estaba muriendo sino sólo enfermo; que lo único que tenía que hacer era quedarse tranquilo y someterse al tratamiento, y que todo saldría bien. Sin embargo, él sabía que, hicieran lo que hiciesen, el resultado no sería su curación sino sólo más sufrimiento y la muerte. Este engaño lo torturaba; no podía soportar ese no querer admitir lo que todos sabían que él sabía, mintiéndole con respecto a su terrible condición y forzándolo a él a participar de esa mentira.

La confabulación para ignorar información dolorosa puede ser utilizada con gran facilidad para mantener una ficción política. Un ejemplo de ello es la forma en que las distintas naciones optan por referirse a los terribles años de la Segunda Guerra Mundial. Canadá, por ejemplo, se vio sacudido por un libro que revelaba que, de 1933 a 1945, su política oficial, implícitamente antisemita, hizo que ese país subpoblado admitiera sólo a muy pocos refugiados judíos (lo mismo se dijo de los Estados Unidos). La película *The Boat Is Full* hizo un cargo similar contra Suiza; el título proviene de la expresión utilizada por los suizos como eufemismo para negarse a la admisión de refugiados judíos que huían de Alemania. En ambos países el shock fue tan grande porque siempre existió una tácita negación de esos hechos del pasado.

Ese tipo de culpas secretas a menudo es encubierto tanto en los libros de historia como en la política oficial. En Japón se produjo un gran revuelo cuando el Ministerio de Educación decretó que los pasajes de los textos de historia que se referían a la ocupación japonesa de otros países asiáticos tendrían que ser menos negativos en ediciones futuras.[35] La mención de los 53.000 coreanos muertos por soldados japoneses, cuando el país era una colonia del Japón, fue modificada con la acotación de que el gobernador general de Corea estimaba que sólo hubo 2.000 muertos —aunque el texto omite mencionar que el gobernador general era un oficial japonés—. Las 20.000 personas que murieron en Singapur durante la ocupación japonesa fueron convertidas en "más de 6.000"; la afirmación de que 300.000 personas fueron muertas en Nankín en 1937 fue cambiada por otra que decía que eran los chinos (y no los japoneses) quienes aseguraban que ésa había sido la cantidad de muertos. El ministerio dijo que todas esas alteraciones se llevaban a cabo porque la "misión social" de las escuelas era lograr que la juventud japonesa se sintiera orgullosa de su historia.

En esa misma línea, los libros de texto estadounidenses rara vez insinúan que la ocupación del territorio indígena por los pioneros hubiera tenido la menor connotación de injusticia. Las invasiones estadounidenses de Canadá, Rusia y México se disimulan como hechos sin importancia, mientras que, en los países citados, esas invasiones figuran como acontecimientos importantes de su historia. De manera similar, los libros de texto de Francia presentan una versión muy subjetiva de los hechos mundiales, a fin de adecuarlos a su historia oficial:[36]

[Una] página de *The World Today*... se refería a la riqueza, salud y cultura de las antiguas colonias francesas en África. Otra hablaba del perverso poder en América del Norte y otra sobre la miseria en América del Sur... El maestro... no se sorprendió de que el África francófona apareciera como una serie de postales emitidas por la Cámara de Comercio, mientras que la ciudad de Nueva York se veía como si hubiera sido fotografiada por un reportero gráfico de la policía durante un homicidio ocurrido en algún barrio marginal.

La mente colectiva es tan vulnerable al autoengaño como lo es la mente individual. Las áreas particulares que permanecen en la sombra para un determinado grupo, son la suma de los esquemas de este tipo compartidos por sus miembros: las áreas de experiencia que se han borrado en la mayoría de las mentes individuales serán también las zonas más oscuras en la mente colectiva del grupo como unidad.

Las culturas y las naciones ofrecen los mejores y más elocuentes ejemplos de este principio. La cínica caracterización de la educación de las masas como "transmisión de una ilusión social", lamentablemente, es correcta, teniendo en cuenta que lo que se enseña está deformado por lagunas. Considero que las características que diferencian una cultura de otra están dadas por sus puntos ciegos, por los elementos particulares de la realidad que el yo colectivo de cada una reprime para mitigar angustias.

Estos puntos ciegos están fuera del espectro visual de la gente que está inmersa en esa cultura, pero se manifiestan como llamativas particularidades para quienes provienen de culturas que no los comparten. Recuerdo, por ejemplo, un estudio realizado por John Ogbu, un antropólogo nigeriano, sobre diversas culturas en las que existían sistemas de castas. En algunos de esos países había una diferencia racial entre las castas, pero en otros no. En todos ellos, sin embargo, la casta más baja era la que hacía "el trabajo sucio", como barrer las calles, recolectar la basura, el trabajo en los mataderos, entre otros. En todos esos países, las castas más bajas registraban un mal desempeño escolar.

Ogbu considera que ese déficit escolar era el resultado de las sutiles diferencias con que esos niños eran tratados en la escuela: en sus propias culturas, nadie esperaba que realizaran sino las tareas más humildes y, por lo tanto, eran tratados como inferiores desde el comienzo de su vida.

Para confirmar esa hipótesis, Ogbu incluyó observaciones realizadas en un distrito escolar de una pequeña ciudad de California. Sus datos demostraron que también allí existía la misma diferenciación de castas que en otras partes del mundo. Los maestros, muy sutilmente, tenían menores expectativas en el caso de niños pertenecientes a minorías étnicas y sociales. La hipótesis fue sorprendente y sus datos impactantes. Pero la verdadera revelación, para mí, fue descubrir que el distrito escolar estudiado por Ogbu era el mismo al que yo había concurrido de niño: Stockton, California.[37]

Sentí como si me hubiera dado un golpe en la cabeza. Yo estaba convencido de que los datos y argumentos de Ogbu eran ciertos... pero sólo vistos retrospectivamente. Mientras yo iba al colegio, y durante todos los años posteriores, nunca se me ocurrió que hubiera tenido lugar esa sutil discriminación.

Y aquí está el quid de la cuestión: no estamos dispuestos a ver o recordar hechos sociales negativos. ¿Cómo se fomentan esos puntos ciegos sociales? Como ejemplo valga el de Ingeborg Day, que tenía cuatro años cuando finalizaba la Segunda Guerra Mundial. Su padre había sido ofical nazi en Austria. Durante toda su infancia, Ingeborg no se enteró de casi nada de los terribles sucesos ocurridos durante la guerra:[38]

....en Austria... la conciencia nacional simplemente ignoró todo ese período entre el *Anschluss,* es decir, la anexión de Austria a la Alemania nazi, y la llegada del Ejército Rojo... Los veteranos de la guerra podían llegar a hablar, entre ellos, de sus recuerdos del frente ruso, pero dentro del círculo familiar las referencias al período nazi se reducían por lo general a una mirada intercambiada por los padres cuando se oía alguna noticia por la radio, la sugerencia de que los niños debían ocuparse de sus propios asuntos, cosa que rara vez hacía falta repetir. Los textos escolares de Ingeborg llevaban adheridos, en las primeras páginas, unas pequeñas estampillas que los niños, supuestamente, no debían levantar. Debajo de las mismas había una pequeña cruz con los brazos quebrados. Cuando alguien formulaba alguna pregunta al respecto, la maestra contestaba: "Fueron el símbolo de otro gobierno. Ahora tenemos un gobierno nuevo... Bueno, ahora vamos a a aprender los nombres de los ríos de Estiria occidental".

Cuando Ingeborg viajó a los Estados Unidos, a la edad de dieciséis años, a través de un convenio de intercambio estudiantil, recibió un shock al enterarse de lo que había sucedido bajo el Tercer Reich y qué pensaba el resto del mundo de gente como su padre, que había sido nazi. Cuando regresó a Austria, enfrentó a su padre y le dijo:

—¿Qué pasó durante la guerra?
—No sé de qué hablas.

—¿Enviaste judíos a las cámaras de gas?

—Si lo que pretendes es que te eche de esta casa, ya mismo y para siempre, sólo necesitas repetir esa pregunta.

Bini Reichel, nacida en 1946 en Alemania, hace una descripción similar al contar cómo, en los años de posguerra, "la amnesia se convirtió en una enfermedad nacional contagiosa que, incluso, afectó a los niños nacidos después de finalizada la guerra. En este mundo nuevo... no había espacio para niños y adolescentes curiosos. Postergábamos nuestras preguntas y, finalmente, las dejábamos de lado por completo". En los libros de historia que se utilizaron durante la infancia de Reichel, los años del nazismo ocupaban entre diez a quince páginas, cuidadosamente condenatorias de ese régimen.

Reichel también recuerda cómo esa amnesia le había sido inculcada en el colegio:[39]

> Ahora, de pronto, recuerdo cómo percibía yo, de adolescente, esa etapa del pasado alemán. Nuestra curiosidad era tan manipulada que ni siquiera nos percatábamos de que nunca hacíamos preguntas al respecto. Mi profesora de historia, en el colegio secundario, fue fräulein Schubert, toda una institución, que por aquellos años ya tenía 65 años de edad, siempre vestida de gris. Su interés obsesivo por Johann Gutenberg y otros iconos de siglos pasados le permitían evitar cualquier mención del nombre de Adolfo Hitler.

En un intento por traspasar esa amnesia grupal, Reichel, recientemente, buscó y entrevistó a gente de la generación que había combatido en la guerra. Una de las preguntas que le formuló a un ex nazi fue por qué nunca había discutido esos años con sus propios hijos. Su respuesta fue: "Era algo de lo que no se hablaba. Además, ellos nunca preguntaron".

Preguntas que no se pueden —o no se quieren— formular son una señal cierta de que nos encontramos frente a una laguna. La creación de puntos ciegos es una herramienta clave de los regímenes represivos, que les permite borrar toda información que amenace la línea de pensamiento oficial. Al hacer esto, definen como válido un determinado marco para los hechos y todos los demás son definidos como reaccionarios; otros hechos, incluso, están más allá de las fronteras admisibles de la atención. Tomemos como ejemplo el caso de la Argentina. Mientras la Junta Militar estaba en el gobierno, la pregunta imposible de formular era "¿Qué pasó con los aproximadamente siete mil opositores políticos que, misteriosamente, desaparecieron?" Cuando un régimen democrático pasó a reemplazar a la Junta Militar, esa misma pregunta fue la primera que se formuló. La respuesta, por supuesto, señalaba a la Junta como culpable de esas desapariciones.

La ex Unión Soviética sostuvo una lucha permanente con ese tipo de preguntas prohibidas. Durante los años del stalinismo, por ejemplo, la historia se escribió de nuevo para ocultar sus abusos. Cuando Kruschov asumió el poder, designó una comisión para investigar los crímenes cometidos por Stalin. Pero los hallazgos de esa comisión eran demasiado terribles como para revelarlos abiertamente. Kruschov lo admitió, en parte, en un escrito secreto, de 1956 y, nuevamente, en una forma muy suavizada, ante un congreso comunista. Luego, el informe fue enterrado en los archivos del partido.

Según Harrison Salisbury, "el mismo Kruschov dijo que las revelaciones eran tan aterradoras que era imposible publicarlas, por temor a que se repitiera lo sucedido en 1937 y 1938, cuando se dijo que una mitad de Rusia acusaba a la otra mitad de alta traición".[40] Cuando Kruschov dejó el gobierno, las investigaciones se suspendieron.

Unos veintiocho años más tarde, un historiador ruso, Anton Antonov-Ovseienko, logró acceder a algunos de esos archivos e investigar gran parte de su contenido. Entre los hechos que descubrió, figuraba la inocencia de las víctimas de las purgas realizadas por Stalin en la década del '30, la complicidad de Stalin en la muerte de sus opositores políticos, incluso la de la viuda de Lenin y la de la propia esposa de Stalin, y que la cantidad total de muertos en Rusia durante las purgas y ejecuciones realizadas bajo el reinado de Stalin podían ascender a más de cincuenta millones. Es decir que Stalin cometió un genocidio contra su propio pueblo.

La recuperación de esa parte del pasado ruso es necesaria, según dice Antonov-Ovseienko, "porque a lo largo de una generación se producen cambios sustanciales y, a veces, irreversibles en la memoria colectiva. Datos importantes, hechos, nombres y todo un estrato histórico pueden llegar a desaparecer. La nueva generación ingresa en la vida con una amnesia incorporada, artificialmente inducida y mantenida". El libro de Antonov-Ovseienko, publicado en los Estados Unidos en 1982, no fue publicado en la ex Unión Soviética.

La necesidad de revisar la historia para adecuarla a la versión oficial hace que el pasado ruso contenga enormes espacios en blanco. David Shipler, un corresponsal extranjero estadounidense que estuvo en Rusia a principios de la década del '70, observa al respecto:[41]

La historia sintética de la Unión Soviética, tal como se ofrece en la actualidad, se destaca básicamente por lo que omite y no tanto por lo que inventa. En la actualidad, la táctica es a menudo el silencio: silencio sobre los primeros debates y disensos en el seno de lo que, en aquel entonces, era el incipiente Partido Comunista; silencio sobre la represión y la crueldad de la colectivización; silencio sobre las purgas y ejecuciones de los líderes del partido y de los mejores oficiales del Ejército Rojo, ocurridas antes de la guerra; ...silencio sobre ...el pacto de no-agresión, en 1939, con la Alemania nazi...; silencio sobre la indefensión total de la Unión Soviética frente al ataque alemán; silencio sobre los 15 mil millones de dólares en alimentos y equipamientos militares, provenientes de los Estados Unidos y de Gran Bretaña, transportados con enorme riesgo por un convoy hasta el puerto de Murmansk....

En 1974, el poeta Ievgeni Ievtuschenko expresó su consternación cuando, en una reunión alrededor del fogón de un campamento, en Siberia, una jovencita de dieciocho años propuso un brindis por Stalin. ¿Es que no se había enterado de la cantidad de gente arrestada y asesinada durante su gobierno? Quizás unos veinte o treinta, contestó la joven. Ievtuschenko continúa diciendo:[42]

Entonces comprendí, de pronto, que la joven generación realmente no tiene forma de enterarse, hoy en día, de aquella trágica verdad, porque no encuentra referencia alguna sobre aquel tiempo ni en la literatura ni en sus libros de texto. Incluso cuando se publican artículos sobre los héroes de nuestra Revolución, que murieron durante la represión stalinista, los diarios callan con respecto a la causa de sus muertes... La verdad es reemplazada por el silencio, y el silencio es una mentira.

El flujo de la información en una sociedad libre

Las ideas conducen a la acción. En la medida en que una sociedad limita el espectro de su atención a través de marcos de referencia autoritarios, está restringiendo las opciones disponibles para sus miembros. Las lagunas pueden enterrar ideas peligrosas. Esta premisa era la idea en que se basaba el *Newspeak*, el idioma propuesto en el libro *1984* de Orwell, que dio origen a términos como *"doublethink"* (doble pensamiento) y *"un-person"* (no-persona) y generó eslóganes como "La ignorancia es fuerza". El *Newspeak* encarna el intento de reducir los esquemas disponibles para los ciudadanos y así controlar su espectro de acción.

En su Apéndice a *The Principles of Newspeak* (Los principios de Newspeak), Orwell explica lo siguiente:[43]

> Una persona que se criara con *Newspeak* como su única lengua ya no sabría que "igual" tuvo, en un tiempo, la connotación de "políticamente igual", o que "libre", en un pasado, significaba "intelectualmente libre". Ignoraría esas acepciones tal como una persona, que nunca oyó hablar de ajedrez, ignora las connotaciones que pueden tener las palabras "reina" y "torre". Habría una gran cantidad de crímenes y errores que le serían imposibles de cometer, simplemente porque no hay palabras que los designen y, por lo tanto, son imposibles de imaginar.

A medida que pasara el tiempo y el vocabulario de *Newspeak* se fuera tornando cada vez más parco y sus significados más rígidos, las opciones de acción de la gente se reducirían cada vez más; al menos, eso es lo que afirmaba Orwell.

Hay un principio paralelo en acción en los intentos de regular el mundo político y social a través del control del flujo de información en una sociedad. Una sociedad maneja la información a través de mecanismos que, a menudo, constituyen una réplica del funcionamiento de la mente individual. El sello distintivo de la democracia es el libre flujo de la información; es muy revelador que la enmienda que garantiza la libertad de expresión haya sido la primera que se hizo a la Constitución de los Estados Unidos.

Un estado totalitario, como un yo totalitario, se encuentra con que su versión oficial de la realidad es demasiado frágil como para resistir el desenfrenado flujo de ideas. Para que una autoridad totalitaria pueda ejercer el control, tiene que reprimir todo punto de vista y toda realidad alternativa. La censura —una herramienta esencial del control político— constituye el equivalente social de un mecanismo de defensa.

El régimen autoritario, sin embargo, representa el extremo de un continuo que interconecta todas las sociedades, incluso las más democráticas. Los intereses creados y las rivalidades políticas que hacen sana a una democracia, también representan puntos de vista subjetivos y paralizados, cada uno de los cuales tiene sus propios puntos ciegos.

Esos sesgos resultan inevitables. El yo social tiende a ellos por las mismas razones que el yo individual. La naturaleza de los esquemas es dirigir la atención hacia lo que predomina y a desviarla de lo irrelevante. Al establecer la noción de qué es predominante y cómo analizarlo, el esquema contiene una deformación subjetiva desde su inicio.

Comparemos la estructura editorial en los Estados Unidos y en un estado autoritario. En este último, las editoriales son manejadas por el estado, con unas pocas personas clave que toman las decisiones, y que controlan todo cuanto se publica. En los Estados Unidos, los libros son editados por alrededor de mil empresas independientes. A pesar de que alrededor de doscientas firmas son las que manejan el 85 por ciento del negocio, aquí no hay nada que se parezca a la visión unilateral que se genera bajo un monopolio estatal.*

Pero, aun así, existe en el seno del gobierno estadounidense una notable tensión entre los principios del libre flujo de la información y las prácticas de los políticos. Un ejemplo que viene al caso es la obsesión manifestada, en un momento dado, por el gobierno de Reagan, con respecto a lo que un experto en derecho constitucional denomina "los riesgos de la información":[44]

---

* Sin embargo, algunas posiciones parciales del mundo editorial y de la prensa podrían no ser tan inocentes. Véase, por ejemplo, *Deciding What's News,* de Herbert Gans (New York: Pantheon, 1978) y *The Media Monopoly,* de Ben Bagdikian (Boston: Beacon Press, 1981)

...temerosos tanto de su imprevisibilidad y su potencial para inducir conclusiones erróneas en el público... sus acciones están arraigadas en una visión que no sólo se concentra en la seguridad sino que equipara la seguridad con el secreto y trata la información como si fuera una enfermedad contagiosa y deformante que tiene que ser controlada, mantenida en cuarentena y, finalmente, curada.

Al servicio de este punto de vista, la administración de Reagan propuso una herramienta sorprendente: un contrato a ser firmado por todos los funcionarios con acceso a información confidencial, que les exigiría presentar todo lo que escribieran por el resto de sus vidas, ante las autoridades gubernamentales, para que éstas dieran su aprobación. Este instrumento legal es sorprendente, básicamente, por dos aspectos. Por una parte, como advierte la American Society of Newspaper Editors, se trata de una "censura en tiempos de paz, de una envergadura jamás vista en este país desde la adopción de la Carta de Derechos, en 1791". Por otra parte, representa el equivalente político de una represión neurótica.

Un contrato de este tipo permitiría al gobierno de turno censurar todos los puntos de vista y opiniones que no coincidieran con los suyos propios. "El efecto de una directiva de esta naturaleza —dice Floyd Abrams, experto en derecho constitucional— es que quienes más saben de temas de interés nacional primordial serán quienes menos posibilidad tengan de hablar sobre esos intereses, sin la autorización previa de precisamente aquéllos a quienes quieren criticar."

Esta forma de intentar amordazar las críticas —sobre todo las voces de críticos bien informados— es bastante torpe, en comparación con los métodos que ya existen gracias a las tácitas e incorporadas subjetividades que se encuentran en cualquier tipo de sensibilidad colectiva, desde el grupo más pequeño hasta toda una cultura o una nación.

Por ejemplo, en la vida política de la ex Unión Soviética (siempre resulta más fácil tomar como ejemplo un caso distante), una cierta clase de opositores políticos era enviada a efectuarse exámenes médicos y el diagnóstico era: esquizofrenia tardía, ante lo cual eran internados en hospitales psiquiátricos. Los signos que habían conducido a este diagnóstico se reducían al hecho de que la persona discrepaba con el sistema imperante y, por lo tanto, era clasificada como desviada.

Cuando los funcionarios soviéticos y los oficiales de la KGB se enfrentaban con un disidente político, afirma una teoría, "los invadía una sensación de extrañeza, que aumentaba cuando el disidente empezaba a recitar los derechos que lo amparaban, de acuerdo con la constitución soviética". Una persona normal no actúa así, se decían. Lo único que cabía era pensar que ese hombre estaba mentalmente desequilibrado, y era entonces cuando se recurría al psiquiatra.

Walter Reich, un psiquiatra que estudió el sistema soviético, afirma que:[45]

> Los psiquiatras soviéticos que eran consultados para emitir su diagnóstico también eran ciudadanos soviéticos. Se criaron en la misma cultura, los afectaban las mismas realidades políticas y habían desarrollado las mismas percepciones sociales.
>
> Y, dado que la forma utilizada por un psiquiatra para determinar si una persona está enferma o no depende, en gran medida, de las premisas básicas del psiquiatra sobre qué es habitual y qué se espera del individuo en esa sociedad, es posible que, al entrar en contacto con la mentalidad del disidente, esos psiquiatras tuvieran la misma sensación de extrañeza que el agente de la KGB y, por lo tanto, asumieran que el hombre estaba, realmente, demente.

En síntesis, los psiquiatras soviéticos compartían los esquemas colectivos que determinaban que estar en desacuerdo con el régimen político constituía una aberración. Su encuentro con el disidente era chocante y estremecedor. Sus sentimientos eran similares a los que se tiene frente a cualquier tipo de psicópata. De ahí a aplicar el rótulo de psicótico, hay sólo un paso. Esta explicación sobre cómo se utilizaba la psiquiatría para manejar el disenso en lo que fue la Unión Soviética es, cuando menos, benévola: al suponer que los psiquiatras realmente creían que el disidente estaba enfermo, se los absolvía del cargo de complicidad en la represión política.*

Esta visión, realizada a través del tiempo y de la distancia, de un punto ciego en el sistema soviético, sugiere algo sobre las sociedades en general. Los puntos de vista o las versiones de la realidad que no encajan en la visión consensuada pueden ser descartados y calificados de excentricidades o aberraciones. En la política de la percepción, la

---

* En realidad, la teoría de que la psiquiatría constituye una herramienta para suprimir la discrepancia social ha sido trasladada también a la psiquiatría occidental por antipsiquiatras como Thomas Szasz. En cierto sentido, todos los individuos psicóticos son disidentes en relación con el orden social que prevalece en determinado grupo o sociedad, en la medida en que se apartan, en sus pensamientos y actos, de los esquemas comunes compartidos por los miembros de ese grupo.

facilidad con que una sociedad puede descartar los puntos de vista desviados —y, de hecho, enterrarlos— sugiere que el mecanismo que permite hacerlo es el peso agregado de las lagunas compartidas por sus ciudadanos. No vemos lo que preferimos no ver, y no vemos que no vemos.

Conclusión

Un viejo mal y su remedio

La dinámica del flujo de información, tanto intra como interindividual, acusa una patología particularmente humana: a fin de evitar la angustia, bloqueamos partes cruciales de nuestra conciencia, es decir, creamos puntos ciegos. Este diagnóstico se aplica tanto al autoengaño como al engaño compartido. La patología no es, de modo alguno, novedosa: el monje Buddhagosa, autor, en el siglo V de nuestra era, de un texto hindú sobre psicología, describe exactamente esa misma tergiversación como *moha,* o sea, "ilusión".[1]

Buddhagosa define la ilusión como "una niebla mental que induce a una percepción errónea del objeto de la conciencia", una caracterización que coincide, con bastante exactitud, con los datos de la moderna psicología cognitiva. Desde su punto de vista, la ilusión oculta la verdadera esencia de las cosas. Considerada como una "atención no inteligente", la ilusión conduce a una visión falseada, a una interpretación distorsionada de la realidad. Es, dice el monje, la raíz de todos los estados no saludables de la mente.

Lo fascinante de la evaluación que hace Buddhagosa de esa condición humana, además de su compatibilidad con los puntos de vista modernos, es el antídoto que receta. La cura para la ilusión, dice Buddhagosa, es el *panna* o discernimiento, el ver las cosas tal como son.* En los términos que empleamos para nuestro modelo de la mente, esto significa una comprensión que no se encuentre distorsionada por el impulso defensivo de evitar la angustia.

Existen muchas formas de discernimiento. Los detalles de esta prescripción dependen de la variedad de ilusiones que se pretenda

---

* Los filósofos griegos, por supuesto, tenían un sentido similar de la naturaleza y la función del discernimiento. Platón definió la tarea del filósofo como *melete thanatou* —conciencia de la muerte— una tarea que exige una incólume conciencia de la vida.

curar. Freud, por ejemplo, era muy explícito al recomendar el discernimiento como la cura de la deformación neurótica de la mente. La técnica cognitiva específica que recomienda es perfectamente adecuada al modelo de la mente presentado aquí. La cura de una atención distorsionada, dijo Freud, comienza con una conciencia lúcida. En una disertación pronunciada en 1912 ante médicos interesados en la aplicación del psicoanálisis, propuso que el analista debería abrir su propio inconsciente ante el inconsciente de su paciente, libre de toda selección y distorsión:[2]

> La técnica... consiste simplemente en no dirigir la atención a nada en particular, es decir, mantener una "atención parejamente flotante"... frente a todo lo que se oye. De esa manera... evitamos un riesgo que es inseparable del ejercicio de la atención deliberada. Porque, no bien alguien concentra deliberadamente su atención, en cierta medida comienza a seleccionar de entre el material que se le presenta. Algún aspecto quedará fijado en su mente con particular claridad, mientras que otro no será tenido en cuenta; además, al hacer esta selección, seguirá sus propias expectativas o inclinaciones. Y esto es, precisamente, lo que no debe hacerse. Al realizar una selección, si sigue sus propias expectativas corre el riego de no encontrar nunca nada que no sepa; y si sigue su inclinación, sin duda falsificará lo que pueda llegar a percibir.

En otras palabras, para comprender los esquemas del paciente, el terapeuta tiene que dejar de lado, por el momento, sus propios esquemas. La actitud recomendada por Freud es, en efecto, la forma más pura del acto de escuchar. Al eclipsar sus propios esquemas, el terapeuta se vuelve receptivo al relato más preciso de su paciente. En su forma ideal, esto significa que el terapeuta no impone su propia organización y selección cuando escucha y atiende a su paciente.*

En cierto sentido, todas las terapias apuntan a una reparación de los esquemas. Las terapias de discernimiento —entre éstas, el psicoanálisis ante todo— intentan echar luz sobre los recovecos oscuros de la mente, creados por las defensas. Las terapias familiares asumen la misma función, al tratar de recanalizar los modelos destructivos incorporados en los esquemas compartidos por la familia. Incluso las terapias del comportamiento —cuya teoría ignora toda cognición—

---

* En la actualidad, este concepto exige la reorganización de la posición atencional del terapeuta, una tarea para la cual Freud no dejó otras sugerencias específicas más que la recomendación de que el analista debería, a su vez, psicoanalizarse.

pueden ser vistas como una reeducación de esquemas contraproducentes.

El terapeuta puede ofrecer un servicio de esta índole porque no se confabula con la necesidad del paciente de negar la información generadora de angustias: está dispuesto a hacer que el paciente se sienta incómodo e inseguro al tener que confrontar la información a la que se ha venido resistiendo, a fin de lograr una seguridad más sana a través de la capacidad de asimilar ese tipo de información amenazante.

Lo que el terapeuta hace por el paciente lo puede hacer para el grupo un vocero independiente, siempre y cuando esté dispuesto a romper el dominio que ejercen los puntos ciegos compartidos por ellos.

En sus indicaciones para contrarrestar el pensamiento grupal, Irving Janis sugiere que el conjunto designe un miembro como opositor, como alguien cuya posición difiera de la establecida por el conjunto; es decir, alguien que evalúe críticamente lo que está sucediendo en el grupo, que presente objeciones y dudas. Este "abogado del diablo" puede llegar a salvar al grupo de sí mismo, asegurándose de que enfrente hechos incómodos y considere perspectivas y puntos de vista impopulares que, sin embargo, pueden ser cruciales para una toma de decisiones adecuada y sensata.

Esta disposición a romper la calma es la característica fundamental que deben tener quienes deseen poner remedio a la ilusión. Es la postura tanto del periodista de investigación y del ombudsman, como del gran jurado y del psicoterapeuta. Para poder cumplir con su tarea, todos ellos tienen que revelar hechos que se han mantenido ocultos con el pretexto de conservar un confortable statu quo. Todos ellos deben tener la misma imparcialidad; caso contrario, corren el riesgo de reemplazar una distorsión por otra.

Esta misma conclusión también nos llega desde otros sectores. El sociólogo Georg Simmel, por ejemplo, observó la importancia para el grupo del forastero, del individuo que viene de afuera. La posición de ese forastero, dijo Simmel, está definida por el hecho de que no ha pertenecido al grupo desde el principio y de que aporta al mismo un punto de vista diferente al de los demás integrantes. Está, a un tiempo, adentro y afuera. En eso precisamente radica su valor: su carácter de forastero aporta una objetividad particular respecto del grupo mismo.

El forastero caracterizado por Simmel desempeña no sólo un rol social sino que también asume una postura psicológica. El forastero, desde el punto de vista psicológico, no está comprometido con la visión particular que comparte el grupo: conoce sus esquemas fundamentales, pero no los asume. Así, si bien percibe y entiende la apariencia falaz que el enfoque grupal confiere a la realidad, no está consustanciado con el mismo.

Su objetividad no es un simple "mantener distancia", sino una combinación de indiferencia y compromiso, intimidad y distancia. En su objetividad, el forastero tiene una cierta libertad: no posee compromisos hacia el grupo que pudieran distorsionar su percepción o perjudicar su comprensión. El forastero, como dice Simmel, "es más libre tanto en el aspecto teórico como en el práctico, evalúa las condiciones con menos prejuicios; los criterios que aplica son más generales y sus metas más objetivas; no está trabado en su acción por el hábito, la piedad y los antecedentes."

Si bien también el forastero puede tener puntos ciegos, lo más probable es que no sean los mismos del grupo, de modo que puede ver lo que la visión grupal no percibe. En esto radica su gran valor y su peligro; como ha observado Janis, estas actitudes permiten a un miembro del grupo encarar las cosas desde una nueva visión, que puede salvar al grupo de sus ilusiones. El valor de esta postura fue reconocido, por ejemplo, en la vieja práctica de las ciudades italianas de buscar jueces provenientes de otros sitios, dado que el juez nativo no estaba libre de compromisos locales.

El impulso de mantener en la sombra hechos negativos proviene de la necesidad de preservar la integridad del yo, sea éste individual o compartido. Un grupo puede, implícitamente, exigir de sus miembros que sacrifiquen la verdad para preservar una ilusión. Por lo tanto, el forastero constituye una potencial amenaza para los integrantes del grupo, aun cuando sólo los amenace con la verdad. Porque si la verdad es de una naturaleza tal que socava las ilusiones compartidas, decir la verdad equivale a traicionar al grupo.

Sin embargo, el "decidor de verdades" puede satisfacer una necesidad contemporánea fundamental. Vivimos en una era en la que la información ha cobrado un peso que no tiene paralelos en la historia. La información veraz y confiable se ha convertido en la posesión más preciada. En el ámbito de la información, la verdad constituye el más valioso de los bienes. Las ilusiones, por otra parte, constituyen una especie de moneda falsa.

Hay en el discernimiento un elemento curativo. La comunidad científica funciona como un poderoso sistema de ese tipo, en su cometido de reunir información con mecanismos de autocorrección incorporados, a fin de protegerla de distorsiones. David Hamburg, cuando fue presidente de la *American Association for the Advancement of*

Science, propuso a la comunidad científica un modelo de cómo enfrentar lo que hoy constituye, sin duda, la mayor amenaza para el mundo: la carrera armamentista nuclear. Su propuesta fue la siguiente:[3]

> La comunidad científica es la mayor aproximación a una familia mundial única, interdependiente y regida por el respeto mutuo que nuestra especie humana haya logrado constituir hasta el momento. Esta comunidad no resuelve problemas culpando a otros en lugar de encarar análisis objetivos... Debe ser el espíritu científico el que rija y modere el problema crucial del conflicto nuclear.*

Por supuesto, es más fácil decirlo que hacerlo.

---

* Con todo, no deberíamos idealizar la objetividad de los científicos. También ellos son susceptibles de caer bajo las fuerzas sociales que deforman y obnubilan la percepción.

Las virtudes del autoengaño

Mi tesis propone que, en alguna medida, estamos manejados por una ingeniosa capacidad de engañarnos a nosotros mismos, capacidad que hace que caigamos en un estado de olvido en lugar de enfrentar esa realidad amenazante. Esta tendencia hacia el autoengaño y la simulación satura la estructura de nuestra vida psicológica y social. Su misma fuerza de penetración demostraría que el autoengaño ha resultado ser, a lo largo de nuestra evolución, de suma utilidad. Una cantidad moderada de ilusión puede, de algún modo, resultar beneficiosa para la especie en el largo plazo, a pesar de que los costos para el individuo pueden ser muy altos.

La percepción, como hemos visto, corre por vías paralelas e interconectadas, la mayoría de ellas al margen de nuestra conciencia; el consciente es la última etapa — y no siempre la esencial— del flujo de información a través de la mente. Las decisiones cruciales sobre qué debe y qué no debe ingresar en nuestra conciencia se toman en la mente inconsciente. Así, la capacidad, esencialmente humana, de la autoconciencia lleva implícita la capacidad del autoengaño.

Para la mente inconsciente es muy simple pasar a actuar como un embustero, que somete al consciente a una cantidad de hechos distorsionados cuyo objetivo es persuadir a la parte consciente de la mente de que vaya a la par de un curso de acción determinado. Vale decir, que el inconsciente puede manipular a la mente consciente como un titiritero a sus marionetas. ¿Por qué está organizada la mente de esta manera?

Algunos sociobiólogos proponen la hipótesis de que el autoengaño ha desempeñado un rol importante —y, en gran parte, positivo— en la evolución del ser humano. Por ejemplo, uno de los planteos señala que el hombre genéticamente más exitoso —es decir, el que tiene la mayor cantidad de descendencia y, en esa forma, domina genéticamente a su grupo— es el que fertiliza a la mayor cantidad de mujeres. La mejor estrategia para hacerlo es convencer a cada una de ellas que le será fiel y la ayudará a criar los hijos que nazcan de esa unión. Esto es una mentira, dado que su verdadera intención es hacerle el amor y abandonarla. Pero tendrá las mayores probabilidades de éxito si reafirma, con toda seriedad, sus promesas de lealtad. Y para conseguirlo, lo mejor es creer en sus propias mentiras, es decir, engañarse a sí mismo.

Existe una amplia gama de variantes en este argumento a favor de las virtudes evolutivas del autoengaño. Un ejemplo es el siguiente: dos hipotéticos cazadores y recolectores prehistóricos se hallan en una región desolada, tratando de encontrar bayas o de cazar algún pequeño animal. Uno procura convencer al otro de que vaya a una colina lejana, ya que allí hay más posibilidades, cuando, en realidad, las chances de encontrar algún sustento son mucho mejores en el lugar donde ambos están en ese momento. Esta mentira, si bien no es ética, tiene un gran valor genético, dado que, cuando dos personas buscan alimento en un lugar donde apenas lo hay suficiente para una de ellas, cada una incrementará su probabilidad de supervivencia si logra convencer a la otra de que busque su alimento en otra parte.

Si aceptamos la utilidad práctica de este tipo de mentiras, la consiguiente conveniencia de creer en ellas resulta evidente. Como dijo un sociobiólogo: "No es difícil ser biológicamente egoísta y seguir pareciendo sincero, si uno es lo bastante ignorante de los propios motivos". En otras palabras, para mentir bien, primero hay que creer en las propias mentiras, una premisa que es tomada muy en serio por cualquier vendedor o político de nuestros tiempos.

Esto no quiere decir que el autoengaño, en la historia de nuestra evolución, haya servido siempre para poner al prójimo en desventaja; el autoengaño no sólo manipula a los individuos, sino que también fortalece los lazos sociales. En un estudio sobre la interacción del bebé con sus padres, el psicólogo Kenneth Kaye ha llegado a la conclusión de que "un bebé, más que una persona, es un organismo; no posee una mente ni un yo hasta bien entrado el primer año de vida, y, sin embargo... los adultos son seducidos para tratar al bebé como un interlocutor válido".

La madre que habla con su bebé como si él le entendiera puede estar engañándose a sí misma. Pero al interactuar con su hijo de esa manera —estableciendo contacto visual, gesticulando y confiriendo diversas entonaciones especiales a sus palabras— le va brindando la experiencia que necesita para aprender, a entender, poco a poco, todas esas palabras y gestos. Si la madre no actuara como si su bebé la entendiera, lo estaría privando de esas experiencias cruciales. Para la evolución, siempre será mejor equivocarse en más e inducir a los padres a que incentiven a su hijo, tratándolo como si éste supiera más de lo que en realidad sabe.

El autoengaño puede conducir a todo tipo de acciones virtuosas. Por ejemplo, tomemos el acto de heroísmo de un tal Spicer Lung, pasajero de la línea aérea Pan Am que viajaba en el vuelo 925 de Miami a Houston. Según un informe periodístico, el señor Lung impidió un intento de secuestro del avión y su desvío hacia Cuba.

Al cabo de unos veinte minutos de vuelo, se produjo una conmoción a bordo. Un hombre que decía estar armado exigió que el avión pusiera rumbo a Cuba. El Sr. Lung, uno de los 121 pasajeros a bordo, entró en acción.

—¡Para secuestrar el avión vas a tener que pasar por encima de mi cadáver! —le gritó al secuestrador.

Con la ayuda de su hijo, de quince años de edad, el Sr. Lung dominó al hombre, quien luego resultó que ni siquiera estaba armado.

—No me considero un héroe, ni quiero que me traten como tal —dijo más tarde el señor Lung, un nicaragüense radicado en los Estados Unidos—. Sólo soy una persona común y corriente. —Y agregó: —Yo no quería ir a Cuba. Tenía que hacer algo para detenerlo. No sabía si estaba armado o no, pero, además, no le temo a un arma.

En un caso de heroísmo como éste, en el cual la evaluación racional de las probabilidades a favor y en contra aconsejaría, sin duda, no hacer nada, el coraje puede estar sostenido en el autoengaño resumido en las palabras "no le temo a un arma". Una versión más cotidiana del mismo autoengaño positivo se puede observar en un jugador de tenis que asume una actitud más confiada después de ganar un punto contra un oponente mejor, o el vendedor que se da aliento a sí mismo antes de encarar un negocio difícil, en el caso de que la evaluación racional de sus posibilidades no fuera muy alentadora.

Durante el transcurso de la evolución del hombre, este tipo de autoengaño puede haber generado actos de valor y coraje, forjado lazos de amistad y fomentado actitudes generosas, o impulsado el espíritu de competencia, todo lo cual, a la larga, redunda en beneficio de la especie. Un resabio de esa capacidad hasta puede llegar a ser una bendición, como, por ejemplo, en los momentos en que nuestra intuición "sabe más que nuestra mente" y nos impulsa a tomar la decisión correcta.

Hemos visto que cada acto de percepción es un acto de selección.

A lo largo de la evolución, la supervivencia como especie puede haber estado vinculada, en parte, a nuestra habilidad de seleccionar con sagacidad y de engañarnos a nosotros mismos con igual habilidad. Pero la capacidad de conducción de nuestra mente inconsciente puede ser un arma de doble filo. Cuando esa capacidad de autoengaño se moviliza para protegernos de la angustia, comienzan los problemas: nos convertimos en víctimas de puntos ciegos e ignoramos áreas enteras de información que sería muy conveniente conocer, aun cuando este conocimiento nos ocasionara algún tipo de dolor.

Mentiras vitales y simples verdades

Existe un impulso casi gravitativo que tiende a alejar de la mente las realidades desagradables. Nuestra capacidad colectiva para enfrentar hechos dolorosos no es mayor que la individual. Nos desconectamos, nos apartamos, eludimos la realidad, y finalmente olvidamos, y olvidamos que hemos olvidado. Una laguna mental oculta la dura verdad.

Elie Wiesel, que sobrevivió a su internación en los campos de concentración de Auschwitz y Buchenwald, dice: "La memoria es nuestro escudo, nuestro único escudo". Para él, la única forma de "vacunarse" contra una posible repetición de esos hechos es mantener vivo en la memoria el doloroso pasado. Estos recuerdos pueden llegar a resonar en nuestros oídos con una dureza muchísimo mayor que la que estamos dispuestos a tolerar.

Pero quienes tienen el coraje de decir esas verdades dolorosas nos brindan un remedio fundamental contra el fácil olvido de las mismas. Hombres que no temen dar la señal de alarma desde adentro, como Frank Serpico, cuyo testimonio sacó a la luz la corrupción en el seno de la policía de Nueva York, nos demuestran que, incluso como integrantes de un grupo, es posible revelar que las cosas están mal. Vigilantes, como los Raiders de Nader, hacen lo mismo desde una posición externa. Y personas que fueron partícipes de un grupo durante una etapa o situación específica y que, de pronto, se convierten en forasteros, como Dwight Eisenhower cuando previno contra los riesgos de un complejo militar-industrial, al final de su presidencia, y se muestran dispuestas a decir cómo es que las cosas salieron mal, precisamente porque ya no están adentro.

Nuestra época ha sido testigo de la aparición de una nueva raza estadounidense, "el-que-dice-la-verdad", en el rol del héroe. El mejor ejemplo lo constituyen tal vez esas personas comunes y corrientes que, de alguna manera, de pronto reúnen coraje para decir la verdad sobre algún tipo de abuso. Al hacerlo, el individuo viola las lagunas compartidas que, por un lado, lo mantuvieron en silencio y, por el otro, le aseguraban su pertenencia al grupo, cuyos puntos ciegos de pronto expone. El precio que paga por su audacia es tener que aceptar el castigo que los grupos siempre han impuesto a sus traidores.

Bill Bush, por ejemplo, un ingeniero aeroespacial de Alabama, decidió iniciar un juicio a su empleador, la National Aeronautics and Space Administration (Administración nacional de aeronavegación espacial). El cargo era la existencia e implementación de una política secreta y arbitraria que determinaba que los ingenieros de mayor edad —como él— eran transferidos a tareas con las que no estaban familiarizados, a fin de desmoralizarlos y provocar su retiro anticipado. Un dictamen federal finalmente reivindicó sus cargos, pero sólo después de que Bush fue bajado de categoría y amenazado con el despido.

Desde entonces, Bush se ha convertido en el adalid de una red de apoyo para quienes quieren iniciar acciones similares. Recibe llamadas telefónicas y cartas de todo el país. "Tengo mucho cuidado con lo que le digo a la gente —le dijo Bush a un periodista—. Tienen que estar preparados para sufrir y saber que todo el procedimiento puede llegar a ser muy duro, e incluso desastroso, para su familia y sus amigos. Les digo, con total franqueza, que es muy peligroso decir la verdad."

Es más fácil seguir adelante con los acuerdos tácitos que cubren con un manto de silencio las realidades conflictivas y que hacen que resulte tan difícil trastocar el statu quo. Pero una sociedad también puede terminar por hundirse bajo el peso de toda esa podredumbre oculta. Lo mejor de quienes juntan coraje para revelar la verdad es que actúan como un contrapeso que compensa la fuerza de la inercia de esa negación colectiva.

Sin embargo, aun así, conviene hacer una advertencia. Mi suposición es que, en cierta medida, acallar la conciencia para evitar la angustia ha facilitado e, incluso, se ha constituido en un elemento necesario para el desarrollo de nuestra especie y de nuestra civilización. Pero, como todo esquema natural, también éste opera dentro del dinámico equilibrio de un todo más amplio. "Siempre existe un valor óptimo —me dijo Gregory Bateson—, más allá del cual todo se vuelve tóxico, sea lo que fuere: oxígeno, sueño, psicoterapia, filosofía. Las variables biológicas siempre necesitan estar en equilibrio."

Quizás exista un equilibrio óptimo entre la negación y la verdad.

¿Debería decirse siempre toda la verdad? Probablemente no. Por ejemplo, Theodore Lidz cuenta el caso de una de sus pacientes, una niña de quince años, que idealizaba a su madre como modelo de belleza y eficiencia.[4] La madre era dueña de una floreciente empresa de seguros, con cuyos ingresos lograba suplementar marcadamente los los magros ingresos generados por la actividad artística del padre. De esta manera, la madre tenía la posibilidad de brindar a su hija la mejor ropa y vacaciones en lugares exóticos.

Pero la jovencita fue notando que "el negocio de la madre no era lo que parecía ser". El único cliente asegurado era un acaudalado industrial. Durante unas vacaciones en el Caribe, dio la casualidad que el industrial se alojaba en el mismo hotel que ella y su madre. Finalmente, la jovencita comprendió que los "viajes de negocios" que mantenían a su madre fuera del hogar dos o tres veces por semana no eran sino salidas "sentimentales" con ese industrial. Si bien, en la pequeña comunidad en que vivían, muchas personas se habían percatado de esa situación, el padre se las arreglaba para no darse cuenta de nada. Cuando la imagen que la jovencita tenía de los padres se desmoronó, su reacción fue lanzarse a la promiscuidad sexual. Lidz la conoció cuando la joven fue llevada a su consultorio para recibir apoyo psiquiátrico.

Toda vez que la búsqueda de errores y falencias en sus padres —en la que todo adolescente suele embarcarse— conduce al descubrimiento de una realidad tan tremenda, el joven sólo logra una victoria pírrica. "El adolescente necesita de modelos tangibles que lo puedan guiar hacia la adultez. En realidad, el joven no quiere destruir a sus padres, ya que su autoestima está estrechamente vinculada a la de ellos. Al destruir ese ideal, el adolescente se destruye a sí mismo."

Este tipo de secretos y simulaciones familiares desempeñan un rol clave en muchos de los dramas de Ibsen. Sobre esa ficción desesperada, Ibsen comentó: "Si se priva al hombre común de sus mentiras vitales, también se le roba la felicidad". Sin embargo, aferrarse a las mentiras vitales puede resultar igualmente trágico, como lo demuestra el caso de Willie Loman en *La muerte de un viajante*.

A principios de la década del setenta, la convicción de muchos terapeutas era que el poder curativo residía en la confrontación con la verdad total. Will Schutz, en sus talleres en Esalen, inducía a las parejas a contarse mutuamente tres secretos, como antídoto contra la indiferencia y la inercia de su matrimonio. La nueva camada de terapeutas familiares estuvo impulsada por el credo de Virginia Satir: "Decir la verdad tiene un gran poder curativo". Trataban de rastrear los fantasmas familiares, descubrir los esqueletos ocultos en el ropero y develar secretos como método de curación. Miraban con desprecio las terapias más tradicionales, donde los pacientes revelaban sus lados oscuros sólo al psicoterapeuta confiados en su total confidencialidad. El clima cultural de aquella época estimulaba la cruda autorrevelación. Los estadounidenses reaccionaban contra los secretos manejados en las altas esferas, como la guerra encubierta en el sudeste asiático y el escándalo de Watergate. Las terapias grupales prometían la curación a través de la autorrevelación.

Hoy en día se tiene una postura más sobria y equilibrada. Entre los terapeutas se está aceptando mucho más que la "verdad" puede llegar a constituir un proyectil más en la guerra psicológica del individuo, y que a veces es más una estrategia neurótica que una catarsis. En la terapia familiar, por ejemplo, hay una tendencia cada vez mayor a no desafiar frontalmente el equilibrio familiar, sino utilizar la paradoja y los pequeños cambios para acompañar al grupo familiar hacia una mejoría. Obviamente, la respuesta no está ni en el cómodo autoengaño ni en la cruda autorrevelación.

Si bien puede ser cierto, como dijo Franz Boas, que "lo mejor que el hombre puede hacer por la humanidad es promover la verdad, sea ésta dulce o amarga", decir la verdad requiere destreza y habilidad. Cuando existe la posibilidad de que la verdad rasgue velos que ocultan información muy dolorosa, los riesgos que se corren pueden ser grandes.

En este trabajo se comenzó hablando del sistema de control del dolor físico, un modelo neurológico en el cual se observó trueque entre dolor y atención, trueque que hemos podido detectar en todos los demás niveles de la organización del comportamiento. Al evaluar la disyuntiva autoengaño-verdad, viene al caso recordar lo que nos enseña la cirugía con respecto al dolor.

Cuando un paciente padece un dolor crónico, rebelde e intratable, cuando nada logra calmarlo, el médico puede recomendar, como medida analgésica, una intervención quirúrgica. A veces eso funciona muy bien. Otras, no hace sino empeorar las cosas.

Si bien en las últimas dos décadas, el conocimiento de los mecanismos del dolor se ha incrementado en gran medida, todavía queda mucho por aprender con respecto a sus caprichos. El cirujano dispone actualmente de lo más peligroso de todo: un conocimiento parcial.

Ciertos intentos quirúrgicos de poner fin a un dolor que se había mostrado rebelde a cualquier otro tratamiento no han tenido resultados demasiado felices. Toda cirugía que implique una lesión en algún lugar del sistema de transmisión del dolor, desde la médula espinal hasta el tronco del tálamo y la corteza cerebral, puede llevar a un estado conocido como "dolor central", un dolor distinto a todo lo que sus víctimas hayan sentido con anterioridad. Este tipo de dolor tiene características desagradables muy particulares: "un dolor espontáneo y punzante, insensibilidad, sensación de frío, pesadez y ardor, y otras sensaciones inquietantes que hasta el paciente mejor articulado verbalmente, encuentra difíciles de describir."[5]

Este dolor central se presenta por lo general en el paciente algún tiempo después de que la cirugía logró por fin aliviar el dolor original. Por supuesto, la ironía está en que ese dolor central se produce como consecuencia de una cirugía cuyo objetivo era aliviar el dolor. El problema radica en que los mecanismos neuronales que registran el dolor y reaccionan al mismo son muy intrincados y complejos y están muy sutilmente equilibrados. La premisa aquí es que hay que tener mucho cuidado: la manipulación, aunque bien intencionada, puede empeorar las cosas.

Esta premisa se aplica también al delicado sistema de las realidades dolorosas en general. Por ejemplo, en diplomacia, ese tipo de realidad a menudo es tratado con una muy diestra ambigüedad. Así, la "normalización" de las relaciones entre los Estados Unidos y China, iniciadas por Richard Nixon, se basaban en los nebulosos lazos que existían con China nacionalista. Como dijo un editorial periodístico, tiempo después de iniciarse esos acercamientos:[6] "Ambas partes han comprendido que la presión de problemas y sucesos reales terminaría por obligarlos a descorrer sucesivos velos de ambigüedad. La esperanza era que, cuando llegara el momento de hacerlo, las visibles ventajas de una relación que hubiera tenido continuidad a través del tiempo aliviaría el dolor de las desagradables verdades".

El equilibrio entre descorrer velos y proteger dolorosas verdades es muy sutil. Por eso, cuando Janis sugiere que un "abogado del diablo" puede contrarrestar el pensamiento grupal, se apresura a advertir sobre la amenaza que ese tipo de gestión puede llegar a presentar para la cohesión del grupo. El individuo que disiente de los demás integrantes del grupo puede destruir el consenso que constituye la base del funcionamiento de ese equipo.

Y el tema se vuelve todavía más complejo. Desde que Janis escribió su libro, en 1971, la idea de designar, en estos casos, a un "abogado del diablo" se ha difundido al punto de constituir, a veces, un ritual hueco, carente de sentido:[7]

> Por ejemplo, el presidente Johnson y otros miembros de primera línea de su "Grupo de almuerzo de los jueves" afirmaban que contaban en su seno con "abogados del diablo", cada vez que decidían intensificar la guerra

contra Vietnam del Norte. Pero esos diablos no eran bastante endiablados… y fueron domesticados rápidamente. El presidente les permitía expresar su opinión, siempre y cuando se mantuvieran dentro de los límites de lo que él y los demás integrantes y líderes del grupo consideraban un disenso aceptable.

Un "disenso aceptable", por supuesto, no es un disenso. Está guiado por esquemas compartidos y no enfrenta ni desafía ninguna de las ilusiones compartidas.

Pero hay otra complicación más, esta vez observada por Gregory Bateson. Durante una conversación que mantuvimos, Bateson me contó algo que Robert Oppenheimer le había dicho en 1947:

> El mundo se está moviendo en dirección al infierno a gran velocidad y, quizá, con una aceleración positiva y una tasa positiva de cambio de aceleración; y la única condición para que no llegue a destino es que nosotros y los rusos estemos dispuestos a dejar que llegue.

"Cada paso que damos por temor a la próxima guerra —aclara Bateson— en realidad la acelera. Nos armamos para controlar a los rusos, y ellos hacen lo mismo para controlarnos a nosotros. Es un hecho que la angustia provoca exactamente lo que teme, es decir, que crea su propio desastre."

Entonces, ¿deberíamos quedarnos de brazos cruzados y no hacer nada? "Bueno, lo que sí hay que tener es mucho cuidado con respecto a las políticas que se aplican para controlar esa angustia. Todavía se desconoce el mecanismo en su totalidad. Hasta donde sabemos, podríamos crear un nuevo horror tratando de resolver el presente."

¿Y qué debemos hacer?

A pesar de las advertencias de Bateson, tenemos que actuar. Si permitimos que nos dirija una sensibilidad plagada de puntos ciegos y distorsionada por la angustiosa necesidad de eludir la verdad, no haremos otra cosa que incrementar nuestra tasa de aceleración hacia el desastre. Si queremos encontrar nuestro camino, es preciso decir la verdad. La voz clara y fuerte de los lúcidos que la proclaman podría ser nuestra última y mejor esperanza. No podemos dejar que la cautela paralice nuestro accionar y nos impida ver y decir las cosas tal como son. Necesitamos el consejo que nos ofrece el discernimiento; recordemos que el discernimiento cura.

Sin duda, existe una diferencia fundamental entre los puntos ciegos que surgen a partir de una forma benigna de autoprotección y aquellos que aparecen gracias a una repulsiva confabulación. Cuando la verdad amenaza con desbaratar una conspiración de silencio que encubre una aberración moral, no caben dudas respecto de las opciones que tenemos: decir la verdad o plegarnos a la conspiración.

Pero, como hemos visto, algunos puntos ciegos nos ayudan a sobrevivir frente a las verdades dolorosas. Constituyen parte esencial de la condición humana. Cuando el punto ciego en cuestión puede llegar a tener efectos benignos —e, incluso, positivos—, el curso de acción no resulta tan claro. Además, las disyuntivas internas del ser humano son, de por sí, tan complejas, que no siempre es fácil determinar qué mentiras son vitales y qué verdades exigen ser descubiertas. En *La muerte de un viajante*, a medida que Willie Loman va camino a la catástrofe, cegado por mentiras que no logra discernir, el grito de angustia es: "¡Hay que prestar atención!".

¿Pero cómo? ¿Y a qué? En vista del delicado equilibrio que está en juego, ¿cómo debemos proceder?

Reflexionemos sobre la parábola que Allen Wheelis escribió en 1966, titulada The Illusionless Man (El hombre sin ilusiones).[8] Comienza así:

> Había una vez un hombre que no tenía ningún tipo de ilusiones. Ya desde la cuna había aprendido que su madre no siempre era bondadosa para con él; a los dos años dejó de creer en las hadas; las brujas y los gnomos desaparecieron de su vida cuando tenía tres; a los cuatro, sabía que los conejos no ponen huevos; y a los cinco, durante una fría noche de invierno, con una amarga sonrisa se despidió definitivamente de Santa Claus. Cuando a los seis años comenzó a ir al colegio, sus ilusiones se fueron volando como las hojas otoñales en la tormenta: descubrió que su padre no siempre era valiente y ni siquiera honesto; que los presidentes no son sino hombres comunes; que la reina de Inglaterra va al baño como todo el mundo y que su maestra de primer grado, una mujer bonita de cara redonda y hoyuelos en las mejillas, no sólo no lo sabía todo, como él creía, sino que sólo tenía cabeza para los hombres y ni siquiera era muy inteligente... De joven adulto, se dio cuenta de que hasta el acto más generoso tenía un trasfondo de egoísmo, que las preguntas más desinteresadas ocultaban algún interés, que las palabras impresas mienten. De todas las personas que pierden ilusiones, él perdió más ilusiones que nadie, hasta quedar despojado de todos los tabúes y de todas las normas; y a medida que sentía que todo estaba permitido, también fue sintiendo que no quedaba nada que valiera la pena.

El protagonista de Wheelis se casa con una mujer llena de ilusiones. Antes de su boda, él le dice:

> Dios no estará en la iglesia, querida; las mujeres presentes llorarán por su propia juventud e inocencia perdidas y los hombres soñarán con acostarse contigo. Y el cura, parado en su pedestal, te mirará el escote mientras se le seca la boca...

Al final de la historia, Henry —el hombre sin ilusiones— y su esposa, Lorabelle, ya son mayores. Para entonces, Henry ha comprendido que las ilusiones brindan consuelo y confieren significado a la vida.

> ... se veía a sí mismo tratando de alcanzar una belleza, una verdad, una bondad o un amor que no existían, pero mientras que antes siempre decía: "Es una ilusión" y se apartaba de la búsqueda, ahora decía "Es lo único que hay" y seguía adelante... Y cuando le llegó el momento de morir, Lorabelle le dijo: "Ahora nunca nos separaremos". Henry, sonriendo, la besó y se dijo: "Es lo único que hay", y murió.

Antes de finalizar, quisiera compartir la moraleja de la siguiente historia (probablemente apócrifa) que se cuenta sobre el Dalai Lama:

En Lahsa, los monjes tenían por costumbre reunirse para discutir temas teológicos en las escalinatas del monasterio principal. Uno a uno, por turno, contestaban una adivinanza religiosa. Las preguntas, sin embargo, habían sido formuladas hacía siglos y las respuestas siempre eran las mismas, memorizadas desde tiempos remotos.

Con gran pesar de su parte, se esperaba que el Dalai Lama se parara, una vez por año, frente a los monjes reunidos, para cumplir con el ritual de esas preguntas. Sus tutores elegían un monje, quien debía presentarle una pregunta elegida por ellos, cuya respuesta había sido cuidadosamente ensayada. A pesar de que las preguntas y las respuestas eran una farsa, los monjes reunidos nunca dejaban de manifestar su asombro y admiración ante sus respuestas.

Al cabo de trece años, cuando, una vez más, se aproximaba la fecha del ritual de las preguntas, el Dalai Lama decidió que estaba harto de ese juego. Detestaba ese simulacro de espontaneidad y la expresión unánime de admiración y asombro que, en forma previsible, seguiría a su respuesta memorizada, una respuesta siempre igual, cuyo sentido no resultaba del todo comprensible.

La pregunta, aquel año, era: "¿Cómo contestan los ríos al pájaro cuando llueve?"

La respuesta a la misma rezaba: "Convirtiéndose en nieve".

El Dalai Lama deseaba fervientemente dar una respuesta original, una respuesta que silenciara para siempre esa falsa exclamación de asombro y admiración, una respuesta que desgarrara el velo de la cortesía ritual.

Cuanto más buscaba una respuesta profunda, más hundidos se veían sus ojos y más se arrugaba su ceño. Noche tras noche mantenía una nerviosa vigilia, día tras día buscaba la respuesta reveladora. En pocas semanas, parecía haberse convertido, del joven que era, en un anciano. Finalmente, lo embargó una profunda melancolía.

El día señalado llamó a su regente, quien quedó atónito al ver el aspecto decrépito del joven. El Dalai Lama parecía ahora un cascarón nudoso y reseco.

"No habrá más preguntas rituales —declaró el Dalai Lama con voz ronca—. Quiero que se formulen preguntas espontáneas y simples. Algo que no me sorprenda, pero que nos haga tomar conciencia de las cosas que nos rodean en este mundo. Y, además, queda absolutamente prohibido fingir admiración ante mi respuesta."

Cuando el avejentado y consumido Dalai Lama apareció ante los monjes reunidos, todos quedaron aterrados ante su aspecto, aunque, por fuera, mantuvieron la compostura. Pero ni uno solo de los monjes presentes fue capaz de presentar una pregunta nueva. Nadie tenía nada adecuado para preguntar.

Así permanecieron sentados, en silencio, durante todo el día y hasta muy avanzada la transparente y negrísima noche.

Por último, uno de los monjes más jóvenes, con voz tímida preguntó:

—¿No tiene frío, Su Santidad?

—Sí, tengo frío —fue la respuesta—. ¿Acaso no tenemos frío todos?

—Sí, Su Santidad —replicaron los monjes.

—Entonces —dijo el Dalai Lama—, entremos.

Cuando los monjes terminaron de ocupar sus lugares en el gran salón, donde ardían las lámparas alimentadas a manteca, dando un grato calor, el Dalai Lama se sentó en su trono; de pronto, se lo veía otra vez joven y saludable.

Y cuando dijo: "Éste es el tipo de preguntas y respuestas que deberíamos hacer siempre", volvió a ser el muchacho que todos conocían, de franca y amplia sonrisa.

En algún lugar entre ambos polos —llevar una vida de mentiras vitales y expresar simples verdades— se encuentra el equilibrado punto medio, el camino a la salud y la supervivencia.

Notas

1•

Michael Weissberg: *Dangerous Secrets* (Nueva York: W. W. Norton, 1983).
2•

Ibídem, 27.
3•

Jesse Jackson: "Playboy Interview", *Playboy,* mayo de 1981, 70.
4•

Samuel G. Freedman: "From South Africa, A Tale Told in Black and White", *The New York Times,* 19 de febrero de 1984, H7.
5•

Estos ejemplos han sido tomados de Robert Jervis: *Perception and Misperception in International Politics* (Princeton, Nueva Jersey: Princeton University Press, 1976).
6•

Lois Cunniff: "Soviet Photojournalism", Columbia *Journalism Review,* mayo/junio de 1983, 45.
7•

John Updike: "Reflections: Kafka's Short Stories", *The New Yorker,* 9 de mayo de 1983, 121.
8•

Sobre esta conversación se informa, en parte, en "Breaking Out of the Double Mind", *Psychology Today,* agosto de 1978.

1•

David Livingstone: *Missionary Travels,* 1857, citado en "Somatic Sensory System IV: Central Representations of Pain and Analgesia", de Dennis D. Kelly en Eric Kandel y

James Schwartz, eds.: Principles of Neural Science (Nueva York: Elsevier North Holland, 1981), 211.

2•

Dennis D. Kelly, en Kandel y Schwartz, op.cit. La descripción del sistema del dolor en este capítulo se basa fundamentalmente en su informe.

3•

Hans Selye: *The Stress of Life* (Nueva York: McGraw-Hill, 1956).

4•

Samuel C. Risch et al.: "Co-release of ACTH and Beta-Endorphin Immunoreactivity in Human Subjects in Response to Central Cholinergic Stimulation", *Science* 222 (7 de octubre de 1983), 77.

5•

Brenda Maher: "The Language of Schizophrenia : A Review and Interpretation", *British Journal of Psychiatry* 120 (1970), 3-7.

6•

Los datos y argumentos de Buchsbaum se encuentran en una cantidad de documentos diferentes. Glenn C. Davis, Monte Buchsbaum et al.: "Analgesia to Pain Stimuli in Schizophrencia and Its Reversal by Naltrexone", *Psychiatry Research,* 1 (1979), 61-69; Glenn C. Davis, Monte Buchsbaum y William E. Bunney, Jr.: "Alterations of Evoked Potentials Link Research in Attention Dysfunction to Peptides Response Symptoms of Schizophrenia", en *Neural Peptides and Neuronal Cummunications,* E. Costa y M. Trabucci, eds. (Nueva York: Raven Press, 1980); Monte S. Buchsbaum et al., "Evoked Potential Measures of Attention and Psychopathology", *Advances in Biological Psychiatry* 6 (1981), 186-194, Monte S. Buchsbaum et al.: "Role of Opioid Peptides in Disorders of Attention in Psychopathology", *Proceedings of the New York Academy of Science,* 1982, 352-365, Glenn C. Davis, Monte S. Buchsbaum et al.: "Altered Pain Perception and Cerebrospinal Endorphins in Psychiatric Illness", *Proceedings of the New York Academy of Science,* 1983, 366-373.

7•

Floyd Bloom, Salk Institute, en una comunicación personal con el autor.

8•

Y. Shavit et al.: "Endogenous Opioids May Mediate the Effects of Stress on Tumor Growth and Immune Function", *Proceedings of the Western Pharmacology Society* 26 (1983), 53-56.

9•

La intrincada relación entre atención y los centros de estrés son descritas por David M. Warburton: "Physiological Aspects of Information Processing and Stress", en Vernon Hamilton y David M. Warburton: *Human Stress and Cognition: An Information Processing Approach* (Nueva York: John Wiley and Sons, 1979).

10•

Karl H. Pribram y Dianne McGuinnes: "Brain Systems Involved in Attention-Related Processing: A Summary Review", presentado en el Simposio de neurofisiología de la atención, Houston, julio de 1982.

11•
Warburton, op.cit.

12•
G. Weltman, J. E. Smith y G.H. Egstrom: "Perceptual Narrowings During Simulated Pressure-Chamber Exposure", *Human Factors* 13 (1971), 79-107.

13•
Mardi Horowitz: "Psychological Response to Serious Life Events", en Shlomo Breznitz, ed.: *The Denial of Stress* (Nueva York: International Universities Press, 1983).

14•
La lista de intrusiones ha sido parafraseada de Horowitz, ibídem, 136

15•
David Alpren: *The New York Times*, Sección 10, 1, 27 de septiembre de 1981.

16•
Richard Lazarus: "The Stress and Coping Paradigm", documento entregado durante una conferencia sobre La evaluación crítica de los paradigmas conductistas para la ciencia psiquiátrica, Gleneden Beach, Oregon, noviembre de 1978.

17•
C. H. Folkins: "Temporal Factors and the Cognitive Mediators of Stress Reaction", *Journal of Personality and Social Psychology* 14 (1970), 173-184.

18•
Aaron Beck: *Cognitive Therapy and the Emotional Dirsorders* (Nueva York: International Universities Press, 1976), 14.

19•
Robert Jay Lifton: *Death in Life* (Nueva York: Basic Books, 1967), 10.

20•
Horowitz, op.cit. parafraseado de 134.

21•
"Positive Denial: The Case for Not Facing Reality", *Psychology Today*, noviembre de 1979, 57.

SEGUNDA PARTE

1•
Sigmund Freud: *The Interpretation of Dreams* (Nueva York: Basic Books, publicado por primera vez en 1900).

2•
Ibídem, 540.

3•
La mejor información sobre todos estos estudios y los temas tratados en relación con modelos mentales se encuentran en Matthew Hugh Erdelyi: "A New Look at the New Look: Perceptual Defense of Vigilance", *Psychological Review* 81 (1974), 1-25. También se recomienda: Colin Martindale, Cognition and Consciousness (Homewood, Illinois: Dorsey Press, 1981).

4•

R. N. Haber: "Nature of the Effect of Set on Perception", *Psychological Review* 73 (1966), 335-351.

5•

Donald E. Broadbent: *Perception and Communication* (Londres: Pergomon Press, 1958).

6•

Erdelyi, op. cit., 19.

7•

Donald A. Norman: "Toward a Theory of Memory and Attention", *Psychological Review* 75 (1968), 522-536.

8•

George Miller: "The Magical Number Seven, Plus or Minus Two; Some Limits on Our Capacity for Processing Information", *Psychological Review* 163 (1956), 81-97. También Herbert A. Simon: "How Big is a Chunk?", *Science* 183 (1974), 482-488.

9•

Ulric Neisser: "The Limits of Cognition", en Peter Jusczyk y Raymond Klein, eds.: *The Nature of Thought* (Hillsdale, Nueva Jersey: Lawrence Erlbaum Associates, 1980).

10•

Donald A. Norman y Tim Shallice: "Attention to Action: Willed and Automatic Control of Behavior", Center for Human Information Processing, diciembre de 1980. Fue Michael Posner quien planteó que la capacidad expandible de la que habla Neisser no está en la frontera de la percepción consciente sino en canales inconscientes, en un panel sobre "Psychoanalysis and Cognitive Psychology", durante la reunión anual de la Asociación Psicológica Americana, en agosto de 1983.

11•

Donald Norman: "Slips of the Mind and a Theory of Action", Center for Human Information Processing, University of California en San Diego, manuscrito sin publicar, 22 de febrero de 1979, 8.

12•

Emmanuel Donchin: Comunicación personal con el autor. Donchin es el jefe del Laboratorio para Psicobiología Cognitiva en la Universidad de Illinois, Champaign-Urbana.

13•·

Roy Lachman, Janet Lachman y Earl Butterfield: *Cognitive Psychology and Information Processing* (Hillsdale, Nueva Jersey: Lawrence Erlbaum Associates, 1979).

14•

Un detallado informe sobre los esquemas se presenta en David Rumelhart: *Schemata: The Building Blocks of Cognition*, Center for Human Information Processing, Universidad de California en San Diego, diciembre de 1978.

15•

Jean Piaget: *The Construction of Reality in the Child* (Nueva York: Basic Books, 1971). Una introducción más atractiva a la obra de Piaget es Dorothy G. Singer y Tracey A. Revenson: *A Piaget Primer* (Nueva York: New American Library, 1979).

16•

Salvo que se indique lo contrario, los comentarios de Ulric Neisser mencionados en este capítulo corresponden a una conversación que tuve con él en Cornell, en noviembre de 1982.

17•

Rumelhart, op. cit., 13

18•

Emanuel Donchin: "Surprise!... Surprise!" *Psychophysiology* 18 (1981), 493-513.

19•

Susan Fiske: "Schema-Triggered Affect: Applications to Social Perception", en M. S. Clark y F. T. Fiske, eds.: *Affect and Cognition* (Hillsdale, Nueva Jersey: Lawrence Erlbaum Associates, 1982), 55-77.

20•

Rumelhart, op.cit., 14.

21•

Charles Simmons: "The Age of Maturity", *The New York Times Magazine*, 11 de diciembre de 1983, 114.

22•

Peter Lang: "Cognition in Emotion; Concept and Action", en Carroll Izard, Jerome Kagan y Robert Zajonc, eds.: *Emotion Cognition, and Behavior* (Boston: Cambridge University Press, 1984).

23•

George Mandler: "Consciousness: Its Function and Construction", Center for Human Information Processing, University of California en San Diego, junio de 1983. Algunas de las ideas de Mandler aquí presentadas han sido tomadas de su Discurso presidencial ante la División de psicología general, de la Asociación Psicológica Americana, en agosto de 1983, y otras presentaciones durante el mismo evento.

24•

Norman Dixon: *Preconscious Processing* (Nueva York: John Wiley and Sons, 1981).

25•

Richard Nisbett y T. Wilson: "Telling More Than We Can Know: Verbal Reports on Mental Processes", *Psychological Review* 84 (1977), 231-259. El debate en el seno de la psicología sobre la existencia del inconsciente ha sido analizado en Howard Shevrin y Scott Dickman: "The Psychological Unconscious: A Necessary Assumption for All Psychological Theory?" en *American Psychologist* 35 (1980), 421-434.

26•

William Kunst-Wilson y R. B. Zajonc: "Affective Discrimination of Stimuli That Cannot be Recognized", *Science* 207 (1980), 557-558.

27•

Howard Shevrin: "Some Assumptions of Psychoanalytic Communication: Implications of Subliminal Research for Psychoanalytic Method and Technique", en Norbert Freedman y Stanley Grand, eds.: *Communicative Structures and Psychig Structures* (Nueva York: Plenum, 1977).

28.•

Howard Shevrin: "The Unconscious Is Alive and Well", manuscrito sin publicar, diciembre de 1979.

29•

Ernest Hilgard: *Divided Consciousness* (Nueva York: John Wiley and Sons, 1977).

30•

Ibídem, 186. Hay una controversia acerca de la validez del observador oculto. Ver, por ejemplo, Jean-Roch Laurence, Campbell Perry y John Kihlstrom, "'Hidden Observer' Phenomena in Hypnosis: An Experimental Creation?", *Journal of Personality and Social Psychology* 44 (1983), 163-169.

31•

Ellen Hale: "Inside the Divided Mind", *The New York Times Magazine*, 17 de abril de 1983, 100.

32•

Willard Mainord, Barry Rath y Frank Barnett: "Anesthesia and Suggestion", presentado en la reunión anual de la Asociación Psicológica Americana, agosto de 1983.

33•

Henry Bennet, Hamilton Davis y Jeffrey Giannini: "Posthypnotic Suggestions During General Anesthesia and Subsequent Dissociated Behavior", documento presentado ante la Society for Clinical and Experimental Hypnosis, octubre de 1981.

TERCERA PARTE

1•

Ulric Neisser: "John Dean's Memory: A Case Study", *Cognition* 9 (1981), 1-22.

2•

Hearings Before the Select Committee on Presidential Campaign Activities del Senado de los Estados Unidos, Nonagésimo tercer Congreso, Primera Sesión, 1973, 957.

3•

Neisser, op.cit. 9.

4•

Ibídem, 10.

5•

Ibídem, 19

6•

The New York Times, 16 de febrero de 1983, 23.

7•

Anthony Greenwald: "The Totalitarian Ego", *American Psychologist* 35 (1980), 603-618.

8•

Seymour Epstein: "The Self-Concept: A Review and the Proposal of an Integrated Theory of Personality", en Ervin Staub: *Personality: Basic Aspects and Current Research* (Englewood Cliffs, Nueva Jersey: Prentice-Hall, 1980), 84.

9•

Aaron Beck: *Depression: Clinical, Experimental and Theoretical Aspects* (Nueva York: Hoeber, 1967), 135.

10•

Aaron Beck et al.: *Cognitive Therapy of Depression* (Nueva York: Guilford, 1979), 13-15.

11•

Epstein, op. cit., 104

12•

Mardi Horowitz: "Psychological Response to Serious Life Events", en Shlomo Breznitz, ed.: *The Denial of Stress* (Nueva York: International Universities Press, 1983), 139.

13•

Las dinámicas del sistema del yo están presentadas de forma muy clara en Harry Stack Sullivan: *The interpersonal Theory of Psychiatry* (Nueva York: W. W. Norton, 1953).

14•

Mark Jacobson: "How Summer Camp Saved My Life", *Rolling Stone*, 21 de julio de 1983, 48.

15•

Sullivan, op. cit., 190

16•

Visité a Ulric Neisser en Cornell, en noviembre de 1982.

17•

Lester Luborsky, Barton Blinder y Jean Schimek: "Looking, Recalling and GSR as a Function of Defense", *Journal of Abnormal Psychology* 70 (1965), 270-280.

18•

El informe sobre la investigación rusa se encuentra en Howard Shevrin, E. Kostandov y Y. Arzumanov: "Averaged Cortical Evoked Potentials to Recognized and Nonrecognized Verbal Stimuli", *Acta Neurobiologiae Experimentalis* 37 (1977), 321-324. Howard Shevrin me relató los detalles del ensayo.

19•

Shevrin presentó su investigación en la reunión anual de la Asociación Psicológica Americana, en agosto de 1983.

20•

Vernon Hamilton: "Information-Processing Aspects of Denial: Some Tentative Formulations", en Shlomo Breznitz ed.: *The Denial of Stress* (Nueva York: International Universities Press, 1983).

21•

Sigmund Freud: "Repression", en J. Strachey, ed.: *The Standard Edition of the Complete Psychological Works of Sigmund Freud*, vol. 15 (Londres: Hogarth Press, 1957; publicado originalmente en 1915).

22•

Matthew Erdelyi y Benjamin Goldberg: "Let's Not Sweep Repression Under the Rug: Toward a Cognitive Psychology of Repression", en John Kihlstrom y Frederick Evans: *Functional Disorders of Memory* (Hillsdale, Nueva Jersey: Lawrence Erlbaum Associates, 1979). Erdelyi realizó trabajos de importancia fundamental para la comprensión de Freud como psicólogo cognitivo. Le debo mucho a su pensamiento sobre el rol de la represión, tomado tanto del artículo aquí citado como de nuestras conversaciones personales.

23•
Freud, op. cit.
24•
R. D. Laing: *The Politics of the Family* (Toronto: CBC Publications, 1969), 27-28.
25•
Leslie Epstein: "Round up the Usual Suspects", *The New York Times Book Review*, 10 de octubre de 1982, 9, 27-29.
26•
Ibídem, 28.
27•
Ibídem.
28•
Ibídem.
29•
Erdelyi y Goldberg, op. cit.
30•
Sigmund Freud: *The Interpretation of Dreams*, J. Strachey (traductor y editor), *Standard Edition*, volúmenes 4 y 5 (Londres: Hogarth Press, 1953, originalmente publicado en 1900), 600.
31•
Matthew Erdelyi y Benjamin Goldberg, op.cit. Ver también Morton Reiser: *Mind, Brain, Body* (Nueva York: Basic Books, 1984).
32•
R. D. Laing: Politics of the Family (Toronto: CBC Publications, 1969), 28.
33•
Harry Stack Sullivan: *The Interpersonal Theory of Psychiatry* (Nueva York: W. W. Norton, 1963), 321.
34•
Erdelyi, op. cit.
35•
Sullivan, op. cit., 319.

Cuarta parte

1•
Wilhelm Reich: *Character Analysis* (Nueva York: Farrar, Strauss & Giroux, 1972).
2•
Reich, tal como es citado en Daniel Goleman y Kathleen Speeth, eds.: *The Essential Psychotherapies* (Nueva York: New American Library, 1982), 71.

3•

Ernest Becker: *Angel in Armor* (Nueva York: Free Press, 1975), 183.

4•

Ibídem, 85.

5•

David Shapiro, *Neurotic Styles* (Nueva York: Basic Books, 1965). Los detalles clínicos adicionales provienen de Theodore Millon: *Disorders of Personality* (Nueva York: John Wiley and Sons, 1982) . Este resumen de los estilos de personalidad es un volumen que acompaña al recientemente revisado *Diagnostic and Statistical Manual,* el manual psiquiátrico oficial para el diagnóstico.

6•

Arthur Conan Doyle: "The Adventure of the 'Gloria Scott'", *The Original Illustrated Sherlock Holmes* (Secaucus, Nueva Jersey: Castle Books, 1980), 236-247. El caso es de particular interés para los entusiastas de Holmes, dado que revela algo sobre su historia antes de convertirse en el detective privado más famoso del mundo.

7•

La capacidad perceptual y lógica de Sherlock Holmes es explicada en detalle por Marcello Truzzi y Scot Morris en "Scherlock Holmes as a Social Scientist", *Psychology Today,* diciembre de 1971, 62-86.

8•

Mi descripición del Detective debe mucho al diseño que hizo Shapiro del tipo paranoico y a la descripción de la desconfianza en la personalidad paranoica, de Theodore Millon.

9•

Shapiro, op. cit., 61

10•

Ibídem, 57.

11•

Theodore Millon, op.cit., 381.

12•

Jerry Adler, "The Ludlum Enigma", Newsweek, 19 de abril de 1982.

13•

Shapiro, op. cit., 96.

14•

El microevento del "tiroteo", relatado en Susan Quinn: "The Competence of Babies", *Atlantic Monthly,* enero de 1982, 54-60, proviene del estudio realizado por el Dr. Daniel Stern, psiquiatra del Cornell University Medical Center de la Ciudad de Nueva York.

15•

Selma Fraiberg informó sobre este caso en un simposio realizado en el Medical Center de la Universidad de California, el 5-7 de junio de 1981, en San Francisco.

16•

La lucha de Jenny con su madre se encuentra relatada en la obra de Daniel Stern: *The First Relationship: Infant and Mother* (Cambridge: Harvard University Press, 1977), 110-113.

17•
Stern, ibídem, 114.
18•
Theodore Millon: *Disorders of Personality* (Nueva York: John Wiley and Sons, 1981), 90.
19•
Morton Schatzman: *Soul Murder* (Nueva York: New American Library, 1974).
20•
Schreber, citado en Schatzman, 26.
21•
Esta formulación de la ira en el origen de la paranoia se encuentra descrita en mayor detalle en W. W. Meisner: *The Paranoid Process* (Nueva York: Jason Aronson, 1978).
22•
Gisela Zena: "Mistreatment of Children and Children's Rights", citado en Alice Miller: *For Your Own Good* (Nueva York: Farrar, Strauss y Giroux, 1983), 89.
23•
Ibídem.
24•
Adaptado de Miller, op. cit., 106.
25•
La teoría del doble vínculo se encuentra presentada en Gregory Bateson, Don D. Jackson, Jay Haley y John Weakland: "Toward a Theory of Schizophrenia", *Behavioral Science* 1 (1956), 251-286.
26•
R. D. Laing: *Self and Others* (Londres: Tavistock Publications, 1969), 127-128.
27•
Ernest Schachtel: *Metamorphosis* (Nueva York: Basic Books, 1959).
28•
Erving Goffman: *The Presentation of Self in Everyday Life* (Nueva York: Doubleday & Co., 1959).
29•
Lilly Pincus y Christopher Dare: *Secrets in the Family* (Nueva York: Pantheon, 1978).

QUINTA PARTE

1•
Sigmund Freud: *Group Psychology and the Analysis of the Ego* (Nueva York: Bantam Books, 1965), 13-6.
2•
Manfred Kets deVries y Danny Miller: *The Neurotic Organization* (San Francisco: Jossey Bass, 1984).
3•
David Reiss: *The Family's Construction of Reality* (Cambridge: Harvard University Press, 1981).

4•

El estudio de Robert Merton, realizado en 1949, tipificó a los individuos; Reiss extiende la tipología de local/cosmopolita a las familias.

5•

Reiss, op. cit., 21.

6•

Reiss, op. cit., 66.

7•

David Reiss y Marry Ellen Oliveri, "Sensory Experience and Family Process: Perceptual Styles Tend to Run in but Not Necessarily Run Families", *Family Process* 22 (1983) 289-316.

8•

Ibídem, página 226.

9•

Jill Metcoff y Carl A. Whitaker, "Family Microevents: Communication Patterns for Problem Solving", en Froma Walsh, ed.: *Normal Family Processes* (Nueva York: Guilford Press, 1982), 258-259.

10•

Eric Bermann: *Scapegoat* (Ann Arbor: University of Michigan Press, 1973).

11•

El caso de Roscoe se encuentra descrito en Reiss, op.cit., 231, basado en un informe de Bermann.

12•

Hume Cronyn contó esta historia en una entrevista realizada por Timothy White: "Theater's First Couple", *The New York Times Magazine*, 26 de diciembre de 1982, 22.

13•

R. D. Laing: *The Politics of the Family* (Toronto: CBC Publications, 1969), 40.

14•

Ibídem, 41.

15•

Ibídem.

16•

Ibídem, 29.

17•

Michael Weissberg: *Dangerous Secrets* (Nueva York: W. W. Norton and Co., 1983).

18•

Sandra Butler: *Conspiracy of Silence: The Trauma of Incest* (San Francisco: New Glide Publications, 1978).

19•

El caso de Margaret se encuentra descrito en Butler, op.,cit. A pesar de que Butler entrevistó a cientos de perpetradores y de víctimas de incesto, el caso de Margaret parecería estar compuesto en base a distintos casos. Si bien puede ser, en cierta medida, apócrifo, ilustra muy bien el argumento presentado.

20•
Weissberg, op. cit. 26
21•
Ibídem, 108-109.
22•
Irving Janis: *Victims of Groupthink* (Boston: Houghton Mifflin, 1972; edición revisada, 1983).
23•
Ibídem, 3.
24•
Ibídem, 205.
25•
Arthur S. Golden: "Groupthink in Japan Inc.", *The New York Times Magazine*, 5 de diciembre de 1982, 137.
26•
Janis, op. cit. 13.
27•
Ibídem, 37-38.
28•
Mi conversación con Harry Levinson fue reproducida parcialmente como "Oedipus in the Board Room", en *Psychology Today*, diciembre de 1977, 45- 51.
29•
Charles C. Manz y Henry P. Sims, jr.: "The Potential for 'Groupthink' in Autonomous Work Groups", *Human Relations* 35 (1982), 773-784.
30•
Eugene M. Fodor y Terry Smith: "The Power Motive as an Influence on Group Decision Making", *Journal of Personality and Social Psychology*, 42, 178-185.

Sexta parte

1•
La teoría de Goffman de los marcos referenciales está descrita en *Frame Analysis* (Cambridge: Harvard University Press, 1974). La interpretación de los marcos como esquemas simultáneamente activados es mía, no de Goffman.
2•
Herb Caen, *San Francisco Chronicle*, 29 de noviembre de 1967.
3•
"A Conversation with Roger Schank", *Psychology Today*, abril de 1983, 32. Algunos psicólogos cognitivos —fundamentalmente Ulric Neisser— no son tan vehementes como Schank en su afirmación sobre la computadora y la imitación del comportamiento humano. Neisser señala que la mayor parte de la información que nos guía a través de una situación permanece al margen de la conciencia y puede ser considerada como infinita. Su argumento es que sería prácticamente imposible programar una

computadora con la misma cantidad de información que utiliza el ser humano en determinada situación; por empezar, el ser humano ni siquiera es capaz de decir de qué se trata toda esa información.

4•

William James: *The Principles of Psychology* (Nueva York: Dover, 1950, publicado originalmente en 1910).

5•

Alfred Schutz: *Philosophy and Phenomenological Research*; citado en Goffman, op. cit., 4.

6•

Peter Berger y Thomas Luckmann: *The Social Construction of Reality* (Nueva York: Doubleday & Co., 1966), 22.

7•

Luigi Pirandello: *Tonight We Improvise* (Londres: Samuel French, 1932), 7-8.

8•

John Barth: *Lost in the Fun House* (Nueva York: Doubleday & Co., 1968), 127.

9•

Kathryn Hulme: *The Nun's Story* (Londres: Frederick Muller, 1957), 37-38.

10•

J. L. Mannond y Barbara Hammond: *The Town Labourer* (Londres: Longmans, Green and Co., 1918), 19-21.

11•

Shoshana Zuboff: "Work and Human Interaction in Historical Perspective", Harvard University, enero de 1979. Las ideas en esta sección se basan en los incisivos estudios de Zuboff sobre la organización social de la experiencia en el lugar de trabajo.

12•

Sebastian DeGrazia: *Of Time, Work and Leisure* (Nueva York: The Twentieth Century Fund, 1962), 60.

13.

Reinhard Bendix: *Work and Authority in Industry* (Berkeley : University of California Press, 1974), 87.

14•

Harold Wilensky: "The Uneven Distribution of Leisure", *Social Problems* 9 (1961).

15•

Jean-Paul Sartre: *Being and Nothingness*, traducción de Hazel E. Barnes (Nueva York: Philosophical Library, 1956), 59.

16•

Wallace Shawn y André Gregory: *My Dinner With André* (Nueva York: Grove Press, 1981), 66.

17•

Ibídem, 80-81.

18•

Debo mi conocimiento de la norma que rige la actitud del estadounidense —que desvía la mirada cuando está a unos ocho pasos de distancia de otra persona— a Goffman, quien la enseñó durante un seminario de posgrado que dictó en Berkeley, en

1967. No recuerdo al autor del estudio que citaba en esa oportunidad. La diferencia entre las reglas sobre lo correcto o no de clavar la mirada en un transeúnte, que rigen en los Estados Unidos y en el Medio Oriente, tienen un paralelo más conocido en lo que se refiere a la distancia aceptable como cómoda entre dos interlocutores. En los países árabes, un interlocutor está tan cerca del otro que puede ver cómo el iris de sus ojos se dilata; en los Estados Unidos, la distancia es de unos ochenta a noventa centímetros. En su libro *The Silent Language* (Nueva York: Doubleday, 1959), Calvin Hall informa que, en el transcurso de una conversación entre un árabe y un estadounidense, estando ambos de pie, el árabe se acercará más y más al americano, quien, a su vez, irá retrocediendo. Así —suponiendo que haya espacio—, el árabe terminará arrinconando al americano contra una pared.

19•
Erving Goffman: *The Presentation of Self in Everyday Life* (Nueva York: Doubleday & Co., 1959), 230.

20•
Ibídem, 231-232.

21•
Ibídem, 52-53.

22•
Margot Slade: "Reacting to Boorish Manners", *The New York Times*, 23 de mayo de 1983, B12.

23•
Mihaly Csikzentmihalyi: "Attention and the Holistic Approach to Behavior" en Kenneth S. Pope y Jerome L. Singer, eds.: *The Stream of Consciousness* (Nueva York: Plenum, 1978).

24•
Charlotte Selver: "Sensory Awareness and Total Functioning", *General Semantics Bulletin*, 20 y 21 (1957), 10.

25•
Paul Theroux: *The Kingdom by the Sea* (Boston: Houghton Mifflin, 1983) 12-16.

26•
The New York Times, 17 de septiembre de 1983.

27•
J. M. Darley y D. Batson: "...From Jerusalem to Jericho", *Journal of Personality and Social Psychology* 27 (1973), 100-108.

28•
Gran parte de esta investigación fue realizada, en particular, por dos alumnos de Rosenthal, Miron Zuckerman y Bella DePaulo. El informe completo de las investigaciones, sobre las que se informan en esta sección, se puede encontrar en Bella M. DePaulo, Miron Zuckerman y Robert Rosenthal: "Humans as Lie Detectors", *Journal of Communications*, marzo-mayo 1980; Miron Zuckerman, Bella M. DePaulo y Robert Rosenthal: "Verbal and Nonverbal Communication of Deception", *Advances in Experimental Social Psychology* vol. 14 (Academic Press); y Robert Rosenthal y Bella DePaulo: "Sex Differences in Eavesdropping on Nonverbal Cues", *Journal of*

Personality and Social Psychology 37 (1979), 2, 273-285.

29•

Rosenthal y DePaulo, op. cit. 280.

30•

Comunciación personal con el autor, Universidad de Harvard, 1981. Ver también Judith A. Hall: *Nonverbal Sex Differences* (Baltimore: Johns Hopkins University Press, 1984).

31•

Bella DePaulo: "Success at Detecting Deception: Liability or Skill?" *Annals of the New York Academy of Sciences* 364 (12 de junio de 1981).

32•

Goffman, op.cit.

33•

En Lawrence Altman: "The Private Agony of an Addicted Physician", *The New York Times*, 7 de junio de 1983, C8. También "Medical Groups Rebut Charges Against Doctors", *The New York Times*, 25 de febrero de 1983.

34•

Leo Tolstoi, "The Death of Ivan Illych", *Collected Works* (Nueva York: New American Library, 1960), 137. Los marcos referenciales que impiden que la información relativa a la muerte invada la conciencia social se detallan en David Sudnow: *The Social Organization of Dying* (Englewood Cliffs, Nueva Jersey: Prentice-Hall, 1967).

35•

Clyde Haberman: "Controversy Is Renewed Over Japanese Textbooks", *The New York Times*, 11 de julio de 1983.

36•

Jane Kramer: "Letter from Europe", *The New Yorker*, 28 de febrero de 1983.

37•

John Ogbu: *Minority Education and Caste* (Nueva York: Academic Press, 1978). Fue Ulric Neisser quien me informó sobre el trabajo realizado por Ogbu y su estudio de las escuelas de mi infancia.

38•

Neal Ascherson: "Ghost Waltz", *The New York Review of Books*, 5 de marzo de 1981, 28. Ingeborg Day: *Ghost Waltz* (Nueva York: Viking, 1981).

39•

Bini Reichel: "Tell Me About Nazis, Daddy", *Village Voice*, 10 de mayo de 1983, 9. Asimismo, las entrevistas realizadas por Reichel a miembros del Tercer Reich en "What Did You Do in the War, Daddy?", *Rolling Stone*, 31 de marzo de 1983. La represión colectiva en los alemanes de la posguerra se describe en Alexander y Margarite Mitscherlich: *The Inability to Mourn* (Nueva York: Grove Press, 1975).

40•

Harrison Salisbury: "Stalin's Tactics at Home", *The New York Times Book Review*, 17 de enero de 1982. Comentario del libro de Anton Antonov-Ovseyenko: *The Time of Stalin* (Nueva York: Harper & Row, 1982).

41•
David K. Shipler, "Russia: A People Without Heroes", *The New York Times Magazine*, 15 de octubre de 1983, 95, 106.
42•
Ibídem, 106.
43•
George Orwell: *1984* (Nueva York: New American Library, 1961, Appendix).
44•
Floyd Abrams: "The new Effort to Control Information", *The New York Times Magazine*, 25 de septiembre de 1983.
45•
Walter Reich: "Psychiatry in Russia", *The New York Times Magazine*, 30 de enero de 1983.

CONCLUSIÓN

1•
Buddhaghosa: *Visuddhimagga: The Path of Purification*, Nanamoli Thera, traducción (Berkeley: Shambhala, 1976).
2•
Sigmund Freud: "Recommendations to Physicians Practising Psychoanalysis", *The Collected Papers of Sigmund Freud*, vol. 2, James Strachey, ed. (Nueva York: Basic Books, 1963).
3•
Joshua Lederberg: "David Hamburg: President-Elect of AAAS", *Science,* 23 de junio de 1983.
4•
Theodore Lidz: *The Person* (Nueva York: Basic Books, 1976).
5•
Dennis D. Kelley en Eric Kandel y James Schwartz, eds.: *Principles of Neural Science* (Nueva York: Elsevier, 1981).
6•
"Shedding a Chinese Veil": *The New York Times*, 18 de agosto de 1981.
7•
Irving Janis: *Victims of Groupthink* (Boston: Houghton Mifflin, 1983).
8.•
Allen Wheelis: *The Illusionless Man: Fantasies and Meditations* (New York: W. W. Norton, 1966).

Permisos

El autor agradece el permiso para la cita de pasajes y fragmentos a:

International Universities Press, Inc., por *The Denial of Stress*, publicado por Shlomo Breznitz, Copyright 1983 por International Universities Inc.

International Universities Press, Inc. por *Cognitive Therapy and the Emotional Disorders*, Aaron T. Beck, M.D. Copyright 1976 por Aaron T. Beck, M.D.

Cambridge University Press por los gráficos reproducidos de "Cognition in Emotion", por Peter J. Lang, en "Emotion, Cognition and Behavior", editado por Carrol Izard, Jerome Kagan y Robert Zajonc. Copyright 1984.

Allen Wheelis, por "The Illusionless Man: Fantasies and Meditations". Publicado por W. W. Norton & Co., 1966.

Irving L. Janis, por "Groupthink", Second Edition. Copyright 1982 por Houghton Mifflin Company.

Houghton Mifflin Company, por "The Kingdom by the Sea", por Paul Theroux. Copyright 1983 por Cape Cod Scriveners Company.

Grove Press, Inc., por "My Dinner with André", por Wallace Shawn y André Gregory, Copyright 1981 por Wallace Shawn y André Gregory.

The New York Review of Books por "Ghostwaltz", por Neal Ascherson, 5 de marzo de 1981 (vol 28). Copyright 1981, por Nyrev, Inc.

CBC Enterprises/Les Enterprises Radio-Canada por "The Politics of the Family", por R. D. Laing, Copyright R. D. Laing. Publicado en Canadá.

Pantheon Books, una división de Random House, Inc., y Tavistock Publications, por "The Politics of the Family and other Essays", por R. D. Laing. Copyright 1969 por R. D. Laing.

W. W. Norton & Company, Inc., por "The Interpersonal Theory of Psychiatry", por Harry Stack Sullivan, 1953.

The New York Academy of Sciences and Bella DePaulo por "Success at Detecting Deception", por Bella DePaulo, en los "Annals of the New York Academy of Sciences" (vol. 364), 1981.

Sigmund Freud Copyrights Ltd., The Institute of Psychoanalysis and the Hogarth Press Ltd. por "Recommendations to Physicians Practising Psychoanalysis", en "The Standard Edition of the Complete Psychological Works of Sigmund Freud" (vol.12), traducido y editado por James Strachey; y Basic Books por los "Collected Papers of Sigmund Freud", Copyright 1959.

George Braziller, Inc., por "Angel in Armour", por Ernest Becker. Copyright 1969 por Ernest Becker.

Philosophical Library, por "Being and Nothingness" (El ser y la nada), por Jean Paul Sartre, traducción por Hazel Barnes. Copyright 1956.

Doubleday & Co, Inc., por "The Social Construction of Reality", por Peter Berger y Thomas Luckmann. Copyright 1966 por Peter Berger y Thomas Luckmann.

Doubleday & Co, Inc., por "The Presentation of Self in Everyday Life", por Erving Goffman. Copyright 1959 por Erving Goffman. Y también por los breves extractos de Erving Goffman: "The Presentation of Self in Everyday Life" (Allen Lane/The Penguin Press, 1969), páginas 52, 230-31. Copyright 1959 por Erving Goffman.

Harvard University Press, por "The Family's Construction of Reality", por David Reiss. Copyright 1981 por David Reiss.

The New York Times Company por diversos artículos, copyright 1982/83/84.

Newsweek, Inc., por "The Ludlum Enigma", Newsweek, 19 de abril de 1982. Por Jerry Adler. Copyright 1982 por Newsweek, Inc. Todos los derechos reservados.

Índice temático

metaesquemas, 126
para los roles sociales, 245
protectores mentales y los, 222-4
reparación de los, 284
represión y los, 141
revisión de los, 87
sincronizacion de los, 182-5
suposiciones de los, 88
esquizofrenia:
colapso de la atención en la, 40-1
incremento de la tolerancia al dolor
en la, 41-43
infantil, 173
teoría del doble vínculo, 181-84
estados totalitarios, flujo de la información en los, 276-8
Estados Unidos:
atención en público en los, 248
carrera armamentista, 297
durante la Segunda Guerra Mundial,
297
franqueza en 249
libros de texto en los, 270
publicación (libertad de prensa)
en los, 277
relaciones de China con, 295
estereotipos, 89
en el pensamiento grupal, 223-5, 227
estilos neuróticos, 155-8
estímulo-respuesta, 67
estrés:
angustia y, 54-6
amenaza del dolor como esencia
del, 37
endorfinas liberadas por acción del, 37
opciones para la interrupción del, 63
estrés, importancia del, 285-6
evolución, 45, 51
autoengaño y la, 210-13
del sistema del dolor, 36
experiencia/experimentar:
caleidoscópica, 87
esquemas como organizadores de la,
87-97

huecos en la, 21
utilidad de la, 91

fábrica, esquema laboral redefinido
por la, 240-42
familia feliz, 207-12
en la empresa, 226-8
pensamiento grupal comparado
con la, 215-8
familia, 30, 196-212
cerrada, 202
como mente consensuada, 197
como mente grupal, 203-6
como modelo de grupo, 192, 193, 212
comunicación en la, esquizofrenia
y la, 181-84
coordinación de la, 201-202
el mundo social de la, 201
empresa, la, como una gran, 226-8
Feliz, 207-12, 215, 217, 226-8
local vs. cosmopolita, 196-8
mentiras vitales en la, 22-4
microeventos en la, 203-5
modelos reguladores de la, 203-6
normas invisibles sobre normas
de la, 208
procesamiento de la información
en la, 198-202
realidad compartida en la, 182, 197,
199, 203-4
sistema del yo influenciado por la,
113, 118
fantasía:
bloqueo a través de la, 63
memoria vs., 110
represión de la, 141
fetichización, uso según Becker de la,
157, 169
filosofía griega, 283
filtraciones, 261-66
canales de, 261-63
diferencias sexuales y la detección
de, 262-6